影 视 受 众 研 究 丛 书

主 编 黄会林　副主编 俞 虹

电视受众收视规律研究

DIANSHI SHOUZHONG SHOUSHI GUILV YANJIU

刘建鸣 著

北京师范大学出版集团
BEIJING NORMAL UNIVERSITY PUBLISHING GROUP
北京师范大学出版社

图书在版编目(CIP)数据

电视受众收视规律研究/刘建鸣著.—北京：北京师范大学出版社，2010.4
(影视受众研究丛书)
ISBN 978-7-303-10257-0

Ⅰ.①电… Ⅱ.①刘… Ⅲ.①电视-受众-研究-中国 Ⅳ.①G223

中国版本图书馆CIP数据核字(2010)第052538号

营销中心电话 010-58802181 58808006
北师大出版社高等教育分社网 http://gaojiao.bnup.com.cn
电子信箱 beishida168@126.com

出版发行：北京师范大学出版社 www.bnup.com.cn
北京新街口外大街19号
邮政编码：100875
印　刷：唐山市润丰印务有限公司
经　销：全国新华书店
开　本：170 mm × 230 mm
印　张：14.5
字　数：223千字
版　次：2010年4月第1版
印　次：2010年4月第1次印刷
定　价：29.00元

策划编辑：高东风　陈佳宵　　责任编辑：齐　琳
美术编辑：毛　佳　　装帧设计：毛　佳
责任校对：李　菡　　责任印制：李　丽

序

随着信息技术的发展，数字化生存的概念已普遍为大众接受，在实际工作中，面对海量信息，人们已不再无所适从，他们可以借助调查研究，通过图文并茂的分析报告对时局作出准确的判断。幸运的是，我所从事的工作恰好与此相关。

在央视每周一节目例会和工作例会上，通报最新的收视率状况已经成为雷打不动的议事日程，通过 PPT 呈现出来的图表以及主讲人的口述和解读，形象直观地吸引住台内各级决策者的注意力。每当见到这种情景，我内心便产生一种满足感。这些凝聚着我所在部门同事们心血和智慧的结晶，通过此类形式成为电视台决策管理的客观依据，我们被领导和节目部门同仁视为参谋和智囊，我们的辛苦和耕耘就算有了报偿。

凡是到过我们这里，或是通过上网等途径对中央电视台观众联系处的工作有所了解的人们都会知道，除了收视率的分析研究，我们还担负着许多项工作，其中一项重要的工作就是开展五年一度的“全国电视观众抽样调查”①，这是本书所收录的五篇论文和四篇调查报告的

① “全国电视观众抽样调查”是中央电视台委托国家统计局进行的全国电视观众抽样调查，第一次调查的时间是 1987 年，之后每隔五年进行一次，调查时间分别为 1992 年、1997 年、2002 年和 2007 年，成为国内电视受众调查研究中最具影响力的大型调查。开展全国电视观众抽样调查是为了及时了解全国电视观众和电视事业发展的基本状况，提高电视台的节目质量，满足广大电视观众的收视需求。通过历次调查所形成的一系列分析报告，为电视台的宣传决策、宣传管理、节目制作提供了大量的参考依据。

主要数据来源。

本书分为调查分析报告和论文两部分。五篇论文分析的角度不同，却有一条主线贯穿其中，这就是笔者对电视受众收视规律的不断探索。第一篇《观众反馈系统是电视传播的一个重要环节》，源自于国家哲学社会科学研究“九五”规划重点项目《中国电视论纲》① 一书的第九章“观众反馈是电视传播的重要环节”。该论文从电视观众的构成、电视观众在电视传播中的作用、电视观众调研工作的方法三个角度，对观众反馈信息在电视传播环节中的地位和作用做了深入细致的分析，援引的调查数据主要来自于“1997 年全国电视观众抽样调查”。第二篇《受众调查研究成果转化为电视台决策行为的因素分析》②，是笔者 2000 年在中宣部新闻局新闻协调小组交流时，对电视受众成果与电视台决策行为之间的关系的深入思考。论文从认识转变、受众调研人员的素质、技术支持、评估和奖惩制度四个方面系统地论述，有助于电视台各级决策层对电视受众研究成果的重视和运用，推进电视台的科学化管理。第三篇《论“游离型观众”的流向规律及收视特点》③，是笔者根据 2002 年全国电视观众抽样调查的数据发表的一篇论文，总结归纳出游离型观众的六种流向规律。并对这些游离型观众的基本构成、作息规律、收视特点以及收视时段的拓展现状及其开发潜力进行了深入探讨。第四篇《观众的作息规律对电视节目编排的影响》④，是笔者根据 2002 年全国电视观众抽样调查的数据发表的第二篇论文，重点围绕观众收视规律中作息时间这条主线，同时结合收视时间和收视意愿这两条辅线，研究探讨它们对电视节目编排的影响。通过分析收视规律与节目编排的辩证关系，回答了电视观众在什么时候能看电视节目，在什么时间喜欢看什么类型的节目等问题，为电视节目编排更加趋于

① 杨伟光主编：《中国电视论纲》，347 页，北京：中国广播电视出版社，1998。

② 刘建鸣、胡运芳主编：《收视率透视》，187 页，北京：中国广播电视出版社，2000。其缩编版《收视率调研成果如何转化成决策行为》，载《电视研究》2000（10）：17～19。后被收入《电视论文选》，431 页，北京：中国广播电视出版社，2003。

③ 程宏、王建宏主编：《中国电视观众现状报告——2002 年全国电视观众抽样调查分析报告和论文集》，143 页，北京：中国广播电视出版社，2003。

④ 同上，233 页。

科学性、合理性提供了参考。第五篇《观众收视过程及行为模式探究》①，是笔者根据2007年全国电视观众抽样调查的数据发表的一篇论文，对家庭成员之间收看电视时复杂的交互作用，尤其是收视选择方式进行了考察分析，探究观众个体在自主状态（电视机遥控器掌握在自己手里，自己可以进行自主选择）下的收视选择模式。通过对这一收视选择模式的描述和探索，揭示其内在规律性，为电视从业者提供一个观察和认识电视观众的新视角。

通过《1992年全国电视观众抽样调查分析报告》②《1997年全国电视观众调查分析报告》③《2002年全国电视观众调查分析报告》④《2007年全国电视观众调查分析报告》⑤四篇调查分析报告，读者可以对1992年以来15年不同历史阶段我国电视受众收视行为和收视心理的变迁轨迹以及我国电视事业发展的脉络有一个大概了解。

如果按从事电视受众调查研究工作的时间长短计算，笔者可以算做电视受众调查研究的一名老兵，我很乐意将自己多年学习和研究的成果和心得与同行分享；同时也愿意抛砖引玉，请同行们批评指正。

刘建鸣

2009年10月27日

于108工作室

---

① 苏峰、王建宏主编：《中国电视观众现状报告——2007年全国电视观众抽样调查分析报告和论文集》，159页，北京：中国广播电视出版社，2009。

② 刘建鸣著：《1992年全国电视观众抽样调查分析报告》，载《电视研究》，1993（6）、1994（1）。后收入《1992年全国电视观众抽样调查资料汇编》。

③ 刘建鸣、徐瑞青、刘志忠：《1997年全国电视观众调查分析报告》，见：程宏、王建宏主编：《中国电视观众现状报告》，3页，北京：社会科学文献出版社，1998。

④ 刘建鸣、徐瑞青、刘志忠，等：《2002年全国电视观众调查分析报告》，见：程宏、王建宏主编：《中国电视观众现状报告——2002年全国电视观众抽样调查分析报告和论文集》，3页，北京：中国广播电视出版社，2003。

⑤ 刘建鸣、刘志忠、徐瑞青，等：《2007年全国电视观众调查分析报告》，见：程宏、王建宏主编：《中国电视观众现状报告——2007年全国电视观众抽样调查分析报告和论文集》，3页，北京：中国广播电视出版社，2009。

目录

上编 专题论文

下编　调查分析报告

上编　专题论文

第一篇

观众反馈系统是电视传播的一个重要环节

中国电视观众是世界上数量最大、层次最为丰富、类型最为复杂的观众群体。在中国，电视是人们接触最为频繁的大众传媒工具，是人们获取新闻信息的主渠道。观众的收视动机、喜好、兴趣以及对电视功能、作用的评价和态度为我们深刻认识电视观众收看行为的内在动力提供了帮助。自觉遵从观众收视行为、心理规律，实现观众的收视行为、心理规律与电视传播的高度统一是电视工作者的崇高理想和追求。观众在中国电视传播中占有十分重要的地位和作用，观众反馈是电视传播的重要环节。最大限度地满足观众需求是中国电视的出发点，观众收视状况是衡量电视质量的重要标准。观众参与是办好电视的重要条件，一方面，观众通过各种形式参与电视节目的采编制作；另一方面，成功的电视传播应尽量调动观众参与。开展电视观众调查研究是电视传播日常的必不可少的工作，这项工作也是中国特色社会主义电视健康发展的一个重要保证，只有根据观众的不同需要制定工作方针，才能保证电视节目始终与观众同呼吸共命运。观众调研是一项十分严密科学的工作，注重用调查数据说话，对观众收视行为、心理规律进行历史地分析。通过纵横交错的论证分析，勾勒出中国电视观众收视行为与心理规律上的种种特征，是这项工作的基本任务。

一、中国电视观众的构成

我国是世界上人口数量最多的国家，也是世界上观众人数最多的国家。近十年来电视观众数量年增长率为8.54%，截至1997年6月，我国电视观众总数为10.94亿人，城市观众平均能收看15套节目，农村平均能收看6套节目。电视机的普及为我国电视观众的持续增长奠定了坚实的物质基础。由于环境、闲暇时间、节目形式与内容等因素的影响，电视观众的收视行为和心理形成了许多特点，这些特点极大地影响了电视频道、电视节目的定位及传播效果。

（一）结构及其特征

中国电视观众的结构层次丰富、类型复杂，每一层次或类型又具有明显的特点。研究和探讨观众的这些结构特征，有利于设置相对应的电视频道、时段和节目，以便根据不同的观众群体实施各具特色的宣传策略。

观众社会结构、价值观念等方面的差异，造成观众结构的多层次性，进而又决定了电视节目结构的多层次性。研究观众结构层次和类型的特征，为电视栏目的设置、定位提供了基本的依据。同一层次或同一类型的观众之间在生活经验、情趣、爱好和习惯等方面存在着很多相似点，抓住了这些共性，就可以化繁为简，把众口难调的难度降低到最低。

1. 层次丰富的观众组合

我国有世界上最大的电视收视群体。在这一群体里，由于年龄、知识水平、职业、价值观念和所处社会环境的差异，造成观众结构的多层次性。观众结构的多层次性，决定了电视节目的多层次性。

如果按年龄划分，中国电视观众可以分为儿童、青少年、中年和老年四个层次；按文化程度分，可以分为不识字或初识字、小学、初中、高中、大专及以上五个层次；按职业分，可以分为工人、农民、军人、机关干部、商业服务业人员等类型。这些同一层次或同一类别的电视观众之间在生活经验、情趣、爱好和习惯等方面有很多的相似点；抓住这些相似点，就等于捕捉到了各个不同层次和类别观众群的共性。

各年龄段观众在收视行为和心理上存在着不同程度的差异。比如在看电视的时间长短上，61岁以上的老年人看电视的时间最长，平均每天看147分钟；13～18岁的青少年看电视的时间最短，平均每天看110分钟；其他年龄段观众平均每天看电视的时间都在130分钟左右。

儿童是电视观众群体中的一个重要层次。现代的儿童是由电视机陪伴着成长起来的，形象、生动、直观的电视视听艺术在儿童教育、成长过程中起着重要的作用。我国电视台很重视儿童节目，在每天下午17:00至18:00许多电视台安排的大多是少儿节目，少儿节目量占节目总量的比例有逐年增加的趋势。中央电视台第七套节目1/3的节目与少儿有关。

对青少年如何予以引导，不仅是学校和家长的事情，电视节目也起着重要的作用。我国许多电视台都开办了青少年节目，这些栏目知识性强，生动活泼，适合青少年的特点，在丰富青少年课外业余生活方面起到一定的作用。

在所有年龄段的观众中，老年人看电视的时间是最长的，因此安排好老年节目很重要。《夕阳红》（其前身是《银手杖》）是中央电视台开办的一个老年栏目，开播多年来受到广大老年观众的欢迎。

比起其他大众传媒，电视传播的信息更通俗、形象、生动，更能为广大人民所接受。尽管如此，人们对电视节目的鉴赏水平和审美标准还是存在一定差异的。尽管我国电视观众的文化水平在逐步提高，但总的来说，我国许多人特别是广大农村地区观众的文化生活还是相对贫乏的，我国观众的平均文化水平不高，再加上物质条件的限制，大多数人闲暇的娱乐单一，对电视的依赖性很强，电视成为其闲暇活动的主要内容之一。因此要照顾到广大文化程度较低的观众，为他们提供大量通俗易懂的节目；同时也要有意识地通过电视节目向人们传授文化知识，加强电视的教化功能，为提高全民族的文化素质服务。当然文化程度较高的观众也并不一定仅爱看知识含量高的节目，一些娱乐性节目在文化程度高的观众中也有一定市场。对于工作节奏越来越快的现代人来说，娱乐性节目起着一种调节作用。

男女观众在闲暇活动的选择上存在一定差异。男性在闲暇活动中最常做的事依次是：看电视、做家务、亲友往来、看书、读报纸、照顾孩子、听广播、读杂志、逛商店购物；女性最常做的事则是：做家务、看电视、照顾孩子、亲友往来、看书、逛商店购物、读报纸、听广播、读杂志。女性在做家务、照顾孩子、逛商店购物、亲友往来四方面的平均得分明显高于男性，体现出“女主内、男主外”的传统印记。男人更喜欢看新闻节目、体育节目，女人则更喜欢看连续剧、音乐节目和电影。

我国是一个多民族的国家，运用电视传媒满足各族人民的收视需求是摆在我国电视工作者面前的一个重要问题。在我国电视观众中，汉族观众占94.6%，其他民族观众占5.4%。汉族观众在戏曲、知识竞赛等节目类型方面的收看比率要高一些；而在其他节目类型方面，少数民族观众的收看比率都要高于汉族观众。这主要是由于语言文字上的差异，影响了少数民族观众对知识竞赛这些以传授汉语和汉字知识为主要内容的节目的收看。京剧等戏曲也带有深刻的汉语言烙印，少数民族观众在收看上也有一定的障碍。在新闻、专题、影视剧、综合文艺等方面，少数民族观众比汉族观众兴趣更浓厚。

以长江为界，北方地区观众收看中央电视台节目的比例高于南方观众；南方观众收看其他卫视频道、市有线台节目的比例则高于北方观众。城市观众更提倡新闻直播，认为节目重播率较高，认为片头和片尾应简短些；而农村观众则更倾向增加农村题材的节目，更要求电视节目中的对话和唱词应打出字幕。

我国是一个发展中国家，家庭人均月收入居低收入和中等收入水平的占大多数。许多观众反映我国多数电视台节目有都市化倾向，有的节目内容甚至有贵族化倾向，这应引起注意。电视节目作为影响最大、覆盖面最广的传播媒介，所宣传的内容应照顾到绝大多数低收入和中等收入家庭的实际水平，避免宣传高消费，而要善于引导消费，弘扬勤俭持家、艰苦奋斗的精神。

2. **类型多样的受众群体**

在电视观众中，“几乎天天看”电视的占33.9%，“经常看”电视的占35.6%，“有时看”电视的占25.1%，“很少接触”电视的占4.9%，“从不看”电视的仅占0.5%。如果按接触电视的频次强度为标准，我们可以把观众划分为三种类型：忠实型观众（即“几乎天天看”和“经常看”的观众）、游离型观众（即“有时看”的观众）、疏远型观众（即“很少看”和“从不看”电视的观众）。忠实型观众是电视观众的主体部分，也是电视台基本的、稳定的服务对象；游离型观众是不稳定的但可争取的对象；而疏远型观众是一时不愿收看或者尚未具备收看条件的潜在对象。

1997年的调查数据显示，农民观众的数量最大，占我国所有电视观众的59.9%。他们和其他类型观众有着许多共同的收视喜好，如比较喜欢看影视剧、新闻和综艺类节目；他们也希望通过电视更多地学到一些农业科技知识，了解有关农村方面的信息。针对农民观众的需要，我国各级电视台做了许多努力，许多电视台设有农村部，中央第七套节目有1/3是农村方面的内容，中央第二套节目也有《金土地》这样面对农民观众的栏目。

面对庞大、复杂的观众群体，首先应办好雅俗共赏的节目。所谓雅俗共赏是指那些能够把不同年龄、不同文化程度、不同职业、不同民族、不同性别、不同地域的人吸引到一起的节目，比如像优秀的影视剧、新闻和综艺类节目。电视节目通俗、形象、生动，较少受文化程度的限制，因此在达到雅俗共赏的艺术要求方面，比其他大众传媒具有更多的优势。其次应照顾到不同层次、类型观众的需求，办好对象性节目。对象性栏目与其特有的观众群相互依赖，随着观众群欣赏水平的提高，对栏目的品位也会提出更高的要求，促使栏目不断改版创新，进而形成一种不断有精品栏目和精品节目产生的良性循环。

（二）收视行为

观众收视行为的研究范围主要涉及收视环境、收视方式、收看时间、影响收视的因素。电视是人们接触最为频繁的大众传媒工具，是人们获知新闻信息的主渠道。环境对收视行为影响极大，绝大多数观众是在自己家里看电视，从而在选择电视节目的方式上方便、随意。大部分观众的收视时间都集中在晚上18:30至22:00之间的黄金时间内连续收看。这些构成了多数观众的收视特点。

1. 电视是人们接触最频繁的大众传媒，是人们获知新闻信息的主渠道

报纸、广播和电视是当今对人们影响最大的三种大众传播媒介，而电视的影响力则超过了其他媒介。

1997年的调查显示，在人们的闲暇时间里，做的最多的事情是看电视；其次是做家务、亲友往来和照顾孩子；列第五、第六、第七位的是看书、读报纸和杂志；以后依次是听广播、逛商店购物、听音乐、体育健身、业余学习、参观游览等。与报纸、广播、杂志等大众传媒比较，电视具有形象、直观、生动等特点。它传播及时，覆盖面广，便于不同民族文化的交流，有广泛的社会影响。生理学和心理学的知识告诉我们：眼与耳是人类感知外界事物的两个主要器官，而电视正是兼顾了人类感知外界事物的这两大支点，给观众以更直接、具体、生动的心理感受。与其他大众传媒相比，优秀的电视节目所给予的信息往往更多、更真切、更丰富、更具感染力。

2. 绝大多数观众是在家庭环境中观看电视

“人创造环境，同样环境也创造人。”① 观众的收视行为在很大程度上取决于收视环境。1987年第一次进行全国电视观众抽样调查得出的结果显示，观众在家中收看电视的占多数，而且随着时间的推移，这一比例呈逐年增长趋势。1987年、1992年两次全国调查的数据表

① 《马克思恩格斯选集》，第1卷，43页，北京：人民出版社，1972。

明，观众在自己家中看电视的比例分别为83.5%、88%。到了1997年，这一比例达到了96.6%，比1987增长了13.1%，比1992年增长了8.6%。而且无论是城市与农村以及不同经济发展水平的各个地区之间等多方面比较都证明，家庭是绝大多数观众收看电视的地点。因此，以家庭为主要收看环境就成为电视信息传播过程中的一个明显特性。

电视的介入，使家庭空间的传统意义被改变了。家庭的居住空间是有限的，但是观众通过收看电视节目所得到的却是一个广阔无限的世界。

3. 选择节目方便、随意是观众收视行为的显著特点

观众的收视地点主要在家中，形成了一些与“家”的环境和氛围相适应的收视习惯。调查发现，人们平时在收看电视的时候，经常有一些伴随行为，比如一边看电视，一边做功课，或者看报纸、看杂志、看书、做家务、吃饭、听广播、聊天、健身娱乐、听音乐等，这些收视伴随行为就可视为一种收视习惯。

每一个家庭成员，因其性别、年龄、文化程度、职业以及家庭角色的不同，收视习惯也不尽相同。比如1992年的全国电视观众抽样调查显示，表示有边看电视边聊天习惯的观众中12～30岁年龄组所占的比例最高（18%）。观众的文化程度与聊天习惯成反比，不识字和初识字的观众中有经常聊天习惯的最多。1997年的调查发现，女性观众看电视时最经常的伴随行为是做家务。

家庭作为收视的主要空间环境，一方面存在干扰视听的因素，使电视传播的信息产生部分损耗，从而传播效果被打上折扣；另一方面，收看电视十分方便，不但可以随意选择自己想要看的节目，而且还不会耽误吃饭、聊天等其他活动。在家看电视不像在电影院里看电影那样必须熄灯，在看电视的同时可以与浏览报纸、杂志、书籍等文字读物以及其他活动同时交叉进行，心情随意轻松。

影响观众收视行为的因素除了环境因素之外，还有一个重要的因素，即在家庭成员中谁是最主要的收视决定人。国外一些研究者认为，“决定人”的角色主要属于儿童；也有人认为属于家庭主妇；还有些人认为，选择什么节目，决定于哪个节目最能使家庭全体成员感到满意。1997年全国电视观众抽样调查显示，我国城乡居民家庭中，由“成年父母”掌握“遥控器”的比例最高（30.6%），其次是“协商解决”（28.8%），其他依次为：“小孩子”（12.6%）、“看人数多寡而定”（8.8%）、“未婚年轻人”（7.1%）、“老年人”（5.4%）、“各看各的”（5.1%），“互不相让，常发生争吵”的比例仅为1.6%。独生子女加爸爸妈妈的三口之家是城市中一种主要的家庭类型。在这种类型的家庭中，家长对孩子，尤其是对上学孩子的管教有日趋严格的态势。学生的功课紧张，再加上有些电视节目不适宜让孩子收看，致使有更多的父母限制自己的孩子看电视，这已经成为一种普遍的社会现象。调查结果还显示，“协商解决”（28.8%）是许多家庭决定收看电视节目的另一种主要方式。家庭成员之间除了以血缘辈分为基础的长幼关系外，还包括有相互之间的情感关系。情感关系融洽，收视态度也趋于接近或相同，从而为采用民主协商的方式选择节目奠定了基础。多数家庭习惯于优先考虑家庭多数成员共同感兴趣的节目，以便形成一种亲密、宽松、随意的家庭氛围。

人们现在可以随意、方便地选看电视节目，还得益于电视机遥控器的发明和使用。电视遥控器的逐渐普及，为观众选择频道、选择节目提供了极大的方便。随着我国国民经济的持续发展，人民群众的物质生活水平不断提高，有遥控器功能的电视机的普及会使更多家庭分享到用遥控器随意选择电视节目的乐趣。

4. 收视时间的选择性和长度

收视时间有两层含义：一是在什么时间看电视，二是看多长时间的电视。研究观众的收视时间对传播者、接收者和电视广告商都具有重要的意义。作为电视台来说，只有掌握了观众的收视时间规律，才能合理、科学地编排节目，安排节目时间。作为观众来说，最关心的是自己所喜欢的电视节目安排在什么时间播出。作为电视广告商来说，最关心的是哪个时段的收视率最高，是哪些观众群收看，以便投入广告。

经多年观察，晚间的19:00～22:00是我国多数观众收看电视的集中时间，这三个小时被人们称作“黄金时段”。多年的收视率统计结果表明，18:30～22:00几乎成为我国所有电视台的黄金时间段。在这段时间看电视既不影响吃晚饭、做家务劳动，又不影响观众的睡眠和第二天的上班上学，这是电视台节目的最佳播放时间。

从观众的角度看，绝大多数观众的收视时间都集中在黄金时间。他们这时的收视需求主要是了解新闻、观看影视剧或综艺节目，既充实自己的新闻信息库，又能得到身心的放松。因此，黄金时间大家的收视动机不是单一的而是多种收视动机并存的，他们希望在这两三个小时里得到信息、知识和娱乐。所以，黄金时间里安排的节目不能单一，要基本上满足观众求知、求乐、求信息的心理需求。除了新闻节目之外，还要安排一些情节性、娱乐性强的影视剧和综艺类节目以及科技、普法等节目。

一天24个小时中，除了黄金时间，还有大量的非黄金时间。在这些非黄金时间里安排的内容大部分是对象性节目和重播节目。对象性节目有两个特点，一个是观众群体的特定性，一般来说，这些对象性节目只适合部分观众的收视兴趣，仅为这部分特定观众服务。也就是说，这类栏目肯定要舍弃一部分观众。正是由于对象性栏目所具有的这种性质，再加上播出时间大都在非黄金时间，它无法达到高收视率，因此收视率较低是情有可原的。但这类栏目应有相对固定的观众群和稳定的收视率。对象性节目还有一个特点，就是播出时间上的规律性和连续性，这种连续性有利于在栏目和观众之间建立起一种比较经常的联系，便于观众收看和参与。黄金时间与非黄金时间是相对的概念，是可以变化的。本来不是黄金时间，但经过努力也可以创造较高的收视率。

收视时间的长短是衡量一个电视节目是否受到观众欢迎，是否成功的重要标志之一。1997 年的调查结果显示，我国观众收看电视的平均时间为每人每天 131 分钟，比五年前（1992 年）的人均收视时间增加了 13 分钟。而不同层次和类型观众的收视时间不尽相同。

总体来看，男女观众在收视时间上没有明显差异，日均收视时间同为 131 分钟，但进一步分析发现，仍然存在细微的差异。比如同为城市，女性观众的收视时间略多于男性。城市女性观众周日收视时间为 186 分钟，男性观众为 184 分钟，女性多看了 2 分钟；而在农村，男性观众的收视时间却略多于女性。农村男性观众周日收视时间为 126 分钟，女性观众为 125 分钟，男性多看了 1 分钟。

城乡观众在收看电视的时长上差异明显，城市观众人均每天收看电视的时间为 166 分钟，农村观众为 120 分钟，二者相差 46 分钟。农村观众的收视时长与文化程度呈正比；城市中具有小学和中学文化程度的观众的收视时间较长（分别为 183 分钟和 169 分钟），大专以上文化程度的观众收视时间相对较短（为 156 分钟）。

不同年龄段观众的收视时长不同。收视时间最长的是 61 岁以上的老年观众（147 分钟）；其次是中青年观众（41 ～ 50 岁 135 分钟、19 ～30 岁 134 分钟、51 ～ 60 岁 133 分钟、31 ～ 40 岁 129 分钟），彼此相差的时间长度微乎其微；13 ～ 19 岁的青少年每天收看电视的时间最短（110 分钟）。

在各类职业中，收看电视时间最长的是离退休人员（192 分钟）；其次是待业/无业人员；工人和公司职员的收视时间为 160 分钟（比农民多 40 分钟）；国家机关工作人员、企业管理人员和军人/警察的收视时长比较相近（分别为 156 分钟、151 分钟和 150 分钟）；商业服务业人员和个体劳动者的收视时间相同（140 分钟）；科教文卫人员也为

140 分钟；在校学生的收视时间最短（120 分钟）。

收视时间与地域的关系并不密切，以长江为界划分，南方观众的收视时间（132 分钟）与北方观众的基本相当（131 分钟）。

家庭经济状况对人们的收视时长有一定影响。家庭经济状况较好的观众收视时间就长一些（处在“中等偏上”和“较高收入”状态的收视时长为 152 分钟），而“中等偏下”和“低收入”家庭状况的收视时间短一些（分别为 144 分钟和 119 分钟）。然而，经济状况又不是影响人们收视时间的绝对因素。有关调查数据显示，西部落后地区观众收看电视的时间最长（149 分钟），其次是东部发达地区（127 分钟），中部中等地区最短（125 分钟）。

双休日（周六和周日）比平日（周一至周五）的收视时间要长。

有线电视网对收视时长有影响。加入有线网的观众日平均收视时间为 158 分钟，比全国总体平均水平（130 分钟）高出 28 分钟。

造成以上差异的原因很多，其中有四个主要原因。第一，与观众家庭居住环境有关。城市居民多数居住在居民楼里，邻里之间交往较少；而广大的农村观众情况则不同，他们世世代代生活在一个村子，邻里串门的风俗普遍，这在一定程度上影响了他们的收视时长。第二，与观众家庭的经济状况有关。城市观众生活水平相对农村观众来说要高，电视机的普及率高，因此收视时间也长。第三，与工作、生活节奏有关。农村一遇农忙季节，收视率就明显下降；而城市居民一年四季的生活工作节奏比较平衡，收视率也比较稳定。第四，与电力供应问题有关。许多农村地区电力供应比较紧张，经常停电，极大地挫伤了这些观众的收视积极性。

5. 影响收视行为的因素

影响观众收视行为的因素主要包括以下八个方面：

第一，观众收看某个栏目的习惯。收视习惯是指观众多年收看某个电视栏目巩固下来的行为方式，这种经过多年积累而形成的收视习惯具有极强的惯性。影响观众收视行为最主要的因素就是观众个人的收视习惯，最明显的例子是《新闻联播》。自 1979 年以来，《新闻联播》始终在每晚 19:00 点播出，使观众形成条件反射：一到每晚的 19:00点就想到这个栏目，形成和“生物钟”一般的心理感应与行为方式。收视习惯的养成非一日之功，收视习惯一经形成就会产生惯性，不会轻易改变。

第二，电视节目预告。现在的电视频道很多，观众要想从中找到自己喜欢的节目，仿佛大海捞针一样，因此特别需要向导。充当这一角色的有电视台的节目预告类节目、电视报及其他报纸的预告、网络媒体等。其中以电视本身所作的节目预告效果最佳，它比报纸等形式的节目预告更吸引人。各种收视指南类的节目，对于缩小观众的盲区，引导观众收看特定的节目起着主要的作用。目前各个电视台都很重视节目的预告宣传，而且正在积极探索由简单的预告节目发展为包装栏目、包装频道。

第三，个人的欣赏口味。个人的欣赏口味是影响观众收视行为的重要因素，每位观众都有自己偏爱的栏目，比如男性青少年观众喜好观看与兵器有关的军事栏目，女性爱看妇女栏目、时装和烹饪栏目等。当然，随意选择、择善而从的现象在各种观众群里也普遍存在，表现出收视习惯上的盲目性。这就需要节目预告、收视指南类节目，主动积极地去影响观众选择节目的意向和行为。

第四，节目内容。目前我国每人日均收视时间为 131 分钟，但是当遇到重大宣传活动时，就可能远远超过这个数字。比如 1997 年香港回归特别报道，在 6 月 30 日到 7 月 2 日这三天内全国每日人均收视时间达到了 282 分钟，比平时增加了一倍多。

第五，节目播出时间。如果把节目排在晚间，特别是 19:00 点至 22:00 点这一时段内，或者排在假期和节日播出，就可能有较高的收视率。当然，某些节目，如《东方时空》等栏目也具有改变观众收视习惯的可能。

第六，节假日的影响。双休日的实行，是人们收视时间延长的原因之一。1995 年 5 月 1 日起开始实行双休日，这无疑成为增加人们收视时间的一个不可忽视的因素。目前我国电视观众平日（周一至周五）和双休日（周六至周日）的收视时长差距明显。平日人均日收看时间为 120 分钟，双休日人均日收看时间为 141 分钟，比平日多 21 分钟。

节日也是收视高峰，1996 年春节期间（除夕、初一、初二）日人均收视时间为 220 分钟，比平时人均日收视时间多出 89 分钟。春节时曾有“过年三件事：一放鞭炮，二吃饺子，三看电视”的说法，大年三十晚上看中央电视台的春节联欢晚会已成为一种现代民俗。从 1989 年至 1998 年的十届春节联欢晚会的平均收视率为 50.27%，比《新闻联播》（1987 年至 1997 年）的平均收视率高出 7 个百分点。自从 1994 年春节以来，北京等地开始禁放鞭炮，电视节目的重要性在节日期间又增加了分量。

第七，其他闲暇活动的影响。人类生活分为生活必要时间、劳动必要时间和闲暇必要时间三个层次。随着我国经济的发展，广大人民群众的物质生活条件比十年前有了很大的改善，闲暇时间越来越多。1997 年全国观众抽样调查的有关数据说明，看电视是我国城乡居民闲暇时间里最主要的活动。当然，闲暇时间的不断增加并非意味着收视时间的无限增多。闲暇时间的增加，只是观众收视时间增加的必要条件之一，但不是唯一的结果。当年电视出现的时候，曾经改变了人们接收信息和娱乐的传统习惯，时至今日我们同样可以预料，随着网络、计算机等新型传媒和娱乐设备的出现和普及，同样会对人们的闲暇时间进行再分配。影响人们接触电视的另外一个因素是收视愿望与回归大自然意识之间的心理冲突。现代生活环境对人体健康的一些消极影响，使越来越多的人（特别是生活在大城市中的人）意识到回归大自然的必要，外出旅游度假的人数逐年递增。这也势必影响观众的收视时间。面对以上挑战，电视台要采取积极态度，为电视事业的持续发展制定新的战略措施。比如，面对国际互联网的挑战，电视台可采取突出特长、兼收并蓄的策略，以与互联网联姻的方式，“你中有我，我中有你”，让电视台和互联网的优势互利互补。

第八，技术设备对收视行为的影响。观众不是被动收视，而是有意识、有选择、有目的地收看电视。而一户多机等技术条件为观众选择频道提供了更多的方便，在一定程度上缓解了家庭成员之间为争夺频道而产生的矛盾。“一户多机”指的是一个家庭有两台以上电视机。据 1997 年的调查数据显示，我国家庭中，拥有两台黑白电视机的占 1%，拥有两台彩色电视机的占 4.7%，随着城乡居民居住条件的改善，一户多机已成为一种发展趋势。这种趋势与电视节目向频道专业化转换是相辅相成的。未来的观众将有较大的选择余地，看电视将由以家庭集体行为为主向以个人行为为主的方向转化。

（三）收视心理

中国观众的心理特点表现在收视动机、收视喜好和收视态度上。观众的收视动机建立在人类基本需要的基础之上，电视节目是为了适应观众的各种心理需求而设置的。了解世界、获取信息已成为观众收看电视的首要动机，娱乐消遣、学习各种知识依旧是观众收看电视的重要目的。我国的电视观众对电视总的评价趋势是积极的，电视有着一个较好的社会舆论环境。

1. 观众的收视动机

收视动机是激励收视行为的主观原因，收视动机越强，收视活动的指向越明确，收视活动的持续性和稳定性也越高。观众的收视动机首先建立在人类基本需要的基础之上。人类需要理论认为成年人的需要包括五个层次：生理需要、安全需要、爱和归属性需要、自尊需要、好奇需要和探索需要，当人们低层次的物质需要得到满足后，就会追求高层次的精神需要。同时，观众的收视动机又与电视传播的基本功能相联系，新闻、言论、教育、艺术、服务等类节目都是为适应观众的各种心理需要而设置的。对于一些人来说，电视首先是“了解国内外时事”的来源；对于另一些人来说，看电视主要是“娱乐消遣”的手段；还有一些人主要是希望通过看电视节目“增长见闻”。

了解世界、获取信息已成为观众收看电视的首要动机。在1992年的调查中，“娱乐消遣”是观众收看电视的首要动机。而时隔五年，电视在观众心目中的定位发生了明显的变化，“了解国内外时事”已超过“娱乐消遣”、“增长见闻”成为观众收看电视的首要动机。“了解党和国家的各种方针政策”也由1992年的排名第5位跃升为观众收看电视第2位重要的动机。更为有意义的是，1997年的调查显示，在所列的11项收视动机中，排在前6位的大部分是与获取信息、了解世界相关联的内容，如今的电视观众比五年前更加关心国内外时事，求新求快已成为观众普遍的收视心理特点，如果仍然沿用过时的新闻报道模式，则难以适应变化了的社会需要。观众收视动机的变化，与以下两个因素有直接关系：第一，与电视新闻改革有关。新闻的信息量增大、报道面拓宽、新闻时效提高、新闻性栏目增加等新闻改革措施成为吸引广大观众的重要原因。第二，与社会大环境的变化密切相关。从计划经济向市场经济转型，新闻信息在人们的工作生活中发挥的作用日益重要。生活节奏的加快，使获取新闻、了解方针政策成为人们适应新的生活环境，寻求成功机遇的必要手段。

娱乐消遣是观众收看电视的重要目的，这是因为电视节目声画并茂，形象、生动、直观，为诸多艺术形式提供了施展本领的广阔舞台。影视剧、音乐、绘画、歌舞节目、综艺节目以及品种繁多的消遣类节目极大丰富了亿万电视观众的业余文化生活。娱乐消遣在收视动机排序中列第2位，与文艺娱乐类节目在电视台节目量中所占比重较大基本相称。

学习各种知识是观众收看电视的心理需求之一。电视台开办的知识类节目很多，不仅办有《科技博览》、《读书时间》、《走近科学》（中央台）、《知识百叶窗》（北京台）等专门以普及科学文化知识为特点的栏目，而且在其他各类栏目和节目中也兼顾科学文化知识普及。比如关于1997年3月9日的日全食的直播报道本身就具有新闻时效性，又在报道过程中穿插介绍一些有关天文、气象等方面的科技知识，融新闻性、知识性、科学性和趣味性为一体，直播的过程虽然长，但观众看起来并不感到乏味。学习各种知识尤其是青少年观众的收视动机，在电视屏幕上为青少年提供更多更好的精品节目，使电视成为青少年的第二课堂，是电视工作者面对的重要课题之一。

观众收视动机是多样和复杂的，它们对收视行为起着强度不同的推进作用。观众的收视动机包括主导作用的动机（如：了解国内外时事、娱乐消遣、增长见闻等），也有强度较弱的起非主导作用的动机（如：消磨时间、寻求精神寄托、刺激等）。对于一些人来说，看电视首先要看新闻；对于另一些人来说，看电视主要是为了休息、娱乐，是缓解情绪紧张一种手段。根据观众动机多样性和复杂性的特点，近年来我国流行一种“多层大馅饼”的节目结构和编排方式，将一个版块型栏目分成若干层次，每一层次由各具特色的小版块构成，在45分钟左右这样一个相对紧凑的区间内，可以满足多种收视动机的需要。开辟新频道和新栏目也是满足电视观众复杂多样的收视动机，缓解电视市场供求矛盾的重要方式。电视传播者应该了解每类观众的收视动机和需求，这对那些对象性栏目的编导们尤为重要，因为只有了解了观众的收视动机的特点，才能解决栏目的定位。

模仿和趋同心理具有一定的普遍性。五彩缤纷的电视节目对观众心理、行为会产生或直接或间接的影响。街头流行的服装、发型、通俗歌曲、社会上的流行用语中有很多是通过电视的传播才流行起来的，电视往往无意中进行示范和推广的作用，招引观众的模仿和趋同，对观众的心理、思想观念、生活方式产生影响。

逆反心理会导致观众停止或改变收视行为。所谓“逆反”就是抵触、不顺从的意思，如果人们在收视过程中产生这种抵触情绪，就会发生中途放弃收视的被动局面。调查研究的结果显示，“广告太多”，“自己喜欢的节目播出时间太晚”，“有些连续剧情节拖沓、节奏慢”，“对某主持人或嘉宾不太喜欢”，“播出的节目场面或情节过分紧张、刺激，精神上难以承受”，“遇上不太雅观的电视镜头，一家老小感到尴尬”，“节目不准时播放”等因素都是造成观众产生逆反心理的原因。

2. 观众的收视喜好与兴趣

人们对自己感兴趣的电视节目总是心驰神往，优先给予注意。在众多节目类型中，观众感兴趣的是哪些节目类型呢？1997年的调查结果显示：影视剧、新闻节目、综合文艺、新闻评论和法制节目成为目前最受广大电视观众欢迎的五大类节目。

不同层次和类型的观众有不同的收视喜好。城市观众收看新闻、综艺类节目的积极性高于农村观众；农村观众则在收看影视剧方面的积极性高于城市观众。和经济发达地区观众比较，经济不发达地区观众对农村农业节目、影视剧和法制节目有所偏爱，但总的来讲，并没有因为经济发展水平的高低而显露出太大的差异，说明电视这种传播形式不大受经济发展水平的限制，即使在经济落后地区，人们收看电视的热情也并没有减弱。

观众对电视节目的喜好和收视兴趣还受到国情、价值观等方面因素影响。首先让我们来看观众对国产电视剧的收视喜好。有关的调查数据显示：近年来播放的《渴望》、《英雄无悔》、《苍天在上》、《三国演义》、《九·一八大案纪实》、《儿女情长》、《水浒传》等电视连续剧的思想性、艺术性和观赏性高度统一，特别是现实题材的作品反映了时代的脉搏和人民群众的心声，受到观众的普遍欢迎。

至于外国影视剧，观众喜好度较高的有两类，既喜欢根据世界名著改编的影视剧作品（比如《战争与和平》、《安娜·卡列尼娜》、《雾都孤儿》等），又喜欢反映当代异国生活风貌的影视剧（比如《豪门恩怨》）以及一些战争片和警匪片。不同类型观众对不同题材的国外影视片收视喜好存在差异，年长的、文化程度较高的观众更喜欢名著名片，青年观众则更喜欢现代题材的节目；男性观众相对更为喜欢战争、警匪片，而女性观众更喜欢那些反映人间温情、缠绵幽怨的长篇影视剧。

3. 观众对电视功能、作用的评价及态度

电视魅力独特，影响着社会舆论的导向，左右着人们的思想、行为、态度。分析研究观众对电视功能、作用的评价和态度，有利于电视工作者冷静、正确地认识自我，更有效地扬长避短。

第一，观众对电视的基本评价。1997 年的调查结果显示，在 9 项积极评价中，有 3 项的平均分在 4 分以上，即“电视丰富了人们的业余文化生活，满足人们的精神需要”（4.06 分）、“电视开阔了观众的眼界，使人们足不出户便知天下事”（4.02 分）、“电视使不同国家、民族、地域的人们相互了解，促进了彼此之间的沟通和协作”（4.01 分）。其他 6 项积极评价的态度得分依次为“电视传播迅速、逼真、生动，对观众吸引力强”（3.93 分）、“看电视使大家有了较多的话题，增进了人与人之间的相互了解，对家庭和社会有凝聚作用”（3.9 分）、“电视在‘两个文明’建设中的作用越来越大”（3.87 分）、“电视节目寓教于乐，是对青少年进行思想、品德和情感教育的好途径”（3.81 分）、“电视频道增多，有利于形成电视市场的竞争机制，有利于多出精品”（3.72分）、“电视的普及改变了人们的生活习惯”（3.6分）①这说明我国的电视观众对电视总的评价是积极的，电视具有一个较好的社会舆论环境。

1997年的调查结果显示，排在第1位的是“电视丰富了人们的业余文化生活，满足人们的精神需要”，与1992年的结果一致。但与1992年不同的是，“电视开阔了观众的眼界，使人们足不出户便知天下事”排在了“电视使不同国家、民族、地域的人们相互了解，促进了彼此之间的沟通和协作”的前面。

20世纪80年代以来，随着电视对社会生活影响的不断扩大，电视文化对人们生活方式和思维方式的变化产生着一定的影响。调查发现，对“电视的普及普遍改变了人们的生活习惯”的赞成度已达63.73%，而不赞成度仅为10%。中青年观众对这种意见的赞成程度较老龄和低龄观众高；城市观众的赞成度较农村观众高；收入水平越高越赞成，生活在低收入家庭的观众赞成度最低（55.8%）。

电视除了积极和正面的影响之外，也给社会带来了一定程度的负面影响。比如“电视节目中的不良情节容易让儿童模仿学坏”、“儿童和青少年看电视过多影响视力和睡眠（身心健康）”、“长期看电视，不利于观众养成动脑筋、勤思考的主动精神”、“看电视占去了大量时间，影响了亲朋邻里间的正常交往”等。其中观众反映最为强烈的是有关儿童和青少年的两个问题（有1项的态度得分超过了4分，另一项也接近4分，态度得分的满分为5分）。这说明很多观众已经意识到电视可能给人们带来的负作用，尤其是担忧电视可能对儿童和青少年带来若干不利影响。在这次调查中特别明显的是人们对“电视节日中的不良情节容易让儿童学坏”这一看法的态度变化，在1992年的调查中，赞成这一观点的观众比例仅排名第10位，而1997年跃居第2位，赞成度是五年前的2倍多。冷静审视我国电视屏幕，脱、露的镜头以及两性之间过分亲热的镜头的确不少。在我们这个传统文化思想处于支配地位的国度里，众多家长对由此对下一代可能产生的副作用有所担忧是完全可以理解的。调查结果显示，年龄越大，越赞成这种意见。除此之外，许多人还担心儿童和青少年过多看电视对他们的身心健康可能产生的不良后果。这种担心也不是没有道理的。现在的儿童和青

① 此次调查列举了在社会流行的对电视的14种说法，其中积极评价9项，消极评价5项；设计了5级量表（1=很不赞成，2=不赞成，3=说不好，4=赞成，5=很赞成，满分为5分）测试被访者的赞成程度。

少年对电视的依赖越来越大，而这个年龄段正是一个人身体生长发育的关键阶段，心理上自控力又比较弱，因此很容易由于因看电视时间过长而影响睡眠和视力。在1997年的调查中，有82.06%的被访者对“儿童和青少年看电视过多影响视力和睡眠”这一观点持赞成态度。电视作为目前一种影响力最大的大众传播媒介，应该认真研究并尽量避免和减少它所带来的不良作用，这是电视工作者已经面临而且不得不思考的一个问题。当然，电视对儿童和青少年带来的积极影响也是很明显的，比如有73.46%的被访者对“电视节目寓教于乐，是对青少年进行思想、品德和情感教育的好途径”持赞成态度，而且文化程度越高赞成度越高。电视台既要抓电视节目的短期轰动效应和眼前的经济利益，同时也要进行辩证的冷思考，要重视电视节目的社会效益，尤其应考虑到电视节目对儿童和青少年的长期影响。

第二，观众对电视作用发挥程度的评价。在1997年的调查问卷中，列举了电视的12项功能，设计了5级量表（1=很不满意，2=不满意，3=说不好，4=满意，5=很满意，满分为5分）测试被访者的满意程度。电视的作用是多方面的，观众对其满意度也是有所区别的。调查结果显示，观众对所列举的12项内容的态度都倾向于表示“满意”。其中评价最高的是“及时报道世界上发生的各种重大事件”（4.09分），对我国电视新闻近些年来锐意改革，提高新闻时效性所取得的成绩给予了充分肯定。其他项目的平均得分依次是：“发布党和国家的法令、法规、政策和方针”（4.04分）；“倡导社会公德，弘扬民族精神”（3.97分）；“给人以精神上的享受”，“帮助人们了解经济政策和经济信息”，“满足人们娱乐消遣的需要”（以上3项均为3.87分）；“介绍国内外优秀文化、体育、卫生等方面的动态和成就”，“传授和普及科学文化知识”（以上两项均为3.80分）；“指导人们用先进的手段从事生产活动和管理”，“反映人民群众的呼声”（以上两项均为3.67分）；“提供生活服务，引导消费”（3.56分）；“舆论监督作用”（3.51分）。与1992调查结果比较，观众对电视及时报道世界上发生的各种重大事件，发布党和国家的法令、法规、政策和方针的评价是最高的，和五年前一样排在前两位。其他的一些作用和1992年调查的情况也基本一致。但我们发现，电视在“反映人民群众的呼声”上，排在第9位，不满意的人占13%，观众的满意度比五年前有所提高。电视台在这方面取得了有目共睹的成绩，以《焦点访谈》为代表的一些访谈节目在各电视台出现，使社会上存在的某些焦点问题（如社会治安、农民负担、社会再就业、反腐败、行业不正之风等）

在电视屏幕上曝光，很好地起到了舆论监督的作用，使电视与观众的联系更加密切。电视不仅仅是上令下达和说教，而且要能较多地讲述老百姓自己的事情，反映老百姓的所思、所想、所感，以及面临的困难和要解决的问题。从观众的来信和来电中，我们可以感受到他们对新闻媒体的依赖和信任，也说明电视台在这方面还可以发挥更大的作用。

中国的电视广告是随着社会主义市场经济的发展而同步发展的，在社会上产生了重要的效益，其积极作用得到了许多观众的认可。

从经济效益上说，广告已成为我国各级电视台的经济支柱，我国电视台的节目经费主要依靠广告。广告通过电视媒体发布商品信息，在促进企业产品质量提高上功不可没。中央电视台和一些地方电视台近年来推出扶贫广告，促进了一部分贫困地区的经济发展，深得民心。

电视公益广告在社会公德、家庭美德、环境保护等方面起到了很好的宣传教育效果。我国是一个人口众多、幅员辽阔的国家，教育和文明程度差别很大，随着电视机的普及，人口覆盖率的不断增长，电视公益广告在提高全民素质和精神文明中的作用肯定会越来越明显。

广告之所以逐渐为观众所接受，其中一个重要原因是广告节目制作水平的迅速提高。观赏制作精良的广告是一种美妙的艺术享受。在1997年进行的调查中，有1/3的被访者对这种观点持赞成态度，小学文化以上人的赞成度超过了50%。另有50%的被访者认为“近年来电视广告越做越好看”，比五年前提高了近1/3。

当然，观众对电视广告也有不少意见，其中反映比较强烈的是：“电视广告数量太多”，“化妆品广告太多”，有的广告不顾国情，在包装设计上过分豪华，提倡高消费；部分电视台盲目追求经济效益，经常中断正常播出的节目插播广告，有的电视台甚至无视国家有关规定在转播《新闻联播》时随意插播字幕广告，极不严肃。

对于部分广告用语不规范现象，观众也有一定的忧虑。在1997年的调查中，对“有的电视广告用语不规范，容易产生误导”观点表示赞许的比例达到72.85%，文化程度越高，态度越强烈。广告对儿童的影响一直受到大家的重视，在1997年的调查中，有79.75%的被访者对“广告对儿童的诱导作用不容忽视”这一观点表示赞同，在所列的12项选择中排在第3位。广告节目画面鲜艳、富有动感，音乐优美，广告词朗朗上口，对儿童极有吸引力。家长们担心，一些露骨的画面，不健康、不规范的用语对下一代会起消极的诱导作用。

广告以引导观众消费为宗旨，但有些广告却难以达此目的。这与产品本身的质量有关，当然也有广告创意等方面的原因。许多广告热衷于请名人做广告，有的效果不错，有的则弄巧成拙。据1997年调查显示：有67.53%的被访者对“名人做广告容易引起误导，影响人们对商品可靠性的准确判断”的观点表示赞同，观众对“名人做广告影响名人形象”这一观点的赞成度超过了50%。但在不同的年龄组差异较大，调查显示，61岁以上的观众对这一观点表示赞同的比例最大(60%)，而13～18岁的观众的赞成度仅为41%。

我国电视台正在摸索一条符合社会主义市场经济规律的运营方式，如何把电视广告的宣传和广大电视观众的意愿结合起来，使其恰如其分地自然地融入人们日常生活之中，是摆在我国各级电视台目前的一个共同性的问题。

二、电视观众在电视传播中的地位与作用

接收传媒信息和提供效果反馈是电视传播链条上不可缺少的环节，从而决定了电视观众在传播中的主人翁地位。收视状况作为电视台决策与管理的信息源之一，被广泛应用于电视宣传和广告经营等领域，成为衡量节目质量的重要方法。但要对节目质量进行全面评价，还要考虑制约节目质量的其他因素，防止陷入单纯依赖收视率的高低来判断节目质量的误区。应以收视率等调查数据为基础，建立一套科学完整的观众反馈管理系统。观众在电视传播过程中的主人翁地位，决定了他们具有主动参与的可能性，选择适当的方式参与电视传播活动成为不少观众的心愿和行动。

（一）最大限度地满足观众需求是中国电视的出发点

电视传播活动的过程包括五个环节：决策（媒介的控制与管理）、节目制作与编播、传输与覆盖、受众接收、效果反馈。其中，第四、第五个环节都与电视观众有直接关系。传播出去的信息，如果没有观众接收，就无所谓传播效果；观众对节目的意见得不到反馈，传播效果也得不到证实。

对观众与电视台的关系中观众的地位，人们有不同的认识。一种普遍的说法认为“观众是上帝”，这种说法有合理的一面，在一定程度上反映出观众地位的重要性。但这一观点也存在片面性，如果在任何情况下都视观众为“上帝”，则容易导致无条件地、消极地迎合观众的事情发生。还有一种说法认为某些观众对电视节目过于挑剔，认为“观众是敌人”，此种说法是另一个极端。事实上，“观众并不永远是对

的，但是无视观众的作者是错的"①。雷内·克莱尔发表这段言论的场合是针对电影观众的，但是在电视观众研究中也是适用的。

从大众传播理论发展的历程，我们可以对传播学意义上的受众地位的演变过程有一个大致的了解。

"枪弹论"（又称作"皮下注射论"）是早期的大众传播研究者于第一次世界大战中后期提出的。这种理论认为，新闻工具犹如枪弹，能够把观念、情绪、认识及行动因素"击中"、"注射"给受传者。它把受众当作"靶子"，传播媒介像子弹一样作用在传播对象身上，如果子弹击中，靶子便应声而倒。

美国数学家香农和韦弗 1949 年提出"传播的数学模式"，加上控制论创始人诺伯特·魏纳提出的控制论的核心环节"反馈"形成了环形模式。

在大众传播研究领域影响比较大的是美国的威尔伯·施拉姆，他在 1954 年提出一个传播的环形模式。该模式将传统的直线的、单向的传播模式修改成为循环形传播模式，更加准确地表明了人类传播的交流互换、共享信息的实际过程。

美国社会学家德弗勒 1966 年发展了香农－韦弗的数学模式。他在前人的基础上，将单向的传播模式发展成为双向环流模式。这一模式还引入了控制论的核心"反馈"这一概念。其主要观点是，尽管传播者只能从受众那里获得极有限的或间接的反馈，但是传播者毕竟可以根据"反馈"了解受众的反馈与要求，据以调整传播的方式与内容，以便有效地反映受众的要求。②

在这些理论的发展过程中，受众逐渐被放到了一个比较恰当的位置上。现在的大众传播研究者普遍认识到：受众不是一个消极的、被动的客体，而是积极的、主动的群体，受众按照自己的愿望和要求对信息加以选择和利用，通过写信、打电话等形式向大众传播媒介施加自己的影响。大众传媒据这些反馈信息，及时对传播方式和内容作出必要调整，以收到更好的传播效果。

观众的这种主体地位在我国体现得更为明显。中国作为社会主义国家，人民是电视的主人，电视观众不仅是电视的传播对象，而且是

① 章柏青：《电影与观众论稿》，28 页，北京：华夏出版社，1995。

② 参见张隆栋：《大众传播学总论》，30～40 页，北京：中国人民大学出版社，1993。

电视的服务对象。“全心全意为人民服务，是党的根本宗旨”①，也是电视宣传工作的根本宗旨。最大限度地满足广大电视观众的收视需求，全心全意地为观众服务，是中国电视的出发点和落脚点。

观众的主体地位决定了其身份：被服务者、媒介使用者、舆论监督者和节目价值的最终实现者和检验者。观众的主体地位，意味着他们享有一定的权益。首先，观众有收看到高质量电视节目的权利，一旦他们发现有乱播乱放的现象，便会通过各种方式向中央或地方有关主管部门、机构反映这种情况，以维护自己应享有的这份权利。其次，观众有对电视台提出批评意见的权利。观众的反馈信息中，凡是涉及节目本身的批评意见建议被电视台的编辑、记者称为“送上门来的老师”，会给电视台带来一种直接的效益；观众的反馈信息中反映的社会上的热点和焦点问题，不仅成为电视记者采访的线索，而且成为党和政府了解社会舆论的重要渠道。

对我们整个国家而言，生产力与人民群众需求之间的矛盾是社会的主要矛盾；具体到电视台，面临的主要矛盾是电视节目的生产能力、播出时间与观众需求之间的矛盾。

作为电视传播者，在掌握以上收视行为和收视心理规律的基础上，就有可能在规定的播出时段内，结合自己栏目、节目的特点，为广大观众奉献高质量的电视节目。如何把观众的收视行为、收视心理与电视传播活动相统一呢？第一条是要顺应观众的收视行为和心理的规律，按观众收视行为和心理规律来确定栏目的定位，抓选题，搞制作，制订播出计划。要遵从观众的喜好，否则节目就难以吸引观众。第二条是调动两个积极性，一是调动观众的积极性，对观众写信、打电话反馈来的意见建议进行认真的分析；二是要调动电视台自己的积极性，因为仅仅依靠观众来信和电话、座谈会确定节目方针是有局限性的，影响其代表性，因此电视台还要建立调查网或者是委托有关的调查公司对电视节目进行抽样调查，获取收视率等调查数据，这样的数据比较有代表性。

观众的层次很多，众口难调，我们应遵从两个基本的原则：一是编排节目时，要注意有特定收看对象的节目，时间要安排得合适。如儿童节目不能太晚，不然会影响孩子们的休息。二是观众普遍感兴趣的节目（如影视剧、新闻、综艺节目）要安排在较好的时段，照顾大

① 江泽民：《关于党的新闻工作的几个问题》，载《人民日报》1990-03-02。

多数观众的利益。在顺应观众的行为和心理规律方面，各级电视台都做了许多努力。比如根据观众周末收视时间比平时多的特点，电视台有意识地将优秀节目安排在周末。又比如，根据观众的要求，不断调整节目播出时间。以前观众总是反映好的电视剧播出的时间安排得较晚，影响观众休息。根据观众的呼声，中央电视台一套节目自1992年开始，安排黄金时间的电视剧在20:05固定时间播出，不能冲击，这一做法受到了观众的欢迎。节目编排，栏目组合，品种搭配要尽量合情合理，最大限度地满足广大电视观众的利益。

在同一个台，要发挥频道多的优势，使频道专业化，为观众提供更多的选择机会，尽量满足各层次观众的需求。

总之，在处理观众的收视行为、心理规律与电视传播的矛盾的问题上，要学会辩证地看待电视节目与观众之间的关系。一方面，观众是电视台的“上帝”，电视为观众服务就要在遵从观众收视行为和收视心理规律的基础上编排播出时间；另一方面，对部分观众的低级趣味不能一味地迎合与迁就，哗众取宠。作为电视传播过程中的两个重要环节，电视传播者和电视接收者是一个既对立又统一的整体。观众有喜新厌旧的心理，对电视节目总有不断提高的追求和希望，这就注定了电视传播者在创新和改革的道路上没有休止符。但在某种程度上，这二者又总能达成相对的和谐。这是我国电视事业得以健康发展的一个基本保证。

（二）观众收视状况是衡量电视质量的重要标准

观众收视率状况，是电视台宏观决策的信息基础，是提高电视台编播创作人员专业水平，改进节目制作质量的促进因素。当然，收视率受到播出时间和收视对象的双重限制，应该避开单纯依赖收视率的高低来评判节目质量的误区。

收视率被广泛地运用于栏目设置、栏目播出时间的安排、栏目评议、广告的安排及定价、节目内容的选择、节目编导等人员的奖罚、节目的宣传和包装等电视台管理、运作的许多重要环节。观众调查还具有预测功能。这种预测建立在对调查数据的描述基础之上，可以对观众收视率规律未来的走向和趋势作出展望，对电视宣传决策和节目制作的实际运作提供参照依据。目前我国电视调查主要采取的是事后调查，比如收视率调查数据采集的过程是在观众样本的收视行为正在发生或者发生之后进行的。适当地进行一些事前调查，如在某个重大的电视节目播出之前，通过这种事前调查对该节目的收看效果作出某些预测，根据观众的愿望和要求及时对播出计划作出适当的调整。

收视率对电视广告商也越来越重要。国外的商业电视，广告处于一个相当重要的地位。电视网和私人电视台都是靠出售广告时段来赚钱的，广告收入在电视台营运预算表上起着重要的作用。这些电视台不但不避讳广告是电视台的收入来源，而且还注意电视广告在电视节目流程中的整体特色。随着我国社会主义市场经济的深入发展，我国电视台对收视率与广告收入之间的关系也越来越关注。观众信息反馈和节目收视率统计除了在改进宣传方面发挥着重要作用外，在广告定价、编排、播出方面也产生了不可忽视的影响，而且在沟通电视台与企业的联系、强化和实现电视台的经济效益方面也起着重要的作用。高质量的节目必然带来高收视率，高收视率必然带来丰厚的广告收入，广告收入的再投入又进一步推动着电视事业的发展。

收视率状况固然是衡量节目质量的一种方法，但是要对节目质量给出比较全面科学的评价，还需要综合运用其他方法。

本篇第一节中，我们曾将影响观众收视行为的因素归纳为八点，这八点同样也适用于分析节目收视率的影响因素。其中播出时间是影响节目收视率的关键因素，栏目在不同时间播出，收视率会有所不同；栏目的观众面不一样，收视率也会不同。一般来说，在黄金时间播出的栏目收视率会高，反之则低。我们不能在栏目之间进行简单的比较，不能以收视率的高低作为评估栏目优劣的唯一依据。比如在黄金时间播出的新闻节目的收视率不能和在非黄金时间播出的专栏节目的收视率比较。因此，科学的评估栏目收视率的标准要针对栏目的播出时间和观众面的大小分别制定。在黄金时间播出的节目收视率标准要高，观众面广的栏目收视率标准也要高。

一个节目仅用收视率来判断优劣是不够的，因为影响一个节目播出效果的因素很多，要综合、立体地评价一个节目，就应该有更加全面的分析，有更科学的判断标准，因此要建立观众信息反馈系统。衡量电视节目质量，主要依据定量分析和定性分析两个方面的资料，电视节目收视率调查着重提供的是定量分析方面的资料；观众来信、观众座谈会、专家评议等定性分析资料也是衡量电视节目质量的重要因素。要注意定量分析与定性分析相结合的原则，才能对一个电视节目的质量作出比较准确的判定。

建立一套完整的节目评价体系，需要以抽样调查为主，其他传统调研方法并举的原则，相互补充，建立全方位、多层次的电视观众反馈评价系统。

（三）观众介入参与是办好电视的重要条件

观众不满足于被动接受电视节目等大众传媒的信息，他们有强烈的参与电视传播活动的欲望。观众参与和反馈是大众传播链条中一个重要的环节。观众在参与和反馈中，也能扩大电视节目的影响。一部有影响的电视连续剧在播出过程中，通过观众街谈巷议、人际传播，会使之产生轰动效应。观众介入参与是办好电视节目的重要条件。

1. 观众参与电视节目的形式多种多样

比起其他大众传媒，电视为人们提供的参与机会更多一些。为了解人们参与电视传播活动的情况，我们在1997年的调查问卷中列举了12个参与项目，让观众进行填答。调查结果显示，参加过“由电视台组织的有奖竞猜活动”的比例最高（1.7%），其他参与的情况是：1.1%的人“接受过电视台的采访”，1.1%的人“作过电视台的现场观众”，1%的观众“通过写信、打电话等方式对电视节目提出表扬、批评和建议”，1%的观众“通过电视直销购物”。其他的活动还包括：“通过节目热线点播或参与电视节目”（0.9%）、“给电视台提供新闻线索”（0.7%）、“参加观众座谈会或联谊会”（0.5%）、“担任电视节目监视员、信息员”（0.3%）、“当电视台的特邀主持人或嘉宾”（0.1%）、“提供家庭录像”（0.1%）、其他（0.4%）。

另外，订阅电视报刊，也是观众参与电视的一种形式。《中国电视报》订阅数逐年递增，从一个侧面反映出观众参与电视的强烈意识。许多电视台的栏目还在互联网上发布征询告示，收集新闻信息，联络热心观众，成为观众参与电视传播活动的一种形式。比如中央电视台的“3.15”特别行动节日、《实话实说》等在“瀛海威”公布告示，征询新闻线索，接收观众反馈信息。

观众信箱、观众论坛等栏目，也可激励观众的参与热情。播出并回答观众的信件、电话，请代表上屏幕一起办节目，使节目内容形式更为灵活。

电视的现场直播更能体现出电视对观众的贴近性和观众对电视的参与性。电视的现场直播，可使观众产生临近感、参与感，调动和激发观众的情感，产生共鸣。“3.15”质量万里行晚会的直播现场设有热线电话，在晚会进行的过程中不断有观众的电话打入，很容易形成社会舆论，对产品质量差的企业形成较大的社会压力。

2. 谈论电视成为当前社会的一种时尚

观众对电视节目的偏好和态度一般通过两种方式表现出来：一种方式通过对频道、节目的行为选择；另一种方式是通过与人交谈反映出来。谈论电视，已经成为人们日常工作和生活中的一种社会时尚。

人们一般在什么情况下跟别人谈论电视节目呢？在1997年的调查问卷中，我们列举了14项可能会引起观众谈论电视节目的原因，让被访者填答。调查数据表明，电视节目中的许多细节都可能会成为人们谈论的诱因，哪怕是节目主持人或嘉宾的发型、服装和饰物。人们认为最主要的诱因是“电视台披露了社会上的某个热点焦点问题”(60.94%)，其他诱因的比例依次为：46.76%的人是因为“某个影视剧情节曲折，扣人心弦”，45.11%的人是因为“某个节目在社会上产生了轰动效应”，29.44%的人是因为“某个节目有深刻的思想内涵，打动人心”，21.85%的人是因为“对某个节目的主题歌或插曲感兴趣”，16.57%的人是因为“对某个明星喜欢或反感”，等等。

交互分析显示，男性观众更因为“电视台披露了社会上的某个热点焦点问题”(54.5%)、“某个节目在社会上产生了轰动效应”(54%)而收看电视节目，女性观众在以上两项所占的比例分别为45.5%和46%。而女性观众更容易因为对主持人或嘉宾的发型、服饰、饰物的兴趣(75.3%)，对明星的好恶(55.1%)，对节目主题歌或插曲感兴趣(53.7%)，对主持人或嘉宾的风格欣赏(52.1%)等原因收看电视；而男性观众在以上四项所占的比例分别为24.7%，44.9%，46.3%和47.9%。

其中某些诱因还会产生交互作用，比如影视剧中的人物命运、情节曲折是牵动观众的关键；同时，电视剧中的画面、台词、内涵、主题歌和插曲等也是人们交谈的一部分因素。

交谈是人们相互沟通的主要方式，自从出现了电视，人们日常生活中的话题又多了一个。在电视机日益普及的今天，电视更成为人们日常交谈的话题。谈论电视有助于人们进一步理解电视节目，影响电视的传播效果。谈论电视实质上是观众收视行为的延伸。

江泽民同志曾经说过：“思想工作要在继承优良传统的基础上，充分运用大众传媒和文化设施，采取容易为群众所接受、所喜欢的方式方法进行。要善于疏导，注意发扬民主，尊重人、理解人、关心人，采取吸引群众广泛参与的方法、群众自己教育自己的方法、平等讨论的方法、批评和自我批评的方法。”① 电视台根据观众喜欢议论电视节

① 江泽民：《江泽民在全国宣传思想工作会议上的讲话》，见中国新闻年鉴杂志社编，《中国新闻年鉴(1995年卷)》，3页，北京：中国新闻年鉴杂志社，1995年。

目的特点，还开办了专门的谈话节目，他们请来嘉宾和观众围绕某个社会上普遍关注的话题展开讨论，道理越辩越明。这种观众参与自我教育的传播方式既调动了观众参与电视传播活动的积极性，又收到了较好的社会效果。

3. 观众参与电视节目，是社会民主化进步的一种标志

观众参与电视传播活动，实质上是人际交流活动的延伸，但又不同于一般意义上的人际交流。一般意义上的人际交流范围较窄，主要局限于亲朋好友、同学、同事。而通过参与电视传播而产生的人际交流，往往打破原有人际交流的圈子，使人们所阐发的意见、思想更深刻。电视是所有大众传媒中最便于实现人际交流的媒介。

谈到观众对电视的参与，不能不联系到民主与法制的建设。观众来信、来电话中，很大部分反映的是社会问题的内容，有些与自身利益直接相关；有些则是本着强烈的社会责任感，反映自己身边具有普遍性的社会问题。"国家兴亡，匹夫有责"，中华民族传统的社会价值观在这些观众身上得到了充分地体现。我们有理由相信，有这么多观众通过电视媒介实施社会参与，能够协助电视媒介完成社会舆论监督的职能，对我国社会主义民主和法制建设起到重要的促进作用。

观众直接或间接地参与电视节目，能够收到增强凝聚力，疏导舆论等一系列社会效果，是社会民主化进步的一种标志。党和政府通过观众反馈上来的信息，可以更好地修订方针和政策，更好地开展工作。比如从1997年调查的有关结果就可以了解当前人们普遍关注的社会问题：第一，社会问题（比如物价、反腐败、行业不正之风、农民负担、乱收费、社会治安、打假等问题）。第二，国家形象。期望通过香港回归、党的十五大、中国加入世贸组织、第十五届足球世界杯外围赛等机遇，提高中国在国际上的威望。第三，切身利益。随着我国经济改革的不断深化，人们对住房改革和医疗保险等关系到自己切身利益的问题表示关注。了解了这些"民情"，我们就可以对当前的国内形势有一个比较清醒的认识，及时改进工作。

三、电视观众调研工作的方法

观众调查研究工作是电视台宣传管理流程中的一个重要环节。其调研成果和反馈信息对电视的宣传决策和日常管理产生积极影响。观众调研工作的核心，在于建立一套观众信息反馈机制。我国电视工作者在工作实践中摸索出许多行之有效的调研方式，比如召开观众座谈会，对观众来信、来电进行整理分析等，为电视宣传提供了大量反馈信息。实行改革开放以来，特别是1983年以来，我国电视界开始把传统的调研方式与抽样调查相结合，使我国的观众调研工作进入新的发展阶段。重视观众调查研究工作，广泛采纳广大电视观众的意见和建议，在群众的监督帮助下不断提高节目质量和宣传管理水平，已成为我国各级电视台领导层和编播人员的一种共识。

（一）普遍采用的观众调查方式

1. 收视率调查

自从电视发明以来，收视率调查就在一些国家陆续开展起来，在世界电视事业的发展史上发挥了重要的作用。收视率指的是，在特定时段内，观看某台节目的人数占电视人口总数的百分比。调查样本是靠随机抽样的方法，以少数有代表性的样本，统计推论出观众总体的反应。例如美国两家著名的调查公司，盖洛普进行民意测验使用的样本量是1500人，代表全美人口；尼尔森公司使用1170个家庭的样本来代表全美有电视机的家庭。我国的央视调查咨询中心①以12200个样本，推及全国有电视机的家庭收看电视的情况。

我国收视率数据采集采用日记法，让被抽中的调查样本将自己收看了什么节目，在哪个频道什么时间收看的等内容填写在“收视率调查日记卡”上。收视率数据还可利用收视仪法。这种装置不仅能够自动记录收看情况，还能够“识别”电视观众，分辨谁确实在看电视，谁在做别的事情等详细情况。我国一些科研单位也在开展收视率测量仪的研制和开发工作，有些产品已在部分城市进行过小规模实验。

2. 专项调查

除了日常的收视率调查之外，各电视台还配合有关的宣传任务开展一些长、中、短期的专项调查。最有代表性的是中央电视台联合全国省级台每五年进行一次的“全国电视观众抽样调查”。通过调查，不仅能够了解全国电视观众的数量、收视时间等情况的最新情况，还能了解他们对电视节目的喜好、对电视功能作用发挥程度的评价等，可以为电视台宣传决策，提高节目质量提供科学的参考依据。

专项调查的样本也是采用随机抽样的方法确定的。调查数据的采集主要是采用问卷法、个别访谈法和电话调查法三种方法。其中电话调查在我国已比较普遍，随着我国城乡居民家庭电话拥有率的提高，这种快速便捷的访问方式为越来越多的电视台和调查机构所青睐。中

① 后来发展为央视-索福瑞媒介研究有限公司、央视市场研究有限公司两家公司，前者主要从事收视率调查，后者从事收视率调查之外的其他领域的媒介调查。

央电视台从 1994 年到 1998 年连续 5 年进行的《春节联欢晚会》电话调查、1997 年香港回归报道效果电话调查，在社会上都产生了较大的影响。调查样本是按照电话簿中的家庭住宅电话号码随机抽取的，这种调查时效快捷，在节目播出过程之中就能够提供调查结果。

3. 通过观众来信、电话了解观众反馈信息

观众来信是沟通电视台与广大电视观众联系的基本方式之一，全国各级各类电视台每天收到许多观众来信，这些观众来信是广大电视观众自觉参与电视传播活动，支持、监督和促进电视台工作的一个重要的途径，同时也是我国各级电视台的决策人和节目制作人了解自己的服务对象的收视情况的重要渠道之一。观众来信的内容主要包括：对电视台播出的节目提出表扬、批评、意见、建议和希望，反映社会问题，询医问药，上访告状。一封有水平、有针对性的观众来信，有时能决定一个电视栏目的命运，有时也能为党和政府有关部门的决策提供第一手资料。

电话普及率不断提高，观众通过电话向电视台反映各种各样的信息已经成为主要渠道之一。各台负责观众联系工作的同志，每天都要接到很多这样的观众电话，中央电视台每逢重大直播、转播的节目一般都设有热线电话。总编室值班员除了负责监看各套节目的安全播出外，还要负责接听上级指示电话和全国各地观众的电话反映，这都是为了解观众的需要，改进电视台的工作。

电子邮件作为一种越来越普及的信息传递工具。许多电视台的栏日都开辟了电了邮箱（E-mail），为收集观众的新闻线索以及意见、建议提供了新的渠道。中央电视台 1997 年下半年建立了国际互联网网址，由总编室和信息通信处成立了相关部门①，公布中央电视台的节目信息、利用电子邮箱收集观众新闻线索及其他反馈信息。1997 年春节期间，为了配合春节晚会，中央电视台官方网站上开办了“牛年贺岁专辑”栏目，共发布新闻 305 条，英语新闻 100 多页。从农历除夕夜到正月初六，网络中心共收到网上观众邮件两千多封，观众访问该网站的次数超过 135 万次，仅除夕之夜就达 16 万次。网络密切了电视节目与广大电视观众的联系。

另外，观众的反馈信息还可以通过观众座谈会、栏目评议制度、信息员制度等渠道表达。这些形式的一个共同特点是可以和观众进行

① 央视网的前身。

直接的交流，直接倾听观众的心声。

以上调查研究方法应当综合运用，才能得出比较全面、准确的分析结论。观众来信等直观性较强的反馈信息与收视率调查数据这两类信息，在多数情况下是吻合的，而有时却不大吻合。观众来信、电话提供的内容多为具体的定性的意见建议，从数量上说难以代表观众整体的意见；收视率调查则是采用随机抽样的方法，虽然它所采集汇总的数据难以提供具体的指向性意见，却能使我们从宏观上把握某个栏目或节目的发展趋势。综合运用这两方面观众的反馈信息，使定性分析与定量分析相结合，可以对电视节目的质量做出比较全面、准确的评估。

观众反馈信息特别是有关收视率方面的分析报告，多以图表方式提供。采用简短化原则，把复杂的事物分解为若干简短明晰的图表，对各种收视现象作出清晰简明有效的描述和分析。

（二）全国性电视观众调查网络的建立与发展

建立全国性收视率调查网络是我国电视事业发展的需要，也是社会主义市场经济发展的需要。既然收视率被电视台和广告商视为评价节目质量好坏和投入广告资金的标准，自然要求其客观、公正。各国收视率调查多是由独立的调查公司来做（美国几大电视台的收视率数据主要来源于尼尔森调查公司）。在我国，国家统计局系统也有受国内电视台和广告公司委托做收视率调查的历史（比如中央电视台在1987年至1991年间曾先后委托中国社会调查所、国家统计局信息咨询中心和中国船舶公司714所承担进行中央电视台的收视率调查的工作）。委托外单位做收视率调查具有客观公正，节省电视台人力等优点，但由于我国调查咨询业当时尚处于起步阶段，存在着调查数据传输和处理时效慢，调查网队伍管理薄弱等不足，而且电视台自己难以对调查数据进行深入的开发。为了扭转这种被动局面，中央电视台于20世纪90年代初开始酝酿自己建立收视率调查网络。全国电视观众调查网的创建工作于1991年开始实施，采用以点带面、稳步发展的策略。上半年首先建立了北京网，总结经验后又向全国其他省份铺开。到1995年，"全国电视观众调查网"已经在全国除台湾省和香港、澳门特别行政区外的30个省、市、自治区建立了51个调查站，调查技术和管理水平不断得到提高，当周的《收视报告》隔周便能公布，比以前委托调查时效提前了一周。"全国电视观众调查网"自1992年正式启动后的几年中取得了明显的社会效益。

随着社会主义市场经济的发展，在保证调查网正常运行的前提下，中央电视台于1994年开始创办经济实体，提出了将调查网的管理纳入经营管理体制的方案，并于1995年5月成立了“央视调查咨询中心”。从此，中央电视台观众调查研究的工作就分成了两部分：一部分在总编室观众联系组（1998年5月改为观众联系处）；另一部分在央视调查咨询中心。总编室观众联系处侧重为本台宣传服务；“央视调查咨询中心”作为独立的法人经营单位更多是面向市场，依靠调查数据的买卖来维持调查网的生存。到1997年年底，“全国收视率调查网”已拥有62个调查站，12200个家庭样本户，覆盖500多个频道。

发展收视率调查网络也是加强国际信息市场竞争的需要。我国收视率调查市场逐步建立，国外的一些调查公司也开始进入中国的收视率调查市场，相互之间的竞争越来越激烈，从而导致了在收视率调查的标准上存在一定程度的混乱状态。国内各个电视台、国内外广告客户都呼吁在中国建立起标准统一的、独立于各电视台之外的电视调查系统。国内外的调查公司都面临着市场竞争的考验。

中国的电视观众调查网络的建设也面临着危机和挑战，加强企业管理，不断更新技术，是全国各调查网络的主攻方向。随着专门的计算机网络的形成，收视率调查数据的潜在价值将不断得到开发利用。电视台的观众调研部门将普遍采用计算机统计查询系统，为电视台的宣传决策、改进节目提供全方位的咨询服务。

第二篇

受众调查研究成果转化为电视台决策行为的因素分析

一、提高对收视率的认识是实现成果转化的关键

（一）收视率是电视台进行宏观决策的重要参考

收视率对频道和栏目的设置、定位以及电视节目选题的规划等方面有着重要的决策参考作用。电视就像一个万花筒，它所传播的内容几乎涵盖世界上的任何事物。然而电视频道和播出的时间却是相对有限的，在有限的频道和时间资源里最大限度地满足广大电视观众的意愿，并以此来确定频道和栏目的定位、内容及表现形式，一直是广大电视工作者长期关注的问题。而收视率以其客观、科学、准确的测量数据，为电视台的宏观决策提供了重要的参考依据。频道或者栏目的改版也是电视台宏观决策的一项重要内容，而收视率调查研究成果恰好是形成这种决策行为的重要依据。建立频道之间、栏目之间科学合理的播出结构，是各电视台持之以恒的目标。电视台的节目播出结构具有两种特性：一是它具有相对的稳定性。很难想象，朝令夕改的节目播出表能够吸引住多少观众。二是它具有持续优化性，遵循着优化—非优化—再优化的运动变化方式。正是这两种特性，决定了大多数的电视台每隔一段时间就要进行一次

改版。从1999年7月1日起，中央电视台第三套节目改为文艺频道，停播了原来安排在该频道18:20重播的《东方时空》。一石激起千层浪，引起许多观众的反对。他们普遍认为，多年以来晚饭前后在18:20至19:00收看《东方时空》这个栏目的重播已经成为了习惯，一旦取消了，就没有合适的时间观看，他们希望在该时段恢复这个栏目的播出。相关的收视率分析也显示自该时段取消这个栏目播出之后，收视率也出现不稳定的状态。针对频道改版过程中出现的这一新问题，中央电视台决策层认为，要解决好这个矛盾，不能单纯头疼医头，脚疼医脚，而应该将全台所有频道进行宏观把握，妥善处理好这个问题。在大量调查研究的基础上，2000年7月3日实施的中央电视台第二套节目改版方案中，在18:20恢复了《东方时空》的重播。这是一个从全台整体利益出发，以观众的愿望为出发点，对各频道统筹规划，调整节目播出时间的成功范例。运用收视率调查分析结果调整黄金时段的栏目编排是电视台的一项经常性的工作，而每一次的精心改版，都会带来丰硕的成果。中央电视台一套21:00时段的收视形势一度滑坡，影响了整个频道的形象。1999年7月1日，中央电视台对该时段进行了调整，推出了20分钟的新闻性栏目《现在播报》，撤销了一些收视率长期低迷徘徊的栏目，保留下来的专栏节目的时长也被缩短。改版后的21:00档的节目，在全国众多频道竞争中独树一帜，收视份额有所提高。

（二）收视率是电视台对电视节目质量进行评估的主要指标

建立科学、公正、准确的电视节目评估体系是评价节目质量高低的重要措施，而收视率又是这一评估体系中不可缺少的组成部分。

目前全国许多电视台已经或者正在建立电视节目质量评估体系，收视率指标在其中所占的比重都在40%～50%。

（三）防止单纯以收视率高低作为指标判定电视节目质量

收视率是电视节目综合评估体系中的一项重要指标，但不是唯一的指标。电视节目质量评估体系中包括观众信息反馈、专家评议、节目技术指标等综合指标，其中观众信息反馈板块又包括以下指标：收视率、满意度、观众综合反馈体系（电子邮件、电话、报道），这是一项庞大而又复杂的系统工程。因此，一个节目仅用收视率来判断优劣是不够的，因为影响一个节目播出效果的因素很多。要综合、立体地评价一个节目，就应该有更加全面的分析，有更科学的判断标准，因此要建立观众信息反馈评估系统。

（四）收视率是对电视进行深层次理论分析研究的宝贵资料

目前，中央电视台受众调研机构向台里提供的收视率调研报告一般分为三种形式：第一种是每周一期的“收视率调查报告”。它涵盖电视台所有频道每天播出的所有节目，每个节目名称的后面都有相应的收视率数值，一目了然，快速简洁。第二种比较复杂一些，一般是按月度、季度和年度为周期对收视率数据进行统计分析和研究，提供相应的分析研究报告。这些报告不仅把收视率与样本的性别、年龄、文化程度、职业、家庭收入等数据进行交互分析，让人们了解某个节目究竟是谁在观看、在什么时间观看、看了多长时间等信息，而且能够利用各种直观的图表深入分析各个频道、各类节目收视率差异的原因及其发展趋势，为频道和栏目的改版提出有针对性的建议。第三种更复杂一些，即在日常收视率分析研究的基础上归纳、总结出一些规律性的东西，并且被上升到受众调查研究的理论层次。

二、提高受众调研人员的素质是实现成果转化的重要条件

（一）受众调研工作者应具备的基本素质

受众调研工作，特别是收视率调研工作是一门软科学，它是现代自然科学和社会科学交叉发展而逐步形成的一门边缘科学。

受众调研工作者除了具备较高的思想政治素质，掌握数学、调查统计、计算机、大众传播学、新闻学、心理学、社会学、文学等多门知识外，还应具备以下基本技能：读——会读取与收视率有关的图表和数据；查——会使用计算机和网络技术检索和管理各种数据资料；算——会使用计算机应用软件对收视率数据进行统计分析，进行收视率诸要素的量化分析、模拟评估和辅助决策；写——会使用计算机撰写收视率调查报告和学术文章；传——会使用现代通信设施接收和传递信息。同时具备五种能力：分析判断能力、运筹谋划能力、组织协调能力、讲解传授能力和开拓创新能力。

（二）受众调研工作者应强化服务意识和把关意识

首先，在收视率研究过程中，要善于对各种收视率现象进行归纳和分析，为电视台的领导和编播人员提供准确周到的服务。

其次，受众调研工作者还要有很强的把关意识，找准自己的位置，既不能像“钦差大臣”那样倚仗手中的数据对编播部门指手画脚；又不能当“好好先生”，因为有哪个节目部门来求情，就睁一只眼闭一只眼，把本应公布的对那个部门“不利”的数据扣下来，更不能根据谁的旨意对收视率调查数据随意改动，以迎合某些人的需要。

三、相应的技术支持是实现成果转化的必要前提

（一）保障调查数据的准确性

不论是电视台还是广告商，都十分关注收视率调查数据的准确性问题，因为这直接影响电视宣传决策和确立广告价位的科学性、准确性。

目前，许多电视台为了更全面、更准确地了解收视率状况，已经不局限于从一家调查公司购买收视率调查数据，而是同时购买多家调查公司的调查数据；不仅仅局限于采用日记调查法，还采用收视测量仪法和电话调查法。

由于调查数据的来源不同和调查方式的不同，势必造成调查数据结果的不一致。比如同样是对北京地区观众的收视情况作调查，央视－索福瑞和特雷森两家公司的调查数据结果就不尽相同；同样是对中央电视台一套节目的收视率状况作调查，采用日记法、测量仪和电话调查三种方法所得到的数据结果往往相差悬殊。目前国内通行的收视率调查多数采用的是日记式调查法，这种调查方式有很多优点，但是与收视仪调查法相比较，还存在一些缺陷。比如在日记式调查过程中，不少样本是凭借对某个栏目的印象填写收视记录，而《新闻联播》又恰好是既由中央电视台一套播出又经许多地方电视台转播的特殊栏目，因此一些样本免不了凭借印象，把对《新闻联播》的收视记录统统填写到中央电视台一套的名下。收视仪调查法较好地解决了这一问题，它是通过按遥控器来自动记录样本的收视情况，最大限度地排除了凭借印象记录的可能性。以上三种调查方法各有所长。日记法以15分钟为一个记录单位，收视测量仪却可以细分到秒，这对于以秒为单位来计算广告价格的广告商来说，可能会更有参考价值。但是获得收视测量仪数据的成本过于昂贵，而日记法虽然精确度差，但是调查方式相对来说比较简单，投入较少。电话调查在我国主要用于一次性调查项目，在有限投入的条件下，能够快速得到调查的结果。作为收视率调查公司的用户对这一问题应该采取以下三种态度：第一，对三种收视率测量方法，不要简单地排斥或者否定其中的哪一种，而要采取兼收并蓄的态度。第二，三种收视率调查数据，如有可能相互参照是最好的，究竟购买哪些调查数据，各电视台应该根据自己的情况而定。第三，督促调查公司不断改进调查手段。

（二）收视率开发与研究的技术支持

对收视率数据的开发与研究需要强有力的技术支持，除了计算机硬件之外，还需要配置相应的统计分析软件。

据了解，当初“央视调查咨询中心”与法国索福瑞调查公司合作，主要是基于两方面的考虑：一是它有较科学的公司经营管理和市场运作经验，二是它拥有一套性能优良的收视率统计分析软件。

（三）调查数据的储存与保管

珍惜所购买的收视率数据，对其进行深入的开发研究。

客观地讲，调查公司提供的每周报告，是最基本的、最简单的收视情况。对于用户来说，更重要的是要培养专门的收视率分析研究人员对所购买的数据进行深层次的开发研究，对节目策划和电视台的总体决策提供更有针对性的意见和建议。不仅要有每周报告、月度报告、季度报告和年度报告，还要根据台领导和节目部门的具体需要提供咨询和策划服务；不仅要提供单一收视率的分析结果，还要依据受众来信、座谈会、个别访谈等反馈信息提供综合意见，并在此基础上建立一套节目质量综合评价体系；不仅要研究本行业的规律和特点，还要加强与调查公司、广告商、高等院校和社会上的科研单位的联系，借鉴其他行业进行媒介研究的方式方法，探索电视受众研究的新思路；不仅要掌握国内同行在受众调查研究方面的状况，还要广泛吸收海外同行的经验。珍惜收视率调查数据的另外一层含义是要加强对原始数据的保存和积累。这些调查数据不是作一次分析便完成了使命，恰恰相反，在相当一段时间里这些调查数据仍然发挥作用，比如作收视率年度之间的比较、进行节目质量综合评价体系中相关数值的计算等，都是建立在大量收视率历史数据基础之上的。

四、建立健全评估和奖惩制度是实现成果转化的长久措施

随着社会主义市场经济的发展，电视台从社会上的电视节目制作公司购买节目的比例逐渐加大。如何保证电视台有足够的质量优良的电视节目的储备就成为一个亟待解决的问题，而建立一套科学合理的电视节目质量综合评估和奖惩制度，是解决这一问题的关键。建立这些评估和奖惩制度的同时也是实现收视率调研成果转化和协助电视台决策的一项长久措施。建立电视节目质量综合评估体系的最大好处是，能够保证电视节目质量评价过程和结果的公正性。湖南电视台和湖南经济电视台把节目的收视率和工作人员的收入挂钩，达到规定的某个收视率数值才有基本的工资和奖金，超过则有奖励。收视率成了这两个电视台进行节目改革、提高节目质量的一个有力的杠杆。

中央电视台新近出台的节目评估体系方案（草案）中，以平均收视率、观众满意度、专家评议数据、节目经费成本等指标作为该评价

体系的核心评价数据，根据综合评价指数对全台主要栏目进行排序，根据排序结果对栏目进行表彰、警告或调整。电视节目综合评估体系一般都采取收视率末位淘汰制。这种方式体现了竞争激励机制和公平竞争的原则。电视节目的编排和播出是一个连续不断的过程，收视率调查也随之提供连续不断的调查数据。在长期收视率调查数据基础之上，可以总结出许多观众在收视行为、收视习惯和收视心理等方面的规律，还可以建立相应的数学模型，预测有关频道和栏目的收视率发展趋势，为电视台制订短、中、长期宣传规划提供更为丰富的决策参考，从而有效地避免宣传决策中的短期行为。

第三篇

论“游离型观众”的流向规律及收视特点

一、“游离型观众”的流向规律

面对形式各异的大众传播媒介，受众单一接触某一种媒介的时代已经完结，取而代之的是一种复合式接触的模式（即同时或者程度不同地接触多种媒介的行为）。一位电视观众接触电视节目的同时或者前后，他可能还会兼顾报纸、杂志、广播、互联网等其他大众传播媒介，以达到信息和知识互补的效应。各种大众传播媒介在竞争中形成一种各扬所长、互惠互利、同存共享的局面。这是当今大众传播业发展中的一个突出特点。

如图 3-1 所示，五种大众传播媒介各自拥有不同数量的游离受众群体。这是一支不可小视的受众群体，他们接触媒介时所表现出的游离行为带有较强的模糊性和不确定性，显现出非稳定状态，进而成为各种媒体竞相争夺的对象，各个媒介都试图在这场争夺战中壮大自己受众群体的规模。因此，有必要对游离电视观众的收视行为、收视心理及收视意愿等规律做出分析研究，制定相应的措施，将其转化为热心观众和忠实观众，在这场竞争中赢得主动。由于电视媒介所具有的种种优势，电视无疑冲在了前列，因此对于电视行业来说，更重要的是向自我挑战。不论从外部竞争形势而言，还是从电视行业内部需要而言，都面临着一个如何加强为观众服务，特别是加强为游离型电视观众服务的问题，肩负着促使其从游离状态向热心型和忠实型电视观众过渡和转化的使命。

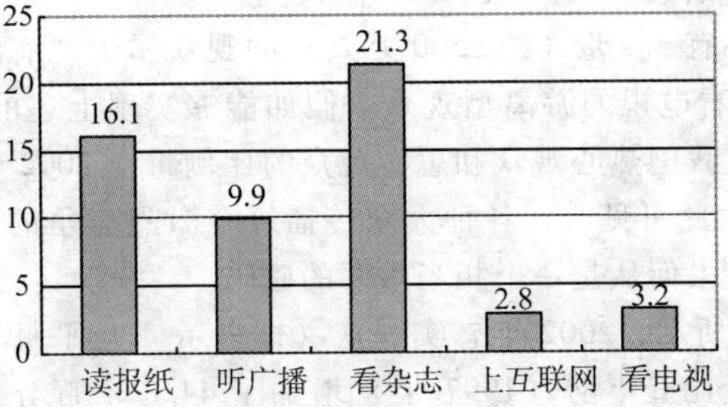

图 3-1　五种大众传播媒介各自拥有的游离型受众（%）

“游离型观众”借鉴的是一个化学概念，《新华字典》对“游离”一词的解释是：“化学中指元素不和其他物质化合而单独存在，或元素由化合物中分离出来。比喻离开集体或所依附的事物而存在。”我们将这个词借用到大众传播学研究中，用来描述那些介于忠实、热心观众与非观众之间的电视观众，即所谓“游离型观众”。研究发现，游离型观众具备以下三个基本特征：第一，收看电视节目时间偏短、对电视缺乏明显的依赖性；第二，选择节目的随意性较大、缺乏固定的收视习惯；第三，收看电视节目的指向性较强，欣赏口味与众有同有异。

表 3-1 显示了游离型观众与其他四种类型观众的关系及其演化过程。根据 2002 年的调查中观众接触电视节目的程度，我们把电视观众划分为五种类型，即：忠实型、热心型、游离型、旁观型、冷漠型。

表 3-1　电视观众五种类型的演化过程

调查问卷中规定的概念	引申概念	归　类
几乎每天	忠实型	显在观众
经常（每周不少于三天）	热心型	
有时（每周不少于一天）	游离型	潜在观众
很少（每月不少于一天）	旁观型	
从不（或极少接触）	冷漠型	

那么，这些游离型观众目前在我国电视观众总体中占有多大比重，这一比重的变化将会给我国电视观众的未来发展带来怎样的影响呢？我国 11.15 亿电视观众中有 78.7%是“几乎每天”看电视节目的忠实

观众，如果加上“经常”看电视的热心观众（17.1%），我国显在电视观众占观众总数的95.8%（10.68亿人）。

此外，还有3.2%（约3500万人）的观众属于“有时（每周不少于一天）”观看电视的游离型观众，假如能够实现上述的过渡和转化，从理论上讲，我国热心观众和忠实观众的比例将由2002年的95.8%上升到99%。由此可见，在各种大众传播媒介激烈竞争的今天，这部分游离型观众何去何从是一个相当重要的砝码。

如表3-2所示，2002年忠实观众（即表示“几乎每天”接触电视的人）的数量比五年前（1997年）增加了44.8个百分点。导致这种结果的主要原因是“极少或从不接触”电视、“很少”看电视、“有时”看电视和“经常”看电视这四类观众比例均呈不同程度的下降趋势。其中游离型观众，即表示“有时”接触电视的比例下降幅度最大，为21.9个百分点，是历史上的最低点。那么，自1997年至2002年的5年里，这21.9%的游离型观众流向哪里去了呢？向上游流动还是向下游流动呢？是怎样流动的呢？自2002年至2007年未来5年中，这些游离型观众又将会出现怎样的变动趋势？根据这种趋势我们又将采取怎样的措施？以上问题无疑会引起业内人士的关注。

表3-2　我国观众历年变化情况（%）

年　份	极少或从不接触	很　少	有　时	经　常	几乎每天
1987	2	5	16	24	54
1992	2	3	8	26	61
1997	0.5	4.9	25.1	35.6	33.9
2002	0.3	0.7	3.2	17.1	78.7

系统临界效应表明，事物发展是无数个变量相互作用、相互制约的结果，不能把它归结为某一因素的作用；事物发展到临界点，由于变量的多样性，决定了事物发展方向的多样性，并不是一种可能的发展。要注意对事物（系统）临界点的认识，把握临界点多种变量的涨落，争取使系统朝着与人们价值目的相一致的方向发展。① 我们在分析游离型观众流向规律时也发现了类似的情形：由于游离型观众的收视行为呈现出

① 单秀法、刘化锦：《现代科学思维引论》，226页，武汉：湖北人民出版社，1987年。

非稳定性和不确定性的特点，他们不可能无条件地朝着电视人所期望的方向发展，而是呈现出一种复杂多变的形势。假如在电视节目质量提高等因素的积极影响和感召下，这部分游离型观众可加盟到忠实型观众和热心型观众的行列，那么显在电视观众的比例就能从目前的95.8%增加到99%，这是一个令电视人企盼的数字。当然，一部分游离型观众也有可能远离电视。假如他们的眼球难以被电视节目所吸引，他们的心难以被电视节目所打动，那么这3.2%（3500万人）的观众就极有可能被分流到其他媒体或者其他闲暇活动中去。因此，有必要对这些游离型观众的收视习惯和收视特点进行研究，充分满足其收视需求，让这一部分游离型观众心甘情愿地转化为忠实型观众和热心型观众。

概括起来讲，我国3500万游离型观众未来的流向有三种可能、六种流向。这三种可能包括：比例上升、比例下降、比例保持不变。

这六种流向包括：

1. 旁观型、冷漠型观众的流入导致游离型观众群的扩大。（冷漠型、旁观型等潜在观众流入，导致游离型观众比例上升，这是电视台希望得到的一种结果。）

2. 游离型观众群的扩大得益于忠实型或热心型观众群的流失。（忠实型、热心型等显在观众流入，导致游离型观众比例上升，这种情况是电视台不希望得到的一种结果。）

3. 游离型观众群流向冷漠型或者旁观型。

4. 游离型观众流向忠实型观众或者热心型观众（1997年至2002年游离型观众的流向即是此种情况）。

即使在游离型观众比例保持不变（收支平衡）的情况下，也会出现正向流动和负向流动两种情况。

5. 游离型观众比例保持不变的情况下，如果出现正向流动，说明忠实型、热心型观众比例在增加，这是电视台希望得到的第三种结果。

6. 游离型观众比例保持不变的情况下，如果出现负向流动，说明旁观型、冷漠型观众比例在增加，这种情况对电视台不利。

概括起来讲，第一、第四和第五种情况的发生对电视台有利，是电视台希望得到的三种结果；而第二、第三和第六种情况的发生则对电视台不利，是电视台不希望得到的三种结果。我们应当尽量避免后三种情况的发生，努力促使游离型观众朝着有利于电视观众队伍发展壮大的方向发展。而分析研究表明，了解和把握游离型观众收视行为、收视心理等方面的状况，正是实现这一转化的基本条件。令人欣慰的是，到2002年8月为止，第一种和第四种情况显现得较为明显，向下游流动（即向“极少或从不接触”电视及“很少”看电视）的观众群流动的可能性不大，因为这两类人群比例也呈下降趋势，因此“游离型观众”流动的方向主要是“热心型观众”和“忠实型观众”（表示“经常看电视”和“几乎每天看电视”的观众）。因此我们可以断定，1997 年至 2002 年 5 年间游离型观众的大幅度下降，有力地支持了电视观众总体上升的趋势。如果在未来的几年中，我们创造条件，将这一发展势头继续保持下去的话，我国忠实型观众和热心型观众的比例从 95.8％接近或者达到 99％这一目标就会成为现实。

二、“游离型观众”的基本构成

（一）“游离型观众”的性别差异

游离型观众中，女性比例明显高于男性。这与妇女从事家务劳动和照看孩子的比例较高有关。家务劳动、照看孩子等活动势必分散和影响她们对电视节目的注意力。

（二）“游离型观众”的年龄差异

见表 3-3 从年龄上看，忠实型观众与全国观众总体情况走势曲线几乎重合，相比之下，游离型观众与以上两条线明显偏离，显示出游离型观众在年龄分布上的独特规律：13 ～ 18 岁的青少年、31 ～ 40 岁这两个层次的游离型观众的比例明显高于其他年龄段的比例。

表 3-3　五种类型观众年龄差异（％）

	从不接触	很少	有时	经常	几乎每天
13 ～ 18	3.9	15.7	21.7	14.9	8.7
19 ～ 23	14.2	6.0	5.7	6.9	5.6
24 ～ 30	8.5	8.5	7.0	10.5	11.7
31 ～ 40	35.1	17.7	20.1	25.1	28.5
41 ～ 50	29.8	19.4	17.8	18.5	21.5
51 ～ 60	5.2	18.0	12.6	13.5	13.5
61 ～ 70	2.5	9.1	10.4	7.1	8.0
71 岁以上	0.8	5.6	4.5	3.6	2.5

进一步分析显示，13 ～ 18 岁的青少年游离型观众的主体是中学生，适当加强适合青少年特别是中学生的电视节目很有必要。

（三）“游离型观众”的职业分布

如表 3-4 所示，农民和学生是游离型观众的主体。

表 3-4　五种类型观众职业差异（%）

	从不接触	很 少	有 时	经 常	几乎每天
工人/服务人员	7.6	4.5	3.8	5.1	7.1
管理人员/白领职员	10.2	1.8	2.7	3.4	5.6
公务员	7.4	0.0	1.4	1.4	3.2
教师、医生等专业技术人员	0.0	0.4	1.4	2.0	3.3
学生	8.9	11.2	22.2	13.7	7.3
军人/警察/武警	0.0	0.0	0.0	0.0	0.3
个体劳动者	5.8	7.4	5.8	5.6	6.3
私营企业主	2.6	0.0	0.3	0.6	1.0
家庭主妇	19.2	6.4	4.2	3.5	3.8
下岗/失业人员	0.0	4.1	1.7	1.4	2.9
离退休人员	4.1	3.2	2.3	3.2	7.5
农民	34.2	53.8	54.2	59.0	51.0
其他	0.0	7.2	0.1	1.0	0.5

（四）“游离型观众”在文化程度上的差异

游离型观众的文化程度偏低。如表 3-5 所示，游离型观众中具有初中和小学文化程度以及不识字（初识字）的观众比例较高。

表 3-5　游离型观众文化程度上的特点（%）

	从不接触	很 少	有 时	经 常	几乎每天
本科以上	0.0	5.7	1.8	1.2	2.0
大专	8.1	0.7	2.7	3.1	5.9
中专、技校	9.0	3.1	1.7	2.9	5.7
高中	20.1	11.6	15.6	13.1	16.1
初中	31.8	35.4	33.8	45.9	43.3
小学	5.3	22.6	24.1	23.1	21.5
不识字/初识字	25.7	20.7	20.3	10.8	5.5

调查数据进一步显示，学生游离型观众中又以中学生为主（占学生中游离型观众总数的87.1%），其次是大学生（占学生中游离型观众的11.9%）。中央电视台要增加适合青少年特别是中学生的节目，由此开办青少频道的必要性亦得到了证实。

（五）“游离型观众”收入状况

表3-6　城镇游离型观众在人均月收入上的特点（%）

	游离观众	忠实观众	全国总体
300元以下	13.7	7.8	8.7
300～999元	57	61.9	62
1000～1999元	23.9	25	24
2000～2999元	3.2	3.4	3.4
3000元及以上	2.2	1.9	2
Total	100	100	100

表3-7　农村游离型观众在人均年收入上的特点（%）

	游离观众	忠实观众	全国总体
500元以下	12.2	4.6	5.8
500～999元	11.6	2.9	3.8
1000～1999元	24	20.4	20.5
2000～2999元	16.7	19.1	18.9
3000～3999元	6.9	14.4	14.1
4000～4999元	4.5	9.7	9.4
5000元及以上	24.2	28.9	27.6
Total	100	100	100

从收入方面看，城镇游离型观众受收入的影响比较明显，游离型观众主要集中在人均月收入处于低档人群中；相对而言，农村游离型观众受收入的影响不大，人均年收入处在较高水平和中等偏下水平的比例都较高。随着电视机的普及和电视信号覆盖率的提高，电视已经成为一种大众传播媒介，家境贫富的差异并非影响收视多寡的决定性因素。

通过以上分析，我们发现游离型观众具有以下基本特征：从性别上看，女性较多；从年龄上看，13～18岁的青少年、31～40岁这两个层次的游离型观众的比例明显高于其他年龄段的比例；从文化程度上看，具有初中和小学文化程度以及不识字（初识字）的观众比例明显高于其他文化程度的比例；从职业上看，游离型观众在农民和中学生中分布得较为集中。

三、"游离型观众"的收视特点

前面谈到，游离型观众群体不是凝滞不变的，其收视行为上的非稳定性对其他类型的观众势必产生联动效应，这部分观众的流向关系到观众整体结构的变化。研究和把握游离型观众的收视特点，可以使我们对其流向规律有进一步的认识和了解。归纳游离型观众的特点，大致有如下几个方面：

（一）收看电视节目时间偏短、对电视缺乏明显的依赖性

如图3-2所示，游离型观众平时看电视的时间只相当于忠实型观众平时收看时间的1/3，周末收看时间的1/2。相对于忠实型观众而言，游离型观众收看电视的时间要少得多。这是游离型观众收视行为上的第一个明显特征。

前面曾经谈到，从职业角度分析，游离型观众中农民和中学生占有较大的比例，农忙时节等因素是造成农民收视时间偏短的主要原因，紧张繁忙的学习生活也会导致众多中学生对电视节目望而却步。除了电视本身缺少足以让中学生留步的因素之外，还与其学业紧张，家长和学校管束严格，使他们身不由已有一定的关系。这就不难理解，他们为何会扮演游离型观众的角色了。

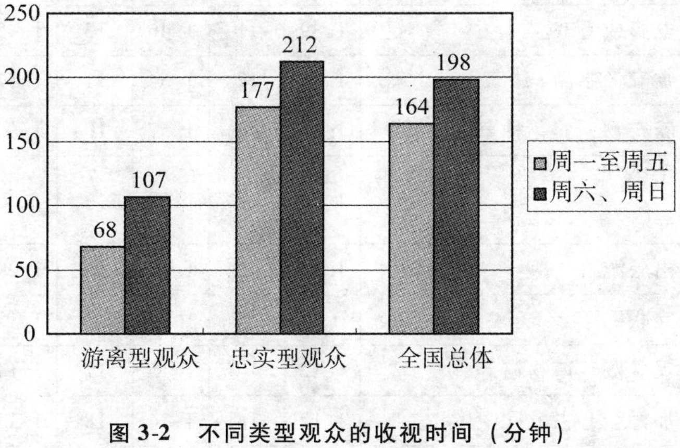

图3-2　不同类型观众的收视时间（分钟）

除此之外，随着闲暇活动内容的不断丰富，人们收看电视的时间不断被其他闲暇活动所挤占，这也是这些观众对电视节目不能“亲密接触”的原因之一。

如表3-8所示，与忠实型观众不同，游离型观众将“做家务”当作自己闲暇活动中的头等大事，“看电视”退居次席。另外，游离型观众在闲暇活动中还有几个明显的规律：

表3-8　游离型观众闲暇时间活动的安排规律

问卷顺序	闲暇时间活动项目	游离型观众		忠实型观众		全国总体	
		平均值	结果排序	平均值	结果排序	平均值	结果排序
1	做家务	2.39	1	2.54	2	2.53	2
3	看电视	2.3	2	2.94	1	2.9	1
18	串门聊天	1.87	3	2.01	3	2	3
2	照顾孩子	1.85	4	1.98	4	1.96	4
4	看书	1.78	5	1.97	6	1.94	5
6	阅读报纸、杂志	1.71	6	1.98	5	1.94	6
14	逛街、购物	1.64	7	1.89	7	1.86	7
5	听广播	1.51	8	1.52	12	1.51	12
16	体育锻炼	1.51	9	1.61	9	1.59	9
13	打牌、下棋等	1.5	10	1.72	8	1.69	8
8	看电影或看戏	1.39	11	1.46	13	1.45	13
15	欣赏音像制品	1.38	12	1.54	11	1.52	11
10	饲养宠物，养花种草	1.34	13	1.57	10	1.53	10
12	练习音乐、书法、绘画、摄影等	1.23	14	1.19	16	1.2	15
17	外出旅游	1.23	15	1.31	14	1.29	14
7	上互联网	1.2	16	1.12	19	1.13	18
9	参观展览、博物馆等	1.12	17	1.15	17	1.14	17
11	参加舞会，去歌厅唱歌	1.12	18	1.14	18	1.13	19
19	其他	1.04	19	1.24	15	1.19	16

第一，把“听广播”排在第8位，而忠实型观众则把此项排在第12位。

第二，把“看电影或看戏”排在第11位，而忠实型观众则把此项排在第13位。

第三，把“练习音乐、书法、绘画、摄影等”排在第14位，而忠实型观众则把此项排在第16位。

第四，把“上互联网”排在第16位，而忠实型观众则把此项排在第19位。

言外之意就是，人们听广播、到电影院看电影、到剧院看戏剧、练习音乐等业余爱好以及互联网的诱惑都构成了收看电视节目的竞争因素。

（二）选择节目的随意性较大，缺乏固定的收视习惯

选择节目的随意性大，是游离型观众收视行为上的第二个明显特征。这可以从影响游离型观众收视行为的主要因素中找到根据。

如表3-9所示，游离型观众与忠实型观众相比，有一点存在明显差别，这就是游离型观众在选择节目时随意性更大（游离型观众把“随便搜索，发现好的就看”作为自己的第一选择，而忠实型观众却将此作为第三选择），这是影响游离型观众收视行为最主要的因素。

第二个影响因素是对某些特定栏目的偏好，第三个影响因素是对某些特定频道的偏好。这说明，能够吸引游离型观众的，除了他们自身的自由随意选择习性因素之外，还可以依靠电视栏目和频道的品牌效应。因此，继续加大栏目和频道的品牌建设是吸引和争取这些游离型观众的最为有效的措施。

表3-9　影响游离型观众收视行为的主要因素

问卷顺序	影响收视选择的因素	游离观众		忠实观众		全国总体	
		百分比	排序	百分比	排序	百分比	排序
3	随便搜索，发现好的就看	61.7	1	64.7	3	64.0	3
2	喜欢某个电视栏目，到时间就会去收看	51.2	2	78.1	1	74.5	1
1	习惯收看某个频道，经常看这个频道中的节目	45.7	3	72.1	2	70.0	2

续表

问卷顺序	影响收视选择的因素	游离观众		忠实观众		全国总体	
		百分比	排序	百分比	排序	百分比	排序
6	家里其他人的喜好	38.8	4	43.1	4	42.9	4
4	电视上的节目预告	21.2	5	36.8	5	35.2	5
7	朋友同事的推荐	13.5	6	20.1	6	19.5	6
5	其他媒体上的节目预告	7.0	7	10.5	7	9.9	7
8	其他	0.4	8	0.5	8	0.5	8

调查数据还显示，性别、年龄、文化程度、职业等因素在游离型观众收视选择上也存在一定的影响（如表3-10至表3-15所示）。

表3-10　不同性别的游离型观众在收视选择上的差异（%）

问卷顺序	影响收视选择的因素	男	女
1	习惯收看某个频道，经常看这个频道中的节目	45.9	54.1
2	喜欢某个电视栏目，到时间就会去收看	45.0	55.0
3	随便搜索，发现好的就看	38.4	61.6
4	电视上的节目预告	43.9	56.1
5	其他媒体上的节目预告	31.2	68.8
6	家里其他人的喜好	28.7	71.3
7	朋友同事的推荐	39.1	60.9
8	其他	61	39

由表3-10可见，女性的收视选择更容易受到影响。男女存在差异，在所列7个项选中，女性选择的比例均高于男性。

表3-11　不同年龄的游离型观众在收视选择上的差异（%）

问卷顺序	影响收视选择的因素	13～18	19～23	24～30	31～40	41～50	51～60	61～70	71岁以上
1	习惯收看某个频道，经常看这个频道中的节目	15.7	6.9	8.2	21	17.4	16	13.1	1
2	喜欢某个电视栏目，到时间就会去收看	23.7	7.4	4.9	21	18.8	13	8.9	1.9

续表

问卷顺序	影响收视选择的因素	13～18	19～23	24～30	31～40	41～50	51～60	61～70	71岁以上
3	随便搜索，发现好的就看	24	5.1	5.7	23	20.6	12	5.6	3.5
4	电视上的节目预告	39.4	9.7	6	23	8.9	9.5	3.5	0
5	其他媒体上的节目预告	30.1	14	15	13	14.5	3.1	10.2	0
6	家里其他人的喜好	16	4.7	10.4	16	22.6	15	8.2	7.6
7	朋友同事的推荐	35.7	9.7	13.8	17	5.2	9	6.1	3.7
8	其他	7.8	0	15.6	16	7.8	53	0	0

不同年龄段的游离型观众也有一定差异。比如：13～18岁的观众主要通过“电视上的节目预告”、“朋友同事的推荐”来选择要收看的电视节目。19～23岁的主要是通过“其他媒体上的节目预告”（比如报纸、互联网）来选择节目。24～30岁的观众主要是通过“朋友同事的推荐”来选择节目。71岁以上的老人选择节目，主要是根据“家里其他人的喜好”。

表3-12　不同文化程度的游离型观众在收视选择上的差异

问卷顺序	影响收视选择的因素	本科以上	大专	中专/技校/职高	高中	初中	小学	不识字/初识字
1	习惯收看某个频道，经常看这个频道中的节目	41.1	68.3	26.3	55.8	47	47.3	33.1
2	喜欢某个电视栏目，到时间就会去收看	43.8	71.5	59.7	60.4	53	50	40.3
3	随便搜索，发现好的就看	76.4	47.1	78.1	54.5	63	67	57.9
4	电视上的节目预告	16.4	55.6	27.2	28.5	27	10.5	13.6
5	其他媒体上的节目预告	4.8	2.7	1.4	14.8	4	10.9	2.7
6	家里其他人的喜好	51.8	68.1	17.9	23	33	41.1	55.1
7	朋友同事的推荐	22.3	49.4	41.7	12.7	17	9.9	4.7
8	其他	0	0	0	0	5	0.3	1

不同文化程度的游离型观众在节目选择上基本分为两大阵营：具有大专、高中文化程度的游离型观众在选择电视节目时的首选是“喜欢某个电视栏目，到时间就会去收看”。其他几个文化程度的游离观众首选则是“随便搜索，发现好的就看”。

表 3-13　不同职业的游离型观众在收视选择上的差异（%）

问卷顺序	影响收视选择的因素	工人/服务人员	管理人员/职员	公务员	教师等专业技术人员	学生	个体劳动者	私营企业主	家庭主妇	下岗/失业人员	离退休人员	农民
1	习惯收看某个频道，经常看这个频道中的节目	59.9	42.5	24.7	60.6	34.8	53.4	51.3	64.4	67.5	63.1	45.6
2	喜欢某个电视栏目，到时间就会去收看	36.6	69.6	27.5	67	60	70.4	66.2	55.6	33.8	59.4	45.6
3	随便搜索，发现好的就看	77.5	42.4	72.6	75.9	63.9	71.5	48.7	55.1	34.5	55.1	60.6
4	电视上的节目预告	15	52.8	5.5	64.2	41	4.1	0	9.6	31	2	14.6
5	其他媒体上的节目预告	20.9	1.4	0	0	10.2	1.4	14.8	0	2.3	6.1	6.7
6	家里其他人的喜好	26.6	14.4	68.6	67.1	28.8	20.9	31.7	55.3	27.8	33	44.8
7	朋友同事的推荐	25.6	16	9.2	55.4	24.8	13.8	31.7	7.4	0	10.7	7.8

让我们着重分析一下比例超过60%的部分。比如在“随便搜索，发现好的就看”这项选择之中，达到60%以上比例的职业范围所涉及的面很宽，由高到低依次有：工人/服务人员为77.5%，教师等专业技术人员为75.9%，个体劳动者为71.5%，学生为63.9%，农民为60.6%。这说明，“随便搜索”是不同职业的“游离型观众”的一个共同收视特点。

未婚的游离型观众更注重于凭借节目预告来选择节目。已婚的游离型观众在选择节目更多地考虑“家里其他人的喜好”。

表 3-14　不同婚姻状况的游离型观众在收视选择上的差异（%）

问卷顺序	影响收视选择的因素	未婚	已婚	其他
1	习惯收看某个频道，经常看这个频道中的节目	40.8	49.1	31.9
2	喜欢某个电视栏目，到时间就会去收看	55.5	49.8	43.2
3	随便搜索，发现好的就看	64.3	61.7	45.7
4	电视上的节目预告	37.1	15.1	1.7
5	其他媒体上的节目预告	13	4.7	0.5
6	家里其他人的喜好	28.2	42.9	50.8
7	朋友同事的推荐	23	9.6	5.3
8	其他	0.2	0.6	0

不同地域的因素，也会影响观众的收视行为。

表 3-15　农村和城镇的游离型观众在收视选择上的差异（%）

问卷顺序	影响收视选择的因素	农村	城镇
1	习惯收看某个频道，经常看这个频道中的节目	46.8	43.8
2	喜欢某个电视栏目，到时间就会去收看	52.1	49.8
3	随便搜索，发现好的就看	58.3	67.5
4	电视上的节目预告	20.6	22.1
5	其他媒体上的节目预告	3	14
6	家里其他人的喜好	43.3	31
7	朋友同事的推荐	11.5	16.9
8	其他	0.4	0.4

比如，农村的游离型观众选择节目更侧重于凭借“喜欢某个电视栏目，到时间就会去收看”和“家里其他人的喜好”来选择节目；城镇游离型观众则更倾向于“随便搜索，发现好的就看”或者根据“电视上的节目预告”、“其他媒体上的节目预告”和“朋友同事的推荐”来选择电视节目。相对来说，影响城镇游离型观众选择节目的因素更复杂些。这与城乡游离型观众所生活的社会环境、经济环境不无关联。

表 3-16　北京等七城市的游离型观众在收视选择上的差异（%）

问卷顺序	影响收视选择的因素	北京	天津	上海	广州	长沙	成都	西安
1	习惯收看某个频道，经常看这个频道中的节目	59.1	41.6	54.1	65.5	87.7	64.5	32.4
2	喜欢某个电视栏目，到时间就会去收看	70.7	23	60.3	71.1	88.3	44.8	32.4
3	随便搜索，发现好的就看	41.4	58.8	32.5	44.1	64.4	47	92.1
4	电视上的节目预告	20.7	11.5	34.8	13.2	11.7	8.2	0
5	其他媒体上的节目预告	0	0	7	19	6.1	21.4	49.1
6	家里其他人的喜好	65	24.7	21.1	27	17	39.8	33.8
7	朋友同事的推荐	44.3	0	6.6	6.8	11.2	72.7	0

再以北京等七城市比较为例。如表3-16所示，西安、成都和广州的游离型观众更侧重于通过媒体上刊登的节目预告来选择自己要看的电视节目。

（三）收看电视节目的指向性较强，欣赏口味与众有同有异

相对而言，游离型观众更倾向于注重将收看电视节目作为增长见识、消除孤独（寻求精神寄托、排解压力）的工具和渠道。

首先我们从游离型观众的收视目的分析。结果发现，“娱乐消遣”是大家的共识，不论是游离型观众还是忠实型观众，都把“娱乐消遣”作为自己首要的收视目的。由于忠实型观众占全国电视观众总数的78.7%，处于绝大多数，因此他们的收视意愿和收视目的左右着全国观众的总体倾向。游离型观众与此情况相比，有些地方是一致的，比如说也把“娱乐消遣”作为首要收视目的。不过两者之间的差异在许多方面也还是明显的，比如在“了解党和国家的各项方针政策”选项上，忠实型观众把它列为第2位的选择，而游离型观众却将其列为第4位的选择；在“了解国内时事、政治”选项上，忠实型观众把它列为第4位的选择，而游离型观众却将其列为第5位的选择；在“学习各种知识技能”选项上，忠实型观众把它列为第6位的选择，而游离型观众却将其列为第7位的选择；在“增长见识”选项上，忠实型观众把它列为第5位的选择，而游离型观众却将其列为第3位的选择；在“没有特定目标，打发时间而已”选项上，忠实型观众把它列为第7位的选择，而游离型观众却将其列为第6位的选择；在“消除孤独、寻求精神寄托、排解压力”选项上，忠实型观众把它列为第11位的选择，而游离型观众却将其列为第9位的选择；在“追求精神、艺术和情感上的享受”选项上，忠实型观众把它列为第9位的选择，而游离型观众却将其列为第11位的选择。相对而言，游离型观众更倾向于把注重将收看电视节目作为增长见识、消除孤独（寻求精神寄托、排解压力）的工具和渠道。建议电视节目中适当增加这方面的内容，有效吸引这部分游离型观众。

（四）“游离型观众”对电视节目的欣赏口味还可以通过他们对电视节目的评价来反映

首先看游离型观众对我国电视节目的总体评价情况。调查结果显示，游离型观众对全国电视节目总体情况的评价分值为3.7分，对中央电视台电视节目的评价分值为4分（满分为5分），与全国平均分值旗鼓相当。另外我们还可以通过他们对新闻类节目、影视剧和文艺娱乐类节目的评价和看法深入了解游离型观众对电视节目的态度。

如表3-17所示，游离型观众与忠实型观众在改进新闻报道和新闻评论节目的态度基本一致。如表3-18所示，游离型观众所关注的社会热点与新闻报道的改进密切相关。

表3-17　游离型观众对改进新闻报道和新闻评论节目意见

问卷序号	应该增加/增强/提高的方面	游离观众		忠实观众	
		百分比	结果排序	百分比	结果排序
9	对老百姓身边事的报道力度	61.7	1	79.6	1
4	对各种社会丑恶现象的批评、监督力度	61.3	2	75	2
3	对新闻事件的报道深度	41.2	3	57.3	3
8	播音员、主持人的业务水平	38.9	4	46.6	4
1	对党和国家政策的报道数量	32	5	42	5
5	新闻报道的时效性	27	6	35.6	7
2	对国际上发生的重大事件的报道数量	24.5	7	41	6
7	新闻节目的信息量	24.2	8	26.3	8
6	新闻节目的播出量	19.3	9	20.8	9

表3-18　游离型观众所关注的社会焦点

问卷顺序	关注的社会焦点	游离观众		忠实观众		全国总体	
		百分比	结果排序	百分比	结果排序	百分比	结果排序
15	社会治安	64.6	1	73.5	1	72.3	1
3	教育	48.7	2	57.8	2	55.7	2
17	假冒伪劣	38.2	3	54.8	3	52.2	3
19	食品安全	37.6	4	46.6	6	44.5	5
21	三农问题	35.4	5	43.3	7	42.8	7
2	医疗	33.3	6	47	5	44.2	6
16	反腐倡廉	32.3	7	50.3	4	47.8	4
6	养老	24.6	8	35.1	13	33.9	12
7	物价	24.6	9	41.3	8	39.3	8

续表

问卷顺序	关注的社会焦点	游离观众		忠实观众		全国总体	
		百分比	结果排序	百分比	结果排序	百分比	结果排序
22	2008 年奥运会	23.6	10	40	9	37.6	9
10	消费者权益保护	20.7	11	35.8	12	33.8	13
8	收入差距	19.5	12	27.7	18	26.2	18
20	台湾问题	19.5	13	36.3	10	34.2	10
11	国家经济形势	16.3	14	29	16	27.1	16
1	住房	16.2	15	24.2	19	23	19
5	党的"十六大"	16.1	16	36	11	33.9	11
9	环境保护	14.6	17	29.4	15	27.7	15
23	我国加入 WTO	14.6	18	28.7	17	26.5	17
18	行业不正之风	14.2	19	30.2	14	28.3	14
4	公共交通	13	20	20.6	20	19.6	20
13	就业（再就业）形势	12.1	21	19.1	21	18.3	21
12	劳动人事制度改革	4.5	22	14.5	22	13.4	22
24	其他	1.5	23	0.4	24	0.4	24
14	股市	1.2	24	3.9	23	3.5	23

调查数据显示，游离型观众与忠实型观众所关注的社会问题在很多方面是一致的，比如说排在前三位的问题都是一致的。但是在更多的方面二者之间存在着明显的差异，比如忠实型观众排在第 4 位的是"反腐倡廉"，游离型观众则将"食品安全"排在这个位置等。

如表 3-19 所示，与忠实型观众相比，游离型观众对影视剧存在问题的看法同异共存。比如"剧中插播广告过多"的问题无疑成为众矢之的。相对而言，游离型观众对"好看的电视连续剧一天播一集不过瘾"这一中央一套曾经长期存在的问题更加耿耿于怀（2003 年 5 月 2 日之后，中央一套黄金时间播出的电视剧由每天播出一集改为两集）等。

表 3-19　游离型观众对影视剧存在问题的看法

问卷顺序	影视剧存在的问题	游离观众		忠实观众		全国总体	
		百分比	结果排序	百分比	结果排序	百分比	结果排序
8	剧中插播广告过多	58.9	1	72.4	1	70.8	1
9	好看的电视连续剧一天播一集不过瘾	48.4	2	59.3	3	58.2	3
1	优秀精品影视剧数量少	44.2	3	59.8	2	58.4	2
2	农村题材电视剧偏少	41.3	4	54.7	4	54	4
11	少儿不宜的镜头时有出现	26.7	5	25.8	7	25.8	7
4	反映当代生活的偏少	26.5	6	33.5	5	33.1	5
5	剧情简单、雷同，缺乏深度	25.9	7	33.1	6	32.1	6
3	历史题材的偏多	18.5	8	25.1	8	24.2	8
12	血腥、暴力镜头过多	17	9	15.4	11	15.4	11
7	同类型题材作品“撞车”、“扎堆儿”现象严重	15.8	10	23.1	9	22.1	9
10	单本剧太少，连续剧过多且长	13.2	11	16.6	10	16.2	10
14	现在就很好，没必要改进	12.8	12	3	13	3.8	13
6	缺乏感染力	10.2	13	12.8	12	12.5	12
15	不看此类节目	4.5	14	0.7	14	1	14
13	其他问题	2.6	15	0.4	15	0.5	15
16	反映青少年题材的少	0.3	16	0	16	0	16

如表 3-20 所示，对文艺娱乐类节目存在问题的看法中，不论是忠实型观众还是游离型观众，对综艺娱乐类节目目前存在问题的看法基本一致。

表 3-20　游离型观众对综艺娱乐类节目存在问题的看法

问卷顺序	意　见	游离观众		忠实观众		全国总体	
		百分比	结果排序	百分比	结果排序	百分比	结果排序
2	曲艺、杂技、相声、小品等观众喜闻乐见的节目偏少	58	1	72.3	1	71	1

续表

问卷顺序	意　见	游离观众		忠实观众		全国总体	
		百分比	结果排序	百分比	结果排序	百分比	结果排序
1	游戏、竞猜、有奖收视节目太多	38	2	44.2	2	44	2
6	节目形式互相抄袭、雷同	33	3	39.3	4	38	4
3	部分娱乐类节目有庸俗化倾向，要提高文化品位	30	4	42	3	41	3
5	高水平的音乐会、演唱会太少	24	5	28.4	5	28	5
4	过分追求豪华形式	18	6	18.3	6	18	6
8	现在就很好，没必要改进	15	7	7	7	8.2	7
9	不看此类节目	11	8	2.7	8	3.3	8
7	其他问题	0.9	9	0.3	9	0.4	9

总之，游离型观众是一个不可忽视的观众群体，尽管在这些观众中存在着收看电视节目时间偏短、对电视缺乏明显依赖性、选择节目的随意性较大、缺乏固定的收视习惯等不利于电视节目收看的现象，但是他们收看电视节目的指向性较强，只要电视台的节目能够适当调整策略，在电视栏目品牌建设、电视广告的管理等方面不断改进，就能够有效吸引这部分游离型观众，使忠实型观众和热心型观众的队伍不断发展壮大。

第四篇

观众的作息规律对电视节目编排的影响

电视观众是电视传播链条中的一环，是电视传播服务的对象，研究观众的收视规律对于建立和不断优化电视节目编排体系具有重要意义。观众的作息规律是观众收视规律的一个组成部分，它与电视节目编排规律之间有着千丝万缕的联系，这种联系在电视传播效果实现过程中起着重要作用。本文将结合“2002 年全国电视观众抽样调查”数据，重点围绕观众收视规律中作息时间这条主线，同时结合收视时间和收视意愿这两条辅线，研究探讨它们对电视节目编排的影响。通过分析，回答观众在什么时候能看电视节目，在什么时间喜欢看什么类型的节目等问题，为电视节目编排更加趋于科学性、合理性提供参考。

一、观众作息时间的若干规律

讲收视规律，首先涉及观众的作息规律。因为观众收看电视的习惯和规律是建立在作息规律基础之上的；只有把握观众的作息规律，才能进一步把握观众的收视规律；只有把握观众的收视规律，才能使电视节目编排更贴近观众需求。

人类的作息规律是在自然和社会因素双重影响下形成的。首先它具有自然属性，比如人类的作息规律与昼夜更替等自然规律相吻合而造就的人体生物钟等现象，这些自然属性是与生俱来的。其次它具有社会属性，比如人类在尊重地球围绕太阳公转及自转等自然规律基础上制定出历法，使得具有自然属性的人体生物钟被人为地调节为以7天为一个节律周期的生活规律，人类的作息规律又有后天培养的成分。经过分析，我国电视观众在作息时间上大致有以下规律：

（一）早晨6:00～7:00是观众早晨起床最集中的时段，而上班时间最集中的时段是7:00～8:00

如图4-1所示，早晨6:00～7:00是观众起床最集中的时段，而上班时间最集中的时段是7:00～8:00。由于早晨生活节奏紧张，多数人来不及开电视。上班族、学生族的收看电视的比例有限。

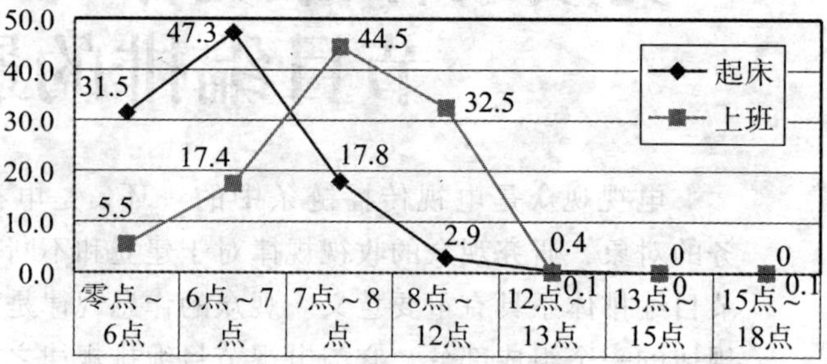

图4-1　观众早晨起床和上班时间高峰比较（%）

（二）观众晚上到家的时间相对集中在18:00～19:00之间，晚上睡觉的时间则相对集中在22:00～23:00之间

到了晚上，观众在作息时间上又有哪些规律可循呢？如图4-2所示，观众到家的时间相对集中在18:00～19:00之间，睡觉的时间则相对集中在22:00～23:00之间。

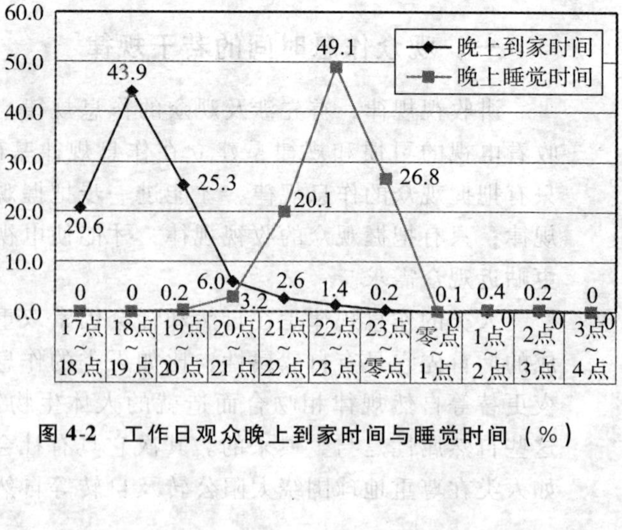

图4-2　工作日观众晚上到家时间与睡觉时间（%）

显而易见，观众收视的黄金时间就集中在18:00～23:00，理论上讲，收视时间的跨度为5个小时。如果剔除做饭、洗漱等时间，观众人均收视时间约为两个小时。与早晨和中午比较，观众在晚上用来接触大众传播媒体的机会大大增加，时间上也有了保证。

人们一天24小时中真正可以用在收看电视节目上的时间是这样的：工作日为164分钟，周末为198分钟。这两三个小时的收看时长主要集中在晚间黄金时段，其他则散布在早晨、中午等时段。如何在这有限的时间内，在人们紧张的生活节奏中抓住空隙，利用时间差，做足节目编排上的文章，是节目编排策略之一。

（三）工作日与周末对观众的作息时间有一定影响

观众在周末的收视时间比工作日多出34分钟。如图4-3所示，周末晚起的观众比例比工作日有所增加，不过并未改变总体趋势。

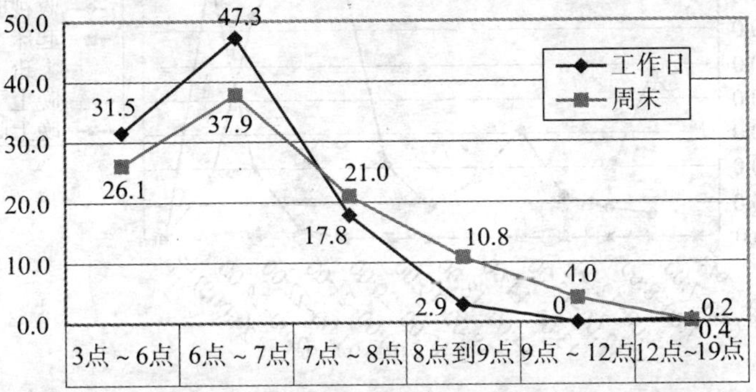

图4-3　观众工作日与周末起床时间比较（%）

这种特点还表现在观众晚上睡觉的规律上。如图4-4所示，虽说观众在周末晚睡的比例略多，但是基本趋势却与工作日十分相似。

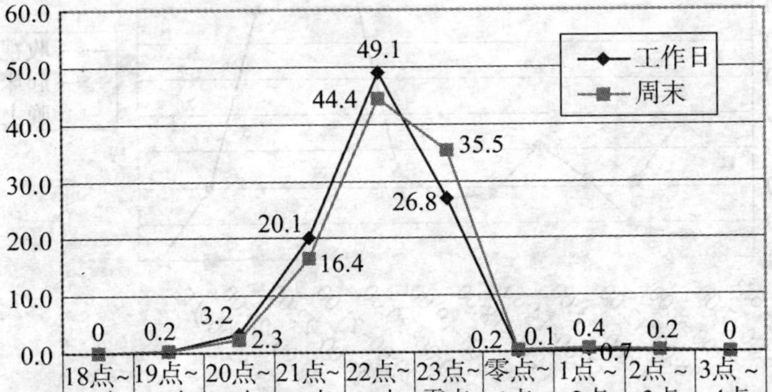

图4-4　观众工作日与周末睡觉时间比较（%）

二、收视时段的拓展现状及其开发潜力

（一）黄金时段优势明显，但是竞争相当激烈

将图 4-1 至图 4-4 中所有工作日的数据加以整合，得到图 4-5，使观众在一天当中从早到晚的作息规律一目了然。在此基础上，又加进去一条观众收视时间曲线，便于把观众的作息时间和收视时间进行对比。图 4-5 显示的是工作日的状况，可以看到，收视时间上的几个峰值恰好处在观众作息时间四大环节（早晨起床、早晨上班、晚上下班到家、晚上睡觉）的峰值之间。图 4-6 显示的则是周末的状况。

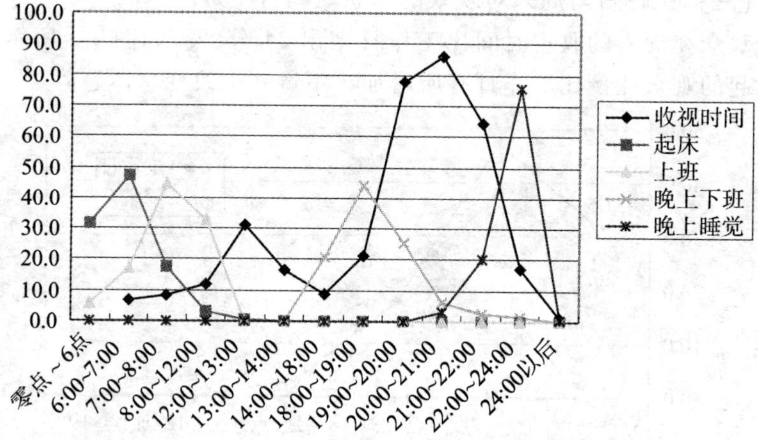

图 4-5 工作日观众的收视时间、作息时间之间的关系（%）

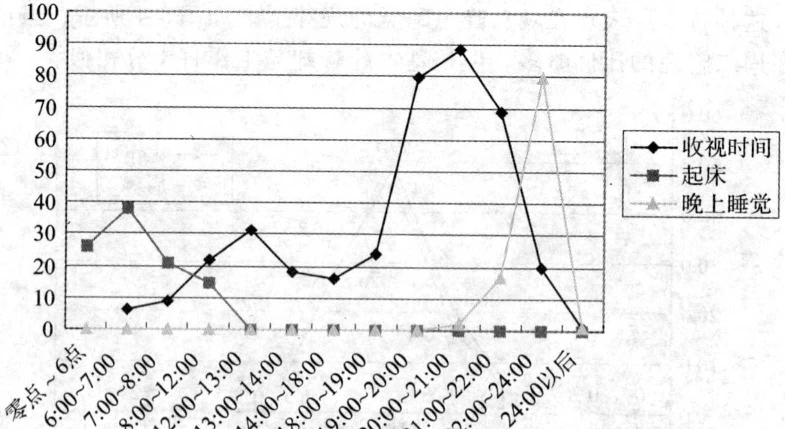

图 4-6 周末观众的收视时间、作息时间之间的关系（%）

图 4-7 所显示的是将工作日和周末的观众收视时间叠放在一起的两条收视曲线。周末比平时略高，有时处在重合状态。其共同特点是：20:00～21:00 的收看比例最高。因此，我们可以得出这样一个结论：20:00～21:00 是大多数中国人收看电视节目的最佳黄金时段；19:00～20:00 和 21:00～22:00 是收看比例较高的第 2 个和第 3 个黄金时段。以上三个小时成为电视台和广告商关注的焦点，成为他们编排节目、投放广告、制定节目质量评价体系等决策的重要参考依据。

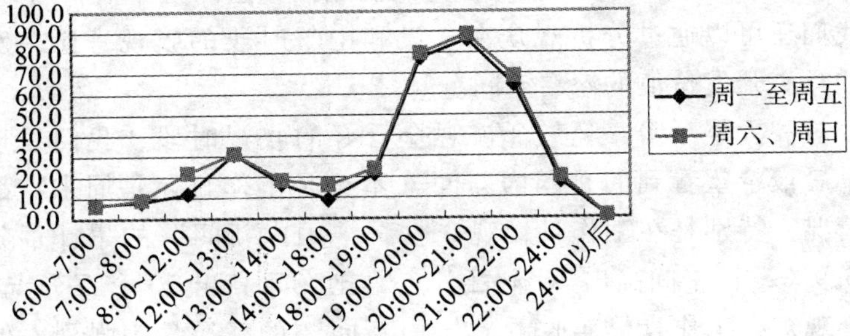

图 4-7　观众在各时段收看电视的状况

那么，在晚上黄金时段观众更希望收看到哪些类型的节目呢？相关调查数据显示，排列前 7 位的依次是：电视剧、国内新闻、电影、国际新闻、天气预报、综合文艺类节目、戏剧曲艺类节目。不论是在工作日还是在周末，这种排序都没有变化。

工作日与周末的收视意愿之间差异不大，比如，晚上 19:00～22:00之间的三个小时内，排列前 7 名的节目类型完全一样。在工作日的晚上，人们最希望看到的 7 种节目类型依次是：电视剧、国内新闻、电影、国际新闻、天气预报、综艺类节目、戏剧曲艺类节目。在周末的晚上，第 8 名以后的排序开始产生差异。相对而言，观众在周末更喜欢收看那些轻松愉快的节目，比如“歌舞音乐类节目”在工作日夜晚被观众排在第 11 位，而到了周末的夜晚，这类节目排在第 9 位，提升了 3 位。

由于和观众作息时间的契合，晚间 19:00～22:00 这三个小时成为观众收看电视节目的黄金时段，进而成为“军家必争之地”。一些电视台开始实行“末位淘汰制”，将某些在节目质量评估（节目评估的标准包含收视率、专家意见、频道权值、节目类型权值、节目制作成本等指标，具有一定的合理性、科学性和客观性）中排在末位的栏目从晚上黄金时段忍痛割爱，在一定程度上缓解了黄金时段的供需矛盾。

（二）其他时段潜力诱人

19:00～22:00 时段固然重要，然而黄金时段毕竟是有限的，千军万马不能只走一座独木桥。许多电视台在研究和把握观众收视规律的基础上，将一天 24 小时的收视潜力进行不断开发。早间时段开发较为成功的例子是中央电视台 1992 年起开办的《东方时空》。它的开办改变了许多观众“早晨听广播，晚上看电视”这种了解新闻信息的老习惯。午间时段开发较为成功的例子有中央电视台的《新闻 30’》和《今日说法》。深夜时段开发较为成功的例子有中央电视台新闻频道的《午夜新闻》。

我们还可以通过分析观众在早晨和中午时段的收视意愿，发现另外一些具有开发价值的潜在空间。

分析一天早、中、晚三个被观众看好的收视时段，我们发现，观众在早晨最希望看到的是国内新闻（不论是工作日还是周末，都存在同样情况。特别是在工作日，观众收看“国内新闻”的累计百分比高达 156.9%，比午间高出 76 个百分点，比晚间高出 70 个百分点）。这表明，观众在工作日早晨收看“国内新闻”的意愿最为强烈，他们期待在这一短暂而又紧张的时间内了解到最新发生的新闻信息，尤其关注与自己生活贴近的国内新闻。建议像中央电视台《早间新闻》和《东方时空》这样的栏目应该进一步加强这方面的新闻报道内容。

而在午间和晚间，观众的闲暇时间相对宽裕，生活节奏放慢，心态比较放松（这种心态在晚间会更加明显），因此他们把对电视剧等娱乐类节目的收看意愿放在首位。这从一个侧面证明了中央一套将20:00 时段开辟为精品电视剧的编排策略的合理性。但是希望在电视剧的选材和制作质量等方面继续强化，充分体现黄金时段节目的价值。

（三）工作日和周末相比，有进一步开掘的潜力

相对于紧张的工作日而言，观众在周末的清晨要悠闲得多。许多人喜欢睡个懒觉，晚起床的观众比例明显高于工作日（如图 4-3 所示，在周末 8:00～9:00 起床的观众比例为 10.8%；而在工作日，这个比例仅仅为 2.9%）。

新闻节目仍是观众对早间电视节目的主要诉求。但是“国际新闻”与“国内新闻”的位置发生了互换，似乎是在表达观众这样一桩心愿：早间新闻中有关国际新闻报道的内容和篇幅可以适当加强。值得注意的是，观众在周末 6:00～8:00 收看这两类节目的意愿强度比工作日减弱了一倍多，这与观众普遍喜欢在周末晚起的习惯不无关系。

在调查问卷中我们将一天 24 小时划分为 12 个时段，询问被访者在这些时段的收视情况。结果显示，观众在工作日与周末的收视情况相比，既有共同性又有差异性，共性大于差异性。如表 4-1 所示。

表 4-1　观众在工作日与周末收视时段比较

时段序号	时　段	工作日		周　末	
		百分比	排　序	百分比	排　序
1	6:00 ～ 7:00	6.9	11	6.3	11
2	7:00 ～ 8:00	8.1	10	9.1	10
3	8:00 ～ 12:00	11.8	8	22.0	6
4	12:00 ～ 13:00	31.0	4	31.3	4
5	13:00 ～ 14:00	16.6	7	18.4	8
6	14:00 ～ 18:00	9.0	9	16.1	9
7	18:00 ～ 19:00	21.4	5	24.1	5
8	19:00 ～ 20:00	77.5	2	79.7	2
9	20:00 ～ 21:00	86.2	1	88.8	1
10	21:00 ～ 22:00	64.2	3	68.6	3
11	22:00 ～ 24:00	17.3	6	19.8	7
12	24:00 以后	0.8	12	1.1	12

共同性表现在：不论是在工作日还是在周末，观众收视比例最高的时段是 20:00 ～ 21:00，排列第 2 至第 5 位的依次为：19:00 ～ 20:00、21:00 ～ 22:00、12:00 ～ 13:00、18:00 ～ 19:00。而且名列第 9 至第 12 位的收视时段比例排序也完全相同。

差异性表现在以下 3 个时段：工作日排列第 6 位的是 22:00 ～ 24:00，而周末排在第 6 位的却是 8:00 ～ 12:00；工作日排列第 7 位的是 13:00 ～ 14:00，而周末排列此位的却是 22:00 ～ 24:00；工作日排列第 8 位的是 8:00 ～ 12:00，而周末排列此位的却是 13:00 ～ 14:00。可见除了 5 个共同的收视热点时段之外，周末的收视潜力还体现在上午。而工作日的收视潜力还体现在下午。

三、收视规律与节目编排的辩证关系

前面我们分析了观众在作息时间、收视时间和收视意愿三方面的各自特征及其相互关系，下面再对它们与电视节目编排之间的关系进行梳理。

如图4-8所示，观众的作息规律、收视规律、收视心理是构成收视规律的三个重要组成部分，前面所论述的观众作息时间、收视时间和收视意愿三个概念分别隶属于作息规律、收视规律和收视心理的研究范畴。

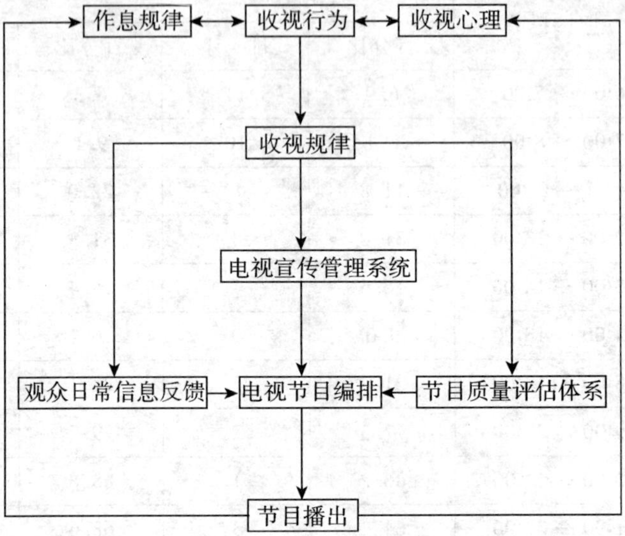

图4-8　收视规律与节目编排之间的关系

图4-8所显示的环流走向是这样的：观众的作息规律、收视行为和收视心理产生交互作用，进一步形成收视规律；收视规律通过电视宣传管理系统、观众日常信息反馈、节目质量评估体系等渠道和方式共同作用于电视节目编排；节目播出后，势必会对观众的作息规律、行为和心理、观念等产生影响；电视传播效果在这过程中得以实现。

观众的收视规律与电视节目编排之间存在着一种内在联系。电视台所制订的节目播出格局建立在观众收视规律基础之上，特别是建立在人们日常作息规律基础上的，而非凭空产生的。电视节目编排方案一经出台，便进入一个不断调整和更新的过程，而在这个永无止境的过程中，观众的反馈扮演着一个不可缺少的角色，在电视传播者与电视观众之间是一种互相依靠、相互促进的辩证统一关系。它们之间固然有碰撞和冲突，然而更多的是相互协调和相互适应。人们的作息时间、收视时间、收视意愿等规律为电视节目编排提供了参照蓝本。节目编排一旦形成相对固定的播出模式和规律，又返回来培养和强化观众的收视习惯和规律。正是在这种交互作用和影响下，电视节目的编排方式才得到不断地优化。

节目播出效果如何，固然与节目的内容和形态有关，但是与播出时间的安排也大有关系。假如没有适当的时间安排播出，即使内容再好，形式再新颖，但是多数观众却无暇收看，也收不到预期的效果。因此，根据观众的收视需求，对电视节目编排表适时进行调整和优化十分必要。相对稳定的节目播出时刻表自然应该与观众的作息规律和收视规律融为一体。节目播出表的每次调整（或称“改版”）当然要体现创新精神，不能墨守成规，“兵无常势，水无常形”① 世界上没有一成不变的事物，要善于随着社会和自然环境的变化而变化，节目播出表的更迭也应遵循这样一条基本定律。同时，节目播出表的调整也应照顾到观众的收视习惯，照顾到新老节目播出表更迭之间的内在联系，在积极吸引新观众的同时，防止在无意中失去原有观众。调查分析中还发现，观众收视意愿与实际收看效果尚有一定差异，尽量缩小这种差距，最大限度地满足广大电视观众的收视需求，是电视工作者的义务和责任。

① 《孙子兵法》虚实篇。

第五篇

观众收视过程及行为模式探究

人们对某个事物是否感兴趣是从观察事物现象开始的，许多现象看上去司空见惯，但是通过调查数据的解读，却能发现其中的内在规律。本篇将从收视习惯的若干表现及其相互关系入手，对观众的收视过程及收视习惯规律进行分析，对收视率产生的内在机理进行探讨。

"习惯，行为学家认为行为就是习惯的表现，而习惯又是透过重合和加强的各种不同的组合而形成的。"①具体谈到电视观众的收视习惯，也是通过不同的组合、重合和加强形成的，如图 5-1 所示，这些组合因素主要表现在观众对电视节目的接触频次、收视时长和收视过程三个方面。

如图 5-2 所示，受众对电视媒体接触呈现出这样的基本趋势：观众接触电视媒体的频次明显高于接触其他大众传播媒介的比例。如图所示，"几乎每天"收看电视的观众比例高达 87.89%，加上"经常（每周不少于三天）"接触电视的观众比例，二者合计为 95.01%，远高于受众接触其他传播媒介的比例。显然，电视媒体成为绝大多数受众的朋友和伴侣。

"这是一个以极度膨胀的以被动消费为特征的当代

---

① ［美］詹姆斯·亚当斯：《思维革新——创造的实践》，臧英年、李昆峰译，22 页，北京：中国社会科学出版社，1998。

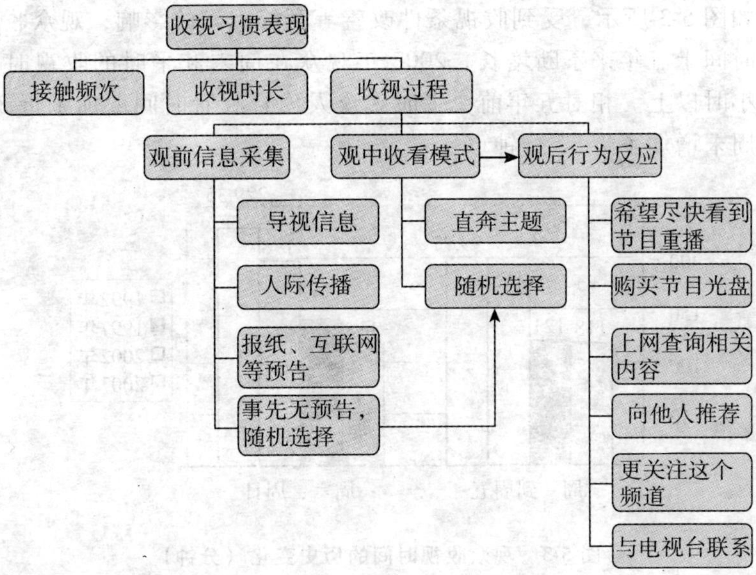

图 5-1　观众收视习惯各要素之间的关系

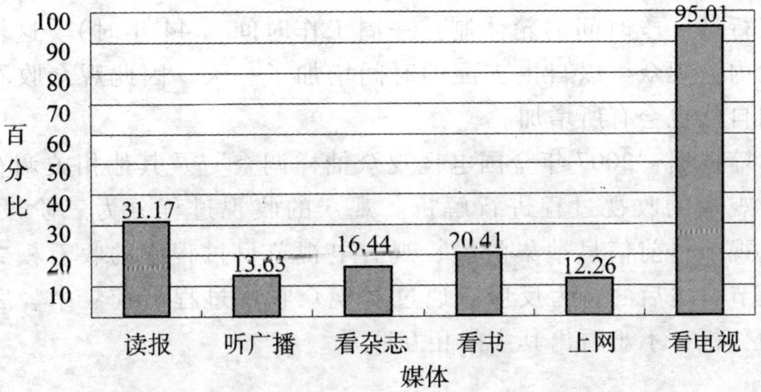

图 5-2　2007 年人们经常接触各类媒体的情况对比

世界。"① 按照英国电视受众研究学者约翰·塔洛克对当今经济社会时代特征的这种概括，受众收看电视节目当然也属于一种消费形式。与购买其他具体物品不同的是，受众消费电视节目，主要支付的是自己的时间，因此对受众收视时间的观测和研究，有助于对受众收视行为的认识和把握。

---

① ［英］约翰·塔洛克：《电视受众研究——文化理论与方法》，33 页，北京：商务印书馆，2004。

如图 5-3 所示，受到收视条件改善等利好因素的影响，观众收看电视的时间十五年来不断增长，2007 年观众在周末和平时的收视时间都在 3 小时以上。相对五年前，平时观众人均日收看时间增加了近 35 分钟，周末增加了近 32 分钟。

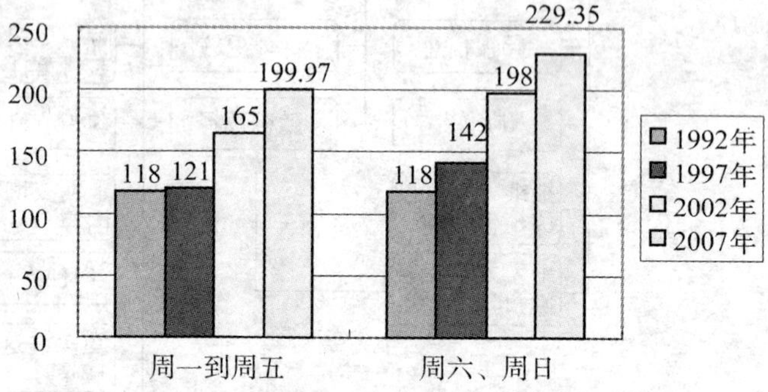

图 5-3　观众收视时间的历史变化（分钟）

根据国家劳动和社会保障部的有关资料记载，自 1995 年 5 月 1 日起，我国开始实行双休日制度，每周工作时间为 40 小时（在此之前，曾经试行过一段时间的轮休制，一周工作时间为 44 小时）。这样，在一周之内，观众可以自由支配的时间增加了一天，因此观众收看电视的时间自然也会有所增加。

本篇根据“2007 年全国电视观众抽样调查”及其他相关调查数据着重对观众的收视过程进行解析。观众的收视过程分为三阶段，即：观看电视节目前信息搜集阶段、观看电视节目过程中的收看模式、观看电视节目之后的行为反应。通过对观众收视过程“前、中、后”三阶段的分析，不难看出其中的相互联系。

一、观看电视节目前的信息预告搜集

众所周知，战争中的敌对双方为了做到知己知彼，无不将刺探对方情报作为制定作战方案的参考。打仗如此，日常的工作和生活也是如此。一般来说，只要时间允许，人们都习惯于在采取行动之前采集和分析相关“情报”，以指导自己的行动。收看电视节目的行为活动亦不例外——在众多的电视频道和节目中，事先掌握感兴趣的电视节目预告信息，可以使自己在有限的时间内收看到最中意的电视节目。

如表 5-1 所示，在影响观众对电视节目收视选择的因素中，“看到电视节目预告”、“亲戚朋友推荐”、“报纸、互联网等电视节目预告”和“数字电视上的收视指南”都是影响观众收视选择的因素，同时这四个方面又可看作是观众获取电视节目预告信息的四个来源。

表 5-1　影响观众收视选择的因素　（$N=11822$）

排序	影响因素	百分比
1	习惯看某个频道	70.42
2	喜欢某个电视栏目，到时候就看	65.53
3	随便搜索，发现好的就看	48.29
4	看到电视节目预告	26.72
5	喜欢主持人或嘉宾	16.45
6	亲戚朋友推荐	15.97
7	报纸、互联网等媒体节目预告	4.35
8	数字电视上的收视指南	2.40
9	其他	0.01

注：数据来源：2007 年全国电视观众抽样调查；此题为多项选择，累计百分数大于 100%。

观众对电视节目预告信息的了解主要是通过大众媒体的介绍宣传和人际传播两条渠道来实现的。其中大众传播包括电视导视、报纸/互联网等其他大众媒体，人际传播包括当面交谈、通过现代科技手段进行人际交流两种方式。通过现代科技手段的人际交流又包括电话、手机短信和互联网三种方式。互联网交流又包括电子邮件、网上即时聊天和写博客三种方式。凭借这些电视节目预告信息，观众可以按图索骥，主动、从容地安排相应的作息时间和收视时间。当观众坐在电视机前按照预先得知的“收视指南”，按动电视机遥控器上面相应的数字键，就可以直接定位于自己所喜欢的电视频道和节目。

（一）电视导视节目与观众注意力

电视导视节目，顾名思义，具有“预告将要播出的电视节目，把观众的注意力吸引过来，引导观众收看”之意，是电视节目的一种类别，是电视台节目进行自我形象包装宣传的有效手段。它包含频道、栏目介绍、节目片花、节目播出时间表、游动字幕预告等形式。简洁明快、立意新颖的电视导视影像和语言，往往会使观众对被导视节目留下最初始的印象，产生首因效应①。这种首因效应，对于观众的后续收视行为的产生和发展具有重要意义。

如表 5-1 所示，有 29.12%的受访者表示他们之所以选择收看某个

① 冯健主编：《中国新闻实用大辞典》，51 页，北京：新华出版社，1996。

节目是因为电视导视的预告信息在起作用（“看到电视节目预告”的有26.72%，“数字电视上的收视指南”的有2.40%），也就是说，近三成的观众收看电视节目是由于电视节目预告所提供信息的引导。而通过“亲戚朋友推荐”的为15.97%，通过“报纸、互联网等媒体节目预告”获取节目信息的为4.35%，远远低于电视导视的影响力，电视导视节目是引导观众收看电视节目的主渠道。人际传播的影响力列第二位，报纸、互联网等媒体电视节目预告的影响力列第三位。

（二）人际传播与电视预告信息

如表5-1所示，因“亲戚朋友推荐”而选择收看某个电视节目的观众比例达到了15.97%，说明人际传播也是人们获取电视节目预告信息的重要来源之一。其中既有当面交谈的传统人际传播方式，又有通过电话、手机短信、互联网（包括电子邮件、网上即时聊天、写博客）等以现代科技手段为载体的人际传播方式。

人际传播的第一个特点是生动形象的语言描绘促使传播对象对特定电视节目产生好奇、好感和收视欲望。人际传播过程中，传播者可以根据自己对电视节目的切身感受向被传播者进行生动细致的语言描绘，这无疑会调动被传播者的收视兴趣、收视期待和收视欲望，这是人际传播有别于其他渠道的一个突出特点。不仅如此，传播者还能够运用表情、眼神、肢体动作等多种渠道或方式来传达信息，受传者也可以通过多种渠道来接收信息。① 人们从不同角度谈对电视节目的感受，发感慨，进行议论和评价的同时，客观上起到了向对方“做广告”的作用。一般情况下，对于亲近人的热情“推介”，被传播者很难抵御对该电视节目的收视欲望。在这方面女性被感染的几率明显高于男性。调查发现女性观众因“亲戚朋友推荐”而收看某个电视节目的比例比男性高出2.58个百分点。χ^2 分析显示，在0.05检验水平上，p值小于0.05，即男女观众在依靠此种方式获取导视信息差异显著。

人际传播的第二个特点是能够实现一点对多点的传播效应。一位传播者可以同时或先后向两个以上的亲朋好友传播自己的收视感受或推荐信息，达到“一传十，十传百”的传播效果。特别是每逢荧屏上出现了像《渴望》、《闯关东》这样优秀的电视连续剧，形成连锁反应和累积效应，达到高收视率的例子屡见不鲜。

人际传播的第三个特点是互动性。大众传播领域内的互动关系主

① 郭庆光：《传播学教程》，84页，北京：中国人民大学出版社，1999。

要有两层含义，一是指传播者与受众之间的互动关系；二是指传播者之间，受众之间的互动关系。因“亲戚朋友推荐”而收看某个电视节目的情形属于后者，受众之间的互动交谈促使话题更为集中，对特定电视节目的收视意向更趋强烈。

那么，哪些因素会诱发人们对电视节目的谈论兴趣呢？在1997年的调查中可以找到相应的答案，结果如表5-2所示。

表5-2 诱发人们谈论电视节目的因素 （$N=16065$）

诱　因	累计百分比	排　序
电视台披露了社会上的某个热点或焦点问题	60.94	1
某影视剧情节曲折，扣人心弦	46.76	2
某个节目在社会上产生了轰动效应	45.11	3
某节目思想内涵深刻，打动人心	29.44	4
对某节目主题歌或插曲感兴趣	21.85	5
对某明星喜欢或反感	16.57	6
某影视剧人物性格有特点	15.80	7
对某主持人风格感兴趣	15.62	8
报纸等媒体对某节目评论引发话题	13.11	9
对某节目电视画面感兴趣	11.95	10
从不与其他人谈及电视节目	11.60	11
对某节目台词经久不忘	7.70	12
对某主持人或嘉宾发型、服饰感兴趣	6.34	13
经人推荐或集体组织收看并展开讨论	4.48	14
其他	0.47	15

注：数据来源于“1997年全国电视观众抽样调查”。此题为多项选择，累计百分数可能大于100%。

调查数据显示，“电视台披露了社会上的某个热点或焦点问题”是人们谈论电视节目时涉及率最高的话题内容，也就是说，最能够引起人们谈论兴趣的是电视节目中所涉及的社会热点和焦点问题。其次是优秀影视剧曲折的情节，“某影视剧情节曲折，扣人心弦”，跌宕起伏的故事情节和人物命运往往成为广大电视观众热议的焦点。另外，“某个节目在社会上产生了轰动效应”、“某节目思想内涵深刻，打动人心”、“对某节目主题歌或插曲感兴趣”等也成为人们谈论电视节目的重要诱因。

（三）报纸、网络等媒体与电视预告信息

任何一种媒体被创造出来，都是我们某种感官的延伸。160 年前贝尔发明了电话，它延伸了我们的耳朵和嗓音，在电话给我们提供一种很弱的听觉形象时，我们借用全部感官去强化并补充这一形象。马歇尔·麦克卢汉这样简单地回答："电话是一种要求参与的形式，它要求一位同伴，它具有电力两极性的一切强度。"移动电话则将这种强度推到更强：你就是那位唯一的同伴，别无选择。① 电话是这样，手机短信、互联网等现代技术手段给人们人际交流所带来的影响也是如此，更不用说报纸、广播、电视这些传统大众传媒了。

调查数据显示，在我国 3.69 亿户电视家庭中有 30.42%订阅了报纸，即全国有 1 亿多个家庭，约合 3 亿多的人口具有订阅、购买和阅读报纸的习惯；又因为绝大多数报纸刊载有电视节目预告的内容，也就意味着将近 1/3 家庭的受众有通过报纸获取电视节目信息预告的可能性。

另外，在全国 3.69 亿户电视家庭中，有 28.12%的家庭拥有电脑，有 22.10%的家庭拥有宽带连接；表示"经常"和"几乎每天上网"的受众合计达到 12.3%；这些"重度网民"平均每天上网的时间达到 97.6 分钟。以上所有条件使受众通过互联网实现快速浏览信息等功能成为可能。相关数据显示，这些"重度网民"上网的目的主要是浏览新闻和搜索资料（比例分别为 74.16%和 57.74%），而在这些"新闻"、"资料"中包含着相当数量的电视节目内容、影视明星动态等内容介绍和预告信息，从而使网民通过互联网获取电视节目预告信息成为可能。

因此，报纸、互联网等大众传媒对电视节目的引导收视作用也不可低估，电视媒体主动与报纸、互联网等媒体的互动与融合，势必对扩大自身传播效果产生积极影响。

受众观看电视节目一般要经历这样一个过程：电视节目预告信息的介入→对特定节目的知晓度和心理预期→实际的收视行为→收视效果。任何一种电视节目的预告方式，无不以触动观众的心理预期并转化为实际的收视行动为目的。不要指望电视节目预告信息能够百发百中，因为观众的心理预期与实际收视效果之间存在三种可能，即：完全吻合、部分吻合、不吻合，如图 5-4 所示。

---

① 菲必：《心跳、SMS 芯片与网络的杂交》，载《三联生活周刊》，2001(27)：55。

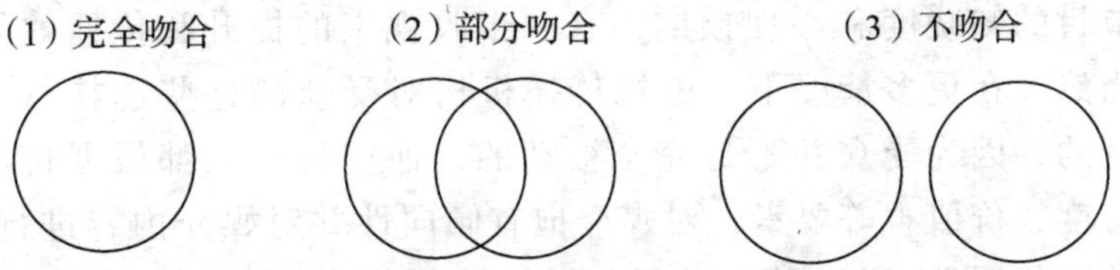

图 5-4　观众的心理预期与实际收视效果之间存在三种可能

如图 5-5 所示，实际观看效果与心理预期之间大致呈现六种情况，除了出现正负两种极端情况（喜出望外或大失所望）外，还会呈现其他几种复杂情况。总的来说，吻合度越高，说明观众的实际观看效果与其心理预期越趋于一致；吻合度越低，说明观众的实际观看效果与其心理预期差距越大。由于这中间存在着千变万化，我们才能够得到许多意料之外的惊叹和惋惜。

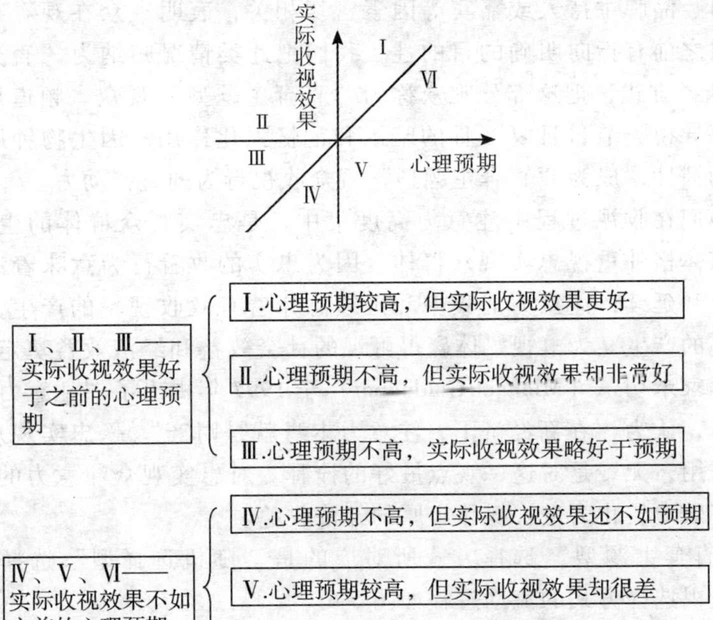

图 5-5　实际观看效果与其心理预期之间的六种情况

二、观看电视节目过程中的行为模式

观众收视过程中的行为模式是本篇研究的重点，该行为模式由观众一连串的选择行为构成。对于这些选择行为，电视传播机构在许多环节上能够介入，比如前面提到的借助电视节目预告信息提高受众对特定节目的知晓度和心理预期，有利于收视率的提升和传播效果的扩大。当然，在更多情况下，电视传播机构对受众的这些选择行为是难以控制的，因为受众并不是完全被动的，他们每个人都根据自己的需要、态度、价值观等要素，对媒介抱有倾向性并对媒介内容进行选择。正如美国传播学者 M. 德富勒所分析的，大众媒介受众的个人属性（个人差异）和社会属性（社会类别及其社会关系）都在某种程度上作用于受众的选择性，即他们有选择地接受传播的内容并加以解释和记忆，因而在行为上受到的影响不一。①

如表 5-1 所示，“习惯看某个频道”、“喜欢某个电视栏目，到时候就看”、“随便搜索，发现好的就看”和“看到电视节目预告”是影响观众对电视节目收视选择的四个主要因素。这四种影响因素又可视为电视观众的四种收视习惯，其中有三种收视习惯分别与品牌频道、品牌栏目、品牌主持人或嘉宾等因素密切相关，表明观众在观看某个电视节目之前有指向明确的目的性。我们把此类情况归纳为“直奔主题型”选择方式，把这部分观众称为“直奔主题型”观众。频道形象宣传片等导视类节目日复一日的暗示和记忆强化作用，因生物钟原理而形成的惯性，成为“直奔主题型”观众收视行为的直接动力。

他们在收视过程中注意力高度集中，是忠实观众群体的生力军。电视媒体格外重视忠实观众群体。因为忠实的收看行为意味着注意力的集中和延续，注意力的集中和延续意味着有效收视率的产生，有效收视率的产生又为电视媒体赢得可观的社会效益和经济效益奠定基础。经济学家米切尔（Michael Goldhaber）于 1997 年提出了“注意力经济”的观点，认为“在新经济下，注意力本身就是财产”。② 忠实观众注意力的作用，无疑是对这一观点最好的诠释。对忠实观众注意力的吸引，将会有效地转化为电视媒体丰厚的经济收益。

“直奔主题型”选择方式所对应的是“随机选择型”选择方式。两种收视选择方式的流动过程如图 5-6。

观众收看电视节目行为过程包括三种状态，即：开始收看状态、收看状态和结束收看状态。“收看状态”中的第一层级是该流程模式的主体部分，包括“直奔主题”和“随机选择”两种基本的选择模式。在“收看状态”中的第二层级，又有“锁定并持续收看”和“中途放

① 冯健主编：《中国新闻实用大辞典》，50 页，北京：新华出版社，1996。

② 于丹：《形象 · 品牌 · 竞争力——电视包装施展攻略》，13 页，北京：中国广播电视出版社，2006。

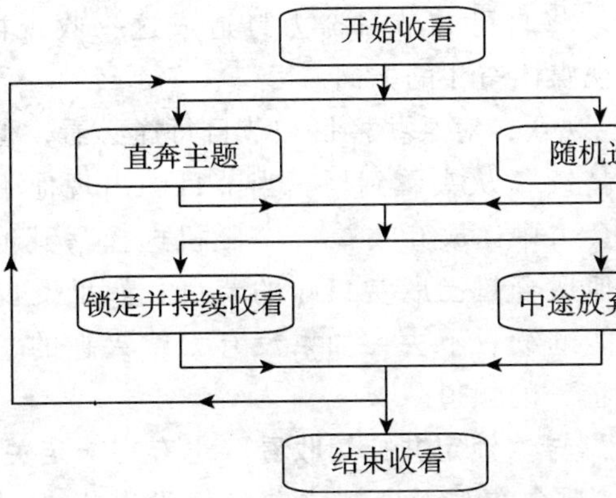

图 5-6 观众收看电视节目流程模式

弃收看”两种选择方式。在日常收视率分析中，我们经常用到观众“流入”、“流出”这两个概念。所谓“流入”，就是指观众选择某个频道，并在一定时间内锁定了该频道的节目；所谓“流出”，就是指观众由于某种原因转换了频道，继而选择了其他的频道或节目。

“开始收看”这一概念不同于“开机”概念。因为电视机开着的时间长短和人们看电视的多寡实际上没有什么关系。两位英国研究者曾对一些经过特殊挑选的非常爱看电视的工人阶级家庭作了详细观察。他们发现电视机开着的时间长短和人们看电视的多少实际上没有什么关系。家里的人常常慢悠悠地进来，扑腾一下坐在电视机前看一会儿，然后又慢慢地离开去吃饭或去干家务。有时电视机一直开着好几个小时，好像它就是糊墙纸上的一部分。①

（一）行为模式中各要素间关系

1.“直奔主题”与“锁定并持续收看”存在必然联系

一般来说，“直奔主题型”观众善于对特定频道或节目锁定记忆，并且这种记忆往往处于一种不断重复、持续积累的强化过程中；“直奔主题型”观众大多在观看电视之前就已经具有指向性明确的收视目的，对某些电视节目（含栏目）情有独钟，从而为“锁定并持续收看”这些节目（含栏目）打下基础。从这个意义上说，“直奔主题型”选择方式与“锁定并持续收看”收看方式之间存在着直接的联系。“直奔主题型”观众很容易和办事情有计划、作息时间、收视时间有规律等词语相联系。“直奔主题型”观众“锁定并持续收看”的时间越长，越

① ［美］戴维·波普诺：《社会学》，刘云德、王戈，译，66页，沈阳：辽宁人民出版社，1988。

容易成为忠实观众。将自己的节目努力打造成这一收视群体"直奔"的对象，是众多电视媒体奋斗的方向。

"直奔主题型"观众，对某些栏目和节目每逢必看，但不能保证把这个节目"锁定并持续"从头看到尾。当节目中出现他不感兴趣的细节和片断时，他也会"中途放弃收看"，"随机选择"其他的频道和节目，搜索是否有其他适合自己欣赏口味的节目。如果发现有比刚才更好的节目，他就可能继续看下去；如果没有太感兴趣的，他会还原到刚才那个"每逢必看"的频道。

2. "随机选择"与"锁定并持续收看"也存在一定关系

"随机选择型"观众在观看电视之前虽然没有指向明确的收视目标，然而一旦在"随机选择"过程中发现了自己喜欢的节目，他们也会"锁定并持续收看"下去，进而成为该节目的忠实观众。也就是说，不论是"直奔主题型"观众还是"随机选择型"观众都有可能对电视节目"锁定并持续收看"。

不论是"直奔主题型"观众还是"随机选择型"观众，其收视习惯一方面具有相对固定的规律性，另一方面在一定条件下又能够流动和转换。"直奔主题型"观众可以客串"随机选择型"的角色，"随机选择型"的观众也可以转化为"直奔主题型"观众。对于某些观众来说，"直奔主题型"和"随机选择型"就像是一枚硬币的两面，可能会同时具备这两种习惯，只是有强弱之分而已。

3. 任何观众都可在此收看模式中找到自己的选择行为轨迹

由于收视兴趣的多样性和复杂性，观众在实际收视选择行为中变幻无穷，但是无论怎样变换，任何一个观众的收视选择行为路径都可以被纳入图 5-6 的基本模式之中，任何一个观众都可以在此模式中找到自己收视选择行为的轨迹。

假如某个观众的收视选择行为具有以下特征：第一，是《新闻联播》的忠实观众①，一到钟点儿他们就按时收看，常年以来已经形成了雷打不动的习惯；第二，是中央电视台一套黄金时段电视剧的忠实观众；第三，22 点结束收看。那么他的收视行为轨迹是这样的：开始收看→直奔主题 1《新闻联播》→锁定并持续收看→直奔主题 2，看中

① 忠实观众：指的是对于某个电视频道或栏目收看频次相对比较高的那一部分观众群体。比如在"2007 年全国电视观众抽样调查"问卷设置时，通常将五级量表中的"经常（每周不少于三天）"和"几乎每天"这两类观众数量相加总称为忠实观众。

央电视台一套黄金时段电视剧→晚上 10 点结束收看，休息。将图 5-6 变形调整后形成图 5-7。

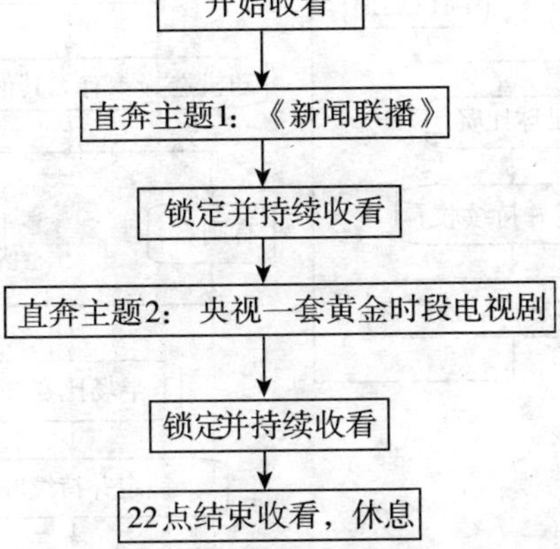

图 5-7 《新闻联播》、央视一套黄金时段电视剧忠实观众的收视模式

假如某个观众的收视行为一般以下特征：是一个足球迷，每次坐在电视机前的第一件事就是习惯性地随机搜寻哪个频道有足球比赛节目播放。那么他的收视行为轨迹是这样的：开始收看→随机选择足球节目→锁定并持续收看→中场休息有广告，可能中途放弃收看，随机选择有无其他自己喜欢看的节目→中场休息时间到，也可能会中途放弃收看某个节目，转而直奔主题，回到足球比赛节目→锁定并持续收看直至足球比赛结束→随机选择，没有发现自己喜欢看的其他节目，中途放弃收看→结束收看。如图 5-8 所示。

假如某个观众的收视行为具有以下特征：对情感类电视剧情有独钟，只要事先知道或者临时发现有这样的电视剧播出便会踊跃收看，那么他的收视行为轨迹是这样的：开始收看→直奔主题→锁定并持续收看自己事先知道的电视连续剧→该电视剧结束后，又会随机选择另一部电视剧→锁定并持续收看→结束收看。如图 5-9 所示。

（二）“直奔主题型”选择方式的主要表现

我们所生活的这个时代，是多种大众传播媒介大行其道的时代。报纸、杂志、书籍、广播、电视、互联网，它们所构成的信息讯号铺天盖地，形成了“信息爆炸”。单就电视而言，铭记林立丛生的频道标识，辨别多如牛毛的栏目名称，几乎成为居住在我们这个星球上每一位电视观众所要面对的必修课。而那些具有品牌特质的电视频道和电视栏目必然在这场争夺观众注意力之战中获得更多的青睐。

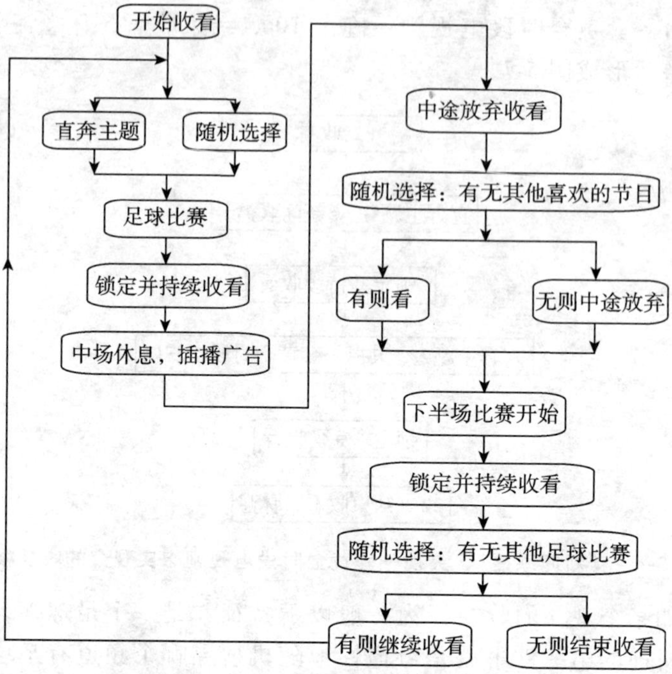

图 5-8　足球迷的收视行为模式

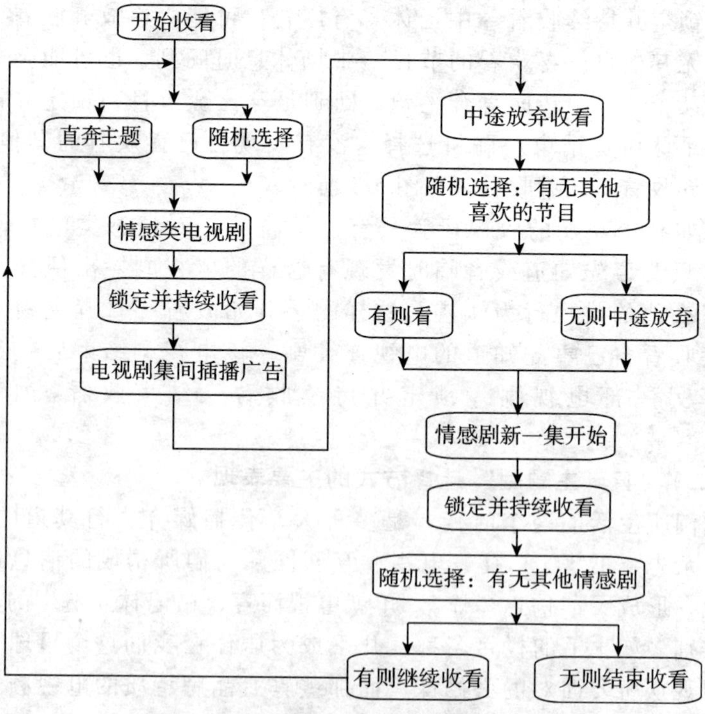

图 5-9　情感剧忠实观众的收视行为模式

因为品牌频道、品牌栏目、品牌主持人等因素而锁定并持续收看的情况都与观众的主动行为有关，这些观众与自己所喜欢的频道、栏目、主持人之间建立起了一种约定关系。

1. 认同并锁定品牌频道

如表5-1所示，有70.42%的被访者表示，他们之所以看某个电视节目，是由于“习惯看某个频道”，也就是说，习惯于直接锁定自己所熟悉的某个频道是观众选择电视节目的第一种模式。对特定电视频道具有较高的认同感是影响观众收视选择，维系观众注意力最重要的因素。

此类观众对于喜爱的品牌频道印象深刻，眷恋不已，当他们坐在电视机前，按图索骥，很快便进入“锁定并持续收看”程序。而且此类观众心目中的品牌频道往往不止一个，比如某位观众有每天定时收看《新闻联播》的习惯，而且还喜欢看黄金时段的电视连续剧或者足球比赛等。他们善于根据个人的喜好在自己所熟悉的若干频道范围之间来回切换，优中选优。

大家知道，电视台将频道作为电视节目的播出单位，其前提是对纷纭复杂、丰富多彩的电视节目进行分类，按照综合、文艺娱乐、新闻、体育、财经、科教、法制、少儿等类别播出，并冠以各自鲜明的频道标识，方便观众识别选看。对某个频道的某些节目长期定时收看，形成条件反射。条件反射建立与巩固的过程就是学习记忆的过程，促使观众形成某种收视习惯。因此，从某种程度上说，观众对特定频道的认同感及收视习惯，既有观众自身欣赏趣味、收视爱好等方面的内在和主观因素的作用，同时也是电视媒体对观众的影响和培养的结果，或者说是这两方面因素共同作用的结果。而在所有的电视频道中，品牌频道对于观众具有更强烈的吸引力。

所谓品牌频道，就是以频道自身定位为基础，经过相当一段时间的考验，为观众所接受和认可，能够吸引相当规模观众群体定时收看的收视率较高的频道。纵观国内外各电视媒体，众多频道屡出新意，寻求差异化定位，以其独特性吸引观众注意力，涌现出不少品牌频道。

中央电视台经过多年努力已经形成了品牌频道群，除CCTV－1综合频道外，其他诸频道大多具有各自明确的频道定位和特色：CCTV－5体育频道（2008年一段时期内为奥运频道）、CCTV－8电视剧频道、CCTV－10科教频道、CCTV－11戏曲频道、CCTV－新闻、CCTV－少儿等专业频道。

一般来说，观众规模越大，频道的品牌影响力也就越大；观众数量越小，频道的品牌影响力越小。当然也有例外，有的频道，特别是在众多专业频道中间，尽管观众规模较小，也不能断定该频道没有品牌价值。只要把特定观众群吸引并维系住了，就应当肯定其品牌价值的存在。

2. 认同并锁定品牌栏目

如表 5-1 所示，有 65.53%的被访者表示，他们之所以看某个电视节目，是由于“喜欢某个电视栏目，到时候就看”，这是观众选定电视节目的第二种模式。“喜欢”表明了观众的收视兴趣，收视兴趣是保证观众能够持续收看的关键因素。栏目定时播出的特性使观众养成了“到时候就看”的收视欲望和收视习惯。与品牌频道带来的效果一样，品牌栏目也会带给观众强烈的冲击力，一旦这些栏目进入视野，“锁定并持续收看”的状态便会发生。

电视栏目是以特定观众为收视对象，定位鲜明，内容主题明确，有特定节目形式，固定主持人，定时定期播出的节目单位。所谓品牌栏目，即广大电视观众认可，收视率较高的电视栏目。当然也有例外，就像某些小众频道具有品牌特质的道理一样，某些小众电视栏目也会受到对象观众的热情追捧，成为他们心目中的品牌。另外，电视栏目有生命周期，即使品牌栏目也是如此，精心维护每一个品牌栏目，是一个品牌频道得以长久立足的基础。

3. 认同并锁定品牌主持人

如表 5-1 所示，有 16.45%的被访者表示，他们之所以看某个电视节目，是冲着自己“喜欢的主持人或嘉宾”，可见主持人和嘉宾的因素也占据一定位置。大家知道，目前的电视节目，尤其是谈话类节目，大多设有主持人，他们的工作远远不是简单的串词，而是深入细致地引导观众与嘉宾沟通和互动，或明辨是非，或深入洞察人物成长过程、事件发生背景，或在情感上受到洗礼和升华。对特定电视节目主持人的主持风格较高的熟悉程度和喜好程度，能帮助观众对该栏目的“锁定并持续收看”。另外，电视栏目邀请的嘉宾作用也很重要。缺少见多识广、睿智多才嘉宾的栏目，其吸引力会大打折扣。

“锁定并持续收看”的收看习惯，对于保持电视频道和栏目的收视率具有积极作用。电视观众的这些收视习惯和收视模式，理应受到尊重、顺应和保护。必要的节目播出时间变更、适时地改版固然重要，但这要建立在尊重电视观众收视行为规律的基础上。

（三）“随机选择型”选择方式产生的条件

调查数据显示，48.29%的被访者表示，他们之所以收看某个电视节目，是因为“随便搜索，发现好的就看”。这种收视选择方式尽管有对将要观看的节目准备不足的被动一面，却也往往能够与临时发挥、率性而为、信手拈来、灵感闪现这样一些词语相联系，其收视行为特点体现为即兴式或随机性。所谓即兴式，指的是观众事先并无指向明确的收看对象，而是根据当时心情即兴选择。所谓随机性，指的是观众坐在那里手拿电视机遥控器漫无目的地“随意”搜索的一种行为状态。“最不费力气的原则”之类的可变因素①在一定程度上可以用来解释“随机选择”的动因。

具有此种收视习惯的观众，看似缺乏目的性，其实也具有主动精神，因为他们要对诸多频道作出即时比较与鉴别，从中发现自己所喜欢的节目。

1. 电视机遥控器为观众“随机选择”提供了技术保证

“随机选择”收视模式最明显的表现是在收视过程中频繁地变换频道，直到发现自己感兴趣的节目为止，而电视机遥控器的普及为观众“随意搜索”提供了技术条件。

调查数据显示，目前观众家中带遥控器电视机的比率明显增加，有94.4%的家庭拥有带遥控器的电视机，相对五年前的2002年增加2.07%。有了电视机遥控器，观众只需靠在沙发上动动手指便能轻松完成所有对频道的选择；没有电视机遥控器，观众每换一次频道都要走到电视机跟前拨动电视机面板上的按钮，付出如此多的辛苦，“随意性”也就无从谈起。遥控器带来如此的便利，为观众养成频繁转换频道的收视习惯提供了温床。这一现象也说明，与五年前或更早些时间的观众相比，如今的电视观众收视选择的自由度更大了，也更挑剔了，他们有充裕的时间和空间寻找自己喜欢的节目。

2. 电视频道的增加，为观众提供了丰富的选择对象

“随机选择”的收视特点以相当数量的电视频道为前提。二十年前，电视频道数量很少，中央电视台只有两三套节目，在电视节目匮乏情况下，观众的收视选择没有太大余地。随着电视技术的发展，观众能够看到的电视频道数量不断增加，观众家庭收视条件的不断改善，观众收视的自由度也会不断扩大。

---

① ［美］威尔伯·施拉姆、威廉·波特：《传播学概论》，178页，北京：新华出版社，1984。

3. 伴随行为的普遍存在

观众看电视的“随意性”与其看电视的伴随行为密切相关。

图 5-10 是“1997 年全国电视观众抽样调查”中观众收看电视时伴随行为的情况，从观众整体情况看，“只看电视”的频次强度最高，说明观众多数情况下观看电视的注意力还是比较集中的。但是同时我们也发现，观众在看电视的同时，也出现做功课、看报纸、看杂志、看书、做家务、吃饭、听广播、聊天、健身娱乐、听音乐等伴随活动行为交叉进行（类似的调查在“全国观众调查”前三次中均涉及，已成定论，故在 2002 年和 2007 年两次调查时不再设置此类问题）。显示出与看电影时明显不同的地方——“随意性”特点。

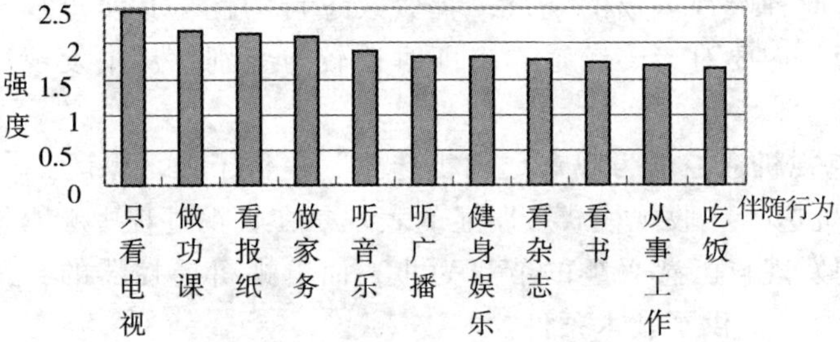

图 5-10　观众收看电视时的伴随行为

4. “随意性”与家庭环境密切相关

产生这些“随意性”的原因主要是收视环境造成的。正因为是在自己家里，决定了观众收视方式的灵活、自由度大的特点。

自 1987 年以来已经举办了五次“全国电视观众抽样调查”，在前三次调查中都设置了有关收视地点的问题。1987 年首次调查结果显示，在“收看电视环境”一项中，回答在“自己家”看电视的观众为 83. 5%；1992 年为 88%；1997 年为 96. 6%。观众收视地点主要在家里，自然形成一些与“家”的环境和氛围相适应的收视习惯，其中最明显的特征是观众收看电视的随意性。

中国传媒大学学者刘燕南和张威在解释这种“随意性”的原因时认为：电视的视听环境是家庭，属开放性收看环境，正常的收视会被电话铃声、家庭成员的进进出出、不期而至的造访者所打断。家人边看边聊，甚至会发生争执。因此，其注意力不易集中，其收视行为具有随意性难以避免。①

---

① 刘燕南、张威：《观众电视接收行为特征再探——兼谈有关节目制作播出的若干思考》，载《中国电视受众研究》，2003（4）。

归纳起来看，如图 5-11 所示，电视机遥控器的普遍使用加上电视频道数量的激增，导致观众转换频道的方便性和随意性，从而形成了一种常见的观众收视习惯——“随机选择”。

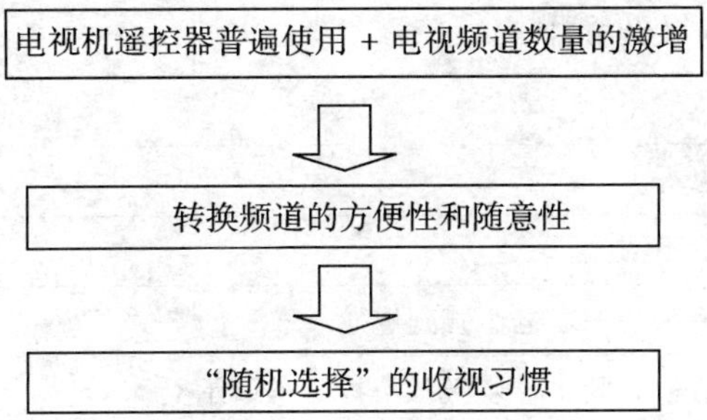

5-11　“随机选择”收视习惯产生的外在条件

（四）影响观众“中途放弃收看”的原因

如前所述，由于收视习惯的惯性作用，决定了一部分观众在收视行为上具有相对持续、稳定的特点，这部分观众极易转化为某个频道或某个栏目（节目）的忠实观众。那么，除了忠实观众之外的其他观众又是怎样一种情况呢？

从图 5-6 中可以看到，“锁定并持续收看”与“中途放弃收看”是观众收视过程必须经过的两个阶段，是观众收视行为的核心所在——品牌频道、品牌栏目、品牌主持人或播音员、优秀电视剧等因素促使观众对该频道、栏目或节目“锁定并持续收看”的行为发生，该频道/栏目/节目的收视率就能够得以实现；如果因为种种原因使观众“中途放弃收看”，那么该频道/栏目/节目的收视率就难以得到实现。持续收看了，才能转化为有效收视率；中途放弃了，则意味着某个电视节目收视率的流失。锁定并持续收看，意味着这是忠实观众；中途放弃，就意味着这是非忠实观众，或称作游离型观众。

“中途放弃收看”与“锁定并持续收看”是一对矛盾，只有了解观众“中途放弃收看”的原因，才有可能对某些频道、栏目、节目收视率降低或分流的原因进行解密，促使观众“中途放弃收看”的行为向“锁定并持续收看”的收视行为转变。

如表 5-3 所示，导致观众中途放弃收看某个电视节目的原因主要有 9 个。

表 5-3　观众中途放弃收看某个电视节目的原因

中途放弃收看的原因	累计百分比
节目中广告太多	81.62
别的频道有我更喜欢的节目	49.01
广告内容令人反感	45.96
节目内容没有意思	35.99
电视信号不好，看不清	35.12
遇上不太雅观的镜头，一家老小感到尴尬	21.10
节目的场面或情节过分紧张、刺激，精神上难以承受	9.71
不喜欢节目中的播音员或主持人	5.77
不喜欢节目中的嘉宾	3.47
其他	1.82

注：数据来源于“1997 年全国电视观众抽样调查”。此题为多项选择，累计百分数可能大于100%。

1. 广告数量多是造成观众中途流失主因

调查数据显示，有 81.62%的被访者表示，他们之所以中途放弃收看某个电视节目，是因为“节目中广告太多”；45.96%被访者表示，他们之所以中途放弃收看电视节目，是因为“广告内容令人反感”。前者侧重于数量，后者侧重于内容。由此可见，电视广告数量过多，广告内容欠妥是造成观众中途放弃收视节目的主要原因。

精确到分钟的机顶盒自动收视仪调查数据表明：观众为了回避广告，在广告播出过程中频繁切换频道。每到广告时间，收视率总要下降许多，形成一个个波谷。

2. 频道竞争的结果

调查数据显示，有 49.01%的被访者表示，他们之所以中途放弃收看某个电视节目，是因为某个频道有我喜欢的节目，但是“别的频道有我更喜欢的节目”，经过衡量只能忍痛割爱，天平倾向于后者。这反映出电视频道之间对观众的争夺的激烈程度，也反映出观众左右为难的尴尬处境。

3. 内容空洞是电视节目的大忌

调查数据显示，有 35.99%的被访者表示，他们之所以中途放弃收看某个电视节目，是因为“节目内容没有意思”。这种情况往往发生在某些故弄玄虚的节目中，节目的开始似乎有一定吸引力，但是再往下看时，越来越没意思，只好换频道。

4. 电视信号不好是阻碍观众收视的基本障碍

调查数据显示，35.12%的被访者表示，他们之所以中途放弃收看某个电视节目，是因为“电视信号不好，看不清”。与五年前相比，这一比例明显下降，但仍然存在，农村所占比例较高。

5. 为避免尴尬场面而有意回避

调查数据显示，有21.10%的被访者表示，他们之所以中途放弃收看某个电视节目，是因为“遇上不太雅观的镜头，一家老小感到尴尬”。

6. 紧张、刺激的节目场面，会使一部分观众精神上难以承受

调查数据显示，有将近一成（9.71%）的被访者表示，他们之所以中途放弃收看某个电视节目，是因为“节目的场面或情节过分紧张、刺激，精神上难以承受”。或许相对平和、舒缓的场面和情节更适合于这一部分观众的欣赏习惯。

上述两个原因反映的情况与人们的心理防御系统有关。人类天生具有某种痛觉防御系统，可以引发对某种刺激自动的回避反射，当刺激强度达到阈限时，有机体会产生逃避反应。① 人们通常会面临两种痛苦：肉体疼痛和精神折磨。当观众看电视遇到“不太雅观的镜头”或者“节目的场面或情节过分紧张、刺激”，他们会“一家老小感到尴尬”或者“精神上难以承受”，这时他们可能会采取回避或逃避的方式——转换频道或者关机。

当然，具有刺激性的电视节目，比如竞赛性体育节目、影视剧中紧张、刺激的故事情节对于多数人，尤其是青少年观众来说还是具有相当强烈的吸引力。有的人喜欢平静、安逸的生活，有人却喜欢带有刺激性的生活，即使是喜欢平静、安逸生活的人有时候也需要适量的紧张和刺激。1992年的调查有专门涉及观众收视目的的问题，调查数据显示，表示“有时”和“经常”把“寻求刺激”作为自己收视目的观众比例为9.1%。②

心理学研究也证明，只有少量感觉输入的单调环境，会使人感到厌烦和痛苦，甚至导致人的活动的严重失调。人有安全的需要，人需

---

① ［美］沃纳·赛佛林、小詹姆斯·坦卡德：《传播理论起源、方法与应用》，郭镇之等译，9页，北京：华夏出版社，2000。

② 中央电视台总编室主编：《1992年全国电视观众抽样调查资料汇编》，88页，北京：中国广播电视出版社，1994。

要安全，但又不满足于单调的生活，他们为摆脱这种单调生活有意识地要给生活增添一点刺激，有时即使为此冒点风险，也在所不顾。人们需要大众传媒调剂生活，原因之一就是能从大众传媒所传播的内容中感受某种刺激，给单调的生活激起一点波澜，给平静的心灵增加一点亢奋。大众传媒中具有新奇、浪漫、斗争、冒险、突变等因素的新闻和文艺作品之所以能吸引受众，基本上源于此道理。①

因此不仅在电影、电视剧中会出现这种情况，在其他一些电视节目中，也往往会糅进刺激性的元素，以吸引观众的注意，并且这一现象已渐成风尚。比如体育竞赛类节目（足球比赛、《城市之间》）、益智竞猜类节目（《开心辞典》、《幸运52》）、情感类谈话节目（《艺术人生》）等，比比皆是。

7. 主持人和嘉宾的因素

调查数据显示，有5.77%和3.47%的被访者分别表示，他们之所以中途放弃收看某个电视节目，是因为“不喜欢节目中的播音员或主持人”或者是“不喜欢节目中的嘉宾”。

三、观看电视节目后的行为和心理反应

或许我们都有过类似的体验：看了一部优秀电视剧之后，我们的脑海中仍然萦绕着电视中的精彩画面、人物形象、经典对白以及曲折感人的人物命运和故事情节，我们往往会情不自禁地同自己的亲朋好友谈论。如果对方也同样观看过这部电视剧，双方便交流看法、感想；如果对方没观看过这部电视剧，你就向对方推荐你的观感，推荐对方也去看看那部电视剧。

这就是观看电视节目之后观众的一种行为反应——“向他人推荐”。不仅是电视剧，其他类型的电视节目，只要是把观众感动了的，给观众留下深刻印象的，观众都会有同样的冲动，通过人际传播的各种方式与外界沟通交流。谈论电视节目已经成为我们现代社会人际交流的一个非常普遍的现象。

当然，观众看到一个电视节目之后的行为反应还远不止于此。如表5-4所示，当看完一个自己喜欢的电视节目之后，有74.38%的观众“希望尽快看到节目重播”，有56.19%的观众会“更关注这个频道”，有35.47%的观众会“向他人推荐”。以上三项是观众观看完一个自己

① 郑兴东：《受众心理与传媒引导》，北京：新华出版社，1999。

喜欢的电视节目之后的主要行为反应。此外，还有部分观众会选择“购买节目光盘”、“上网查阅相关内容”。还有少量观众表示会“与电视台联系”，及时反映自己的观感、建议或者意见等。

表 5-4 看到喜欢的节目后观众的反应

排序	行为反应	百分比
1	希望尽快看到节目重播	74.38
2	更关注这个频道	56.19
3	向他人推荐	35.47
4	购买节目光盘	6.86
5	上网查阅相关内容	6.53
6	与电视台联系	0.61
7	其他	0.10

注：数据来源于“1997 年全国电视观众抽样调查”。此题为多项选择，累计百分数可能大于 100%。

以上反应是观众看完某个电视节目的行为延续，表明他们自己对某些节目的深层次需求。

(一) 实现“补课”和“复习”的心理需求

人们会有这样的体验：一部长达数十集的电视连续剧，往往会因故而漏看若干集，为了保持剧情的连续性和剧中人物命运的连续性，74.38%的观众“希望尽快看到节目重播”。适当安排节目的重播，能够满足观众的这一心理需求。

电视节目的重播除了达到“补课”需求之外，也能满足那些对某些节目“百看不厌”的观众“复习”的需求。“复习”需求就像学生对功课复习的道理一样，温故而知新。为了方便对某个节目的反复观看，有 6.86%的观众干脆“购买节目光盘”。

当然，节目的重播次数也应该是有限度的，因为回报递减定理告诉我们，对某事的体验越多，它所产生的效果就会越少。换言之，情感体验若是连续重复，便不可能产生相应效果。我们第一次体验一种情感或感觉时，它能产生十足的效果。如果我们试图立即重复这种体验，那么它所产生的效果则会减半，甚至不及一半。如果我们连续第三次尝试同样的情感，它不仅不会产生原来的效果，还会产生完全相反的效果。①

（二）“关注度”、“回头率”与频道品牌相关

当看完一个自己喜欢的电视节目之后，有56.19%的观众表示会“更关注这个频道”。这是选择性记忆在发生作用。记忆是一种极其主观的、以我为中心的脑活动。记忆的结果往往是某一部分信息印象深刻，而其余信息则被忽略。这种记忆上的取舍叫选择性保存（selective retention）。它在记忆信息上的倾向性，不仅受到受传者心理因素的影响，而且受信息和传播的环境、形式、强度等因素的影响。传播者可以运用良好的记忆环境，重视对受传者形成“最初”、“最后”的印象，加深受传者的印象。②

观众对特定频道的关注度与其对该频道的“回头率”成正比，“回头率”的高低预示着特定频道品牌效应的树立，所谓“注意力经济”的效果开始显现。

（三）实现“倾诉”与“传播”欲望

有35.47%的被访者表示，要“向他人推荐”自己所看过的节目，这意味着他们要向别人倾诉和传播，与别人分享自己的感受。

在这一点上，女性观众比男性观众高出4.09个百分点。赫尔塔·赫佐格在《我们对白天连续节目的听众究竟知道什么》中对女人们是怎样使用她们花费了那么多时间的大众媒介这个问题做了研究。研究结果发现，很大一部分妇女爱好这些连续剧，似乎主要是可以将其当成一种发泄感情的办法。通过观赏电视节目释放情感，这也是情感剧大行其道的根本原因。她们说，这些节目“使她们知道别人也有苦恼因而感到好一些”。她们看到连续剧中人物的遭遇，使自己的不快得到部分补偿。还有一部分妇女，是把连续剧作为满足自己个人“痴心妄想”的机会。她们从中“忘记了自己的苦恼”，并且在某些情况下利用剧中欢乐的情节来补偿自己生活中的失败。一些最普通的妇女，可以从白天连续剧中得到的满足就是用来作为她们处世的指导。这些妇女对访问者说，她们喜欢的是这些故事“解释了一些事情”。③

另有0.61%的观众表示，当看完一个自己喜欢的电视节目之后要

① ［美］罗伯特·麦基：《故事——材质、结构、风格和银幕剧作的原理》，周铁东译，284页，北京：中国电影出版社，2001。

② 冯健主编：《中国新闻实用大辞典》，52页，北京：新华出版社，1996。

③ ［美］威尔伯·施拉姆、威廉·波特：《传播学概论》，209页，北京：新华出版社，1984。

“与电视台联系”。这也是倾诉欲望的一种表现，展现出这部分观众主动参与的一面。我国电视观众的参与意识有一个演进过程：20 世纪 70 年代看电视，80 年代评电视，90 年代上电视。随着人们参与意识的增强，电视再一次及时地顺应了潮流。于是一批参与性节目、谈话类节目应运而生。① 受众参与电视传播活动的形式大致分为两类：一是提出批评建议；二是参与电视节目的制作过程，比如当观众、当嘉宾等主动参与和被动参与。

电视事业的发展给电视观众带来一个最大好处——给予观众越来越大的选择余地。当结束了一天的工作、劳动和学习，回到家中，观众可以从令人眼花缭乱的电视节目中寻找到自己的最爱，这些电视节目能够送给观众安慰、轻松、欢乐、智慧、感动和勇气。向广大电视观众不断提供人性化、个性化的服务，是电视媒体义不容辞的义务和责任。

家庭成员之间收看电视时的交互作用是复杂的。首先是价值观和道德标准逐步趋于多元化，不同阶层有不同的价值观；同一阶层价值观也不尽相同，不像 20 世纪 80 年代初期那样，人们的价值观比较单一、相近，容易产生整体认同。② 相对于价值观等意识形态的复杂变化来说，人们在收视选择方式上尽管存在一定差异，但毕竟要单纯得多。本篇研究的重点就是这种收视选择方式，探究观众个体在自主状态（电视机遥控器掌握在自己手里，自己可以进行自主选择）下的收视选择模式。通过对这一收视选择模式的描述和探索，揭示其内在规律性，为电视从业者提供一个观察和认识电视观众的新视角。

① 赵化勇主编：《中国中央电视台年鉴（2002 年）》，240 页，北京：中国广播电视出版社，2002。

② 张锦力：《解密中国电视》，82 页，北京：中国城市出版社，1999。

下编　调查分析报告

第六篇

1992年全国电视观众抽样调查分析报告

1987年中央电视台与全国各省市电视台联合进行的首次全国电视观众抽样调查已过去五年了。这五年来，我国的电视事业得到了迅速的发展，居民的电视机购买力有了很大的提高；同时社会各界对电视节目质量的要求以及国际学术交流日益增加。为了揭示我国电视观众的收视行为和心理规律，保持调查研究的连续性、系统性，扩大我国电视研究在世界上的影响，同时也为了给电视决策和宣传工作提供科学依据，改进电视节目，提高节目质量，丰富电视屏幕，我们在1987年调查的基础上，1992年又进行了第二次全国电视观众抽样调查。调查于1992年5月开始筹备，到11月完成，历时6个月。参加此次全国联合调查的共有30家电视台，其中有中央电视台、各省（直辖市、自治区）级电视台28个（贵州和黑龙江没有参加），计划单列市电视台2个（广州和深圳）。

本次调查的假设是：观众收看电视要受到观众自身特点、收看动机、电视节目类型及观看环境的影响，电视要想最大限度地影响观众，就必须为观众所接受并对观众的行为和心理产生一定的影响。与1987年第一次全国电视观众抽样调查①相比，本次调查不仅要对观众

① 结果参见梁晓涛：《1987年全国电视观众抽样调查分析报告》，见：中央电视台总编室主编：《1987年全国电视观众抽样调查资料汇编》，13页，北京：中国广播电视出版社，1988。

的收视行为和心理进行描述性的分析；同时，本次调查还要在1987年调查的基础上，考察五年来我国观众收视行为与心理的发展变化轨迹，并对以后的发展进行预测性的分析。

根据上述的理论假设，本次调查包括四方面内容：第一，电视观众的基本情况；第二，电视观众的收视行为；第三，电视观众的收视心理和收视兴趣；第四，电视观众对电视功能的认识。

本次调查共抽取全国样本30500人，调查者在统计全国数据时又按照各省电视覆盖城乡人口占全国电视覆盖人口比例，进行了等比例随机抽样（用SPSS/PC+抽取），共抽取了4805人，并考虑到观众的性别、民族、城乡居住地、年龄、职业和文化程度等关系。

一、全国观众的基本情况

（一）全国电视观众总数

根据1992年初的统计资料，我国有电视机2.07亿台。每台电视机有观众3.9人，观众总数为8.06亿人。与1987年相比电视机增加了9500万台，每台电视机占有观众数降低了1.4人，电视观众总数增加了2.06亿人。

电视观众占全国总人口的71.1%。其中城镇观众占全国观众总数的32.5%，为2.62亿；农村观众占观众总数的67.5%，为5.44亿。城镇观众总数占城镇人口的97.03%，农村观众占农村人口总数的63.11%。按家庭状况分，已婚为72.8%；三口之家的为28.2%；四口之家的为27.6%。按经济状况分，属于中等水平的占60.3%；中下等水平的占18.1%；中上等水平的占15.3%；下等水平的占4.1%；上等水平的占2.1%。

（二）观众拥有电视机的情况

根据1992年初统计资料：我国有2.07亿台电视机，黑白电视机占58.2%，彩色电视机占41.8%。

调查结果还显示：农村观众拥有黑白电视机的数量多于城镇观众所拥有的黑白电视机的数量，每个农村家庭拥有0.7台黑白电视机，城镇家庭拥有0.4台；城镇观众拥有的彩色电视机的数量多于农村观众所拥有的彩色电视机的数量，每个城镇家庭拥有彩色电视机0.9台，农村家庭拥有0.2台。

由此可见，由于经济发展的不平衡，电视机在全国人民家庭中的普及率也呈现出不平衡状态。彩色电视机在城镇居民家庭中已经基本上得到普及，而在农村居民家庭中平均每五户农家才拥有一台彩电，多数农家仍在看黑白电视。

（三）观众平均收看到的节目套数

调查结果表明，有60.8%的家庭能收看到4套以上的节目，收看到3套的占16.7%，收看到两套的占8.8%，收看到1套的仅占1.5%。截止到1992年底，我国有591座电视台，32000个卫星电视地面接收站。中央电视台的节目已由五年前的两套增加到四套，各省级电视台一般也都拥有两套节目，市、县等中、小电视台一般有一套节目，再加上有的家庭能收到闭路、卫星节目和有线电视，因此具体到一个家庭来说能收到的电视频道就很多了。以北京地区为例，加上卫星电视和有线电视，一个家庭往往能收到10套左右的电视节目。这一方面说明电视节目已由单一化走向了多元化，观众可选择的余地更大了；另一方面也说明，由于电视频道的陡增，在同一时间各频道的观众占有率趋于分散，各电视台之间的竞争日趋激烈。

（四）闭路和有线电视的发展规模

调查结果表明，有5.4%的家庭能收看到一套闭路或有线电视，能收看到四套以上的有4.6%，能收看到三套的有2.1%，能收看到两套的有1.2%。也就是说，全国有13.3%的家庭能够不同程度地收看到闭路和有线电视的节目。有线电视台播放的节目主要是国内外电视剧和电影，因此人称之为“家庭电影院”。由于多数观众收看电视的主要目的还是娱乐消遣，因此收看频率最高的节目类型是电视连续剧和故事片，而有线电视台在很大程度上又恰恰满足了观众的这种心理需要。总之，闭路和有线电视在我国已有了一定的基础，同时也应看到，尚有86.7%的家庭是空白，因此发展的潜力很大。随着我国电视事业的蓬勃发展，无线电视网与有线电视网、卫星电视网之间的竞争将愈演愈烈。

二、电视观众的收视规律

一般来说，观众接触传播媒介的频度，收看电视的地点、习惯等都属于观众行为范畴，研究这些行为规律，是研究观众心理规律的基础。

（一）电视观众接触传播媒介的频率，电视在各种传播媒介中的地位

如表6-1所示，和1987年相比，观众接触三种传播媒介的程度发生了很大变化，固定观众进一步增加。几乎天天接触电视的观众达61%，增长了7%。电视的固定观众大大多于报纸的固定读者（19%）和广播的固定听众（25%）。在三大传播媒介中，由于电视在传播信息上具有迅速、逼真、生动等特点，成为人们获取各类信息的主选渠道，从而使电视在各种传播媒介中占据着重要位置。农村的固定观众队伍明显扩大。调查数据表明，城镇观众几乎天天接触电视的占70.6%，农村观众几乎天天接触电视的占56.1%。与五年前比较，城镇的固定观众增长了9.6%，农村的固定观众增长了15.1%。农村固定观众的增长幅度明显高于城镇固定观众的增长幅度。究其原因，一是由于城镇居民家庭中的电视机已接近饱和状态，城镇固定观众的基数大；而电视机在农村的普及率较低，其固定观众的基数较小。随着这几年农村经济的发展，电视机在农村的普及率大幅度增长，因此农村固定观众的数量也大幅度增加。二是由于城镇观众还有其他娱乐场所。三是随着经济发展的需要，农民渴望了解信息、增长知识及娱乐消遣等要求都增强了。从人们接触各种传播媒介的程度看，电视占据着首要地位，同时我们也应看到，在传播媒介中，报纸和广播也各有所长。人们获取信息往往是通过多种渠道、多种媒介，报纸、广播、电视这三大传媒是一种相互交叉、补充和印证的关系。

表6-1　电视观众对三种传播媒介的接触程度（%）

	极少或不接触			每月1～3天			每周1～2天			每周3～5天			每周6～7天		
	报纸	广播	电视	报纸	广播	电视	报纸	广播	电视	报纸	广播	电视	报纸	广播	电视
1987年	23	15	2	11	9	5	18	19	16	17	21	24	32	35	54
1992年	41	32	2	11	12	3	14	14	8	14	18	26	19	25	61

部分观众不常看电视主要原因是“没时间”，其他原因依次是“怕影响别人”，“对电视不感兴趣”，“接收信号不好、供电不稳定等技术问题”。与1987年调查相比，不常接触电视的观众比例下降了9.7%。

（二）环境对电视观众收看行为的影响

环境是影响人们思想、行为习惯的一个重要因素。这里主要指观众收看电视的地点。调查发现，在自己家中收看电视的观众比例比五年前增长了5%，在别人家收看电视的观众比例比五年前降低了6%；许多居民从前买不起电视机，现在经济条件改善了，有条件买了，做到了绝大多数观众是在自己家中收看电视的。

城乡观众在平时收看电视的地点上是有差异的。城镇观众在自己家中看电视的占96.9%，比1987年增长2.9%；而农村观众为83.9%，比1987年增长209%。主要原因是电视机在城镇的普及率高于农村，其次与农村走门串户的传统风俗有关。

调查数据还显示，77.2%的观众是经常和家里人一起收看电视的，经常独自看电视的仅为8.5%。

自从电视进入家庭以来，家庭成了小娱乐中心，尤其是在录像机、卡拉OK纷纷涌入家庭的今天，以收看电视节目为主，收看家庭录像节目和卡拉OK为辅的家庭娱乐模式正在逐步形成。家庭与电视的结合所产生的效应不仅会影响观众的收视行为和收视心理，而且会波及整个社会。

（三）电视观众收看电视的习惯

1. 观众收视习惯的主要类型及其产生的原因

调查数据表明，聊天是观众收看电视时的主要伴随行为，其次是做家务、玩儿、看杂志书籍和报纸、听广播和做功课。从总体上看，观众的这些收视习惯出现的频度平均来说并不高，说明观众收看电视节目时总体上还是比较专心的。观看电视不同于在电影院观看电影，它是在一个半开放的空间里，一旦节目不吸引人，观众可以随时转移注意力。收视率调查有一项统计指标，叫做“开机率”，即电视机虽然开着，但并不是都在看。所以开机率一般情况下都比实际收视率要高，就是这个道理。

根据统计，我国观众平均每人每天收看电视的时间是118分钟，也就是将近两个小时（在城市收看时间还要长）。可以这么说，电视的出现改变了人们休闲时间的分配和使用，特别是减少了人们的社会生活、人际交往、旅行和闲聊的时间。

2. 电视成为人们日常生活中交谈的主要话题之一

聊天是观众收看的主要伴随行为，聊的许多话题与电视节目有关。尤其是某部电视剧产生轰动效应的时候，谈论剧中人物的性格、命运、结局更成为一种司空见惯的现象。调查数据显示，观众平时对电视节目“有时谈论”的占51.5%，“经常谈论”的占18%，“几乎天天谈论”的占1.6%，三项加起来达到71.1%。由此可见，谈论电视节目已成为人们日常生活中交谈的主要话题之一。

观众之间经常谈论电视节目的原因依次是：“想同别人交流看法”、“想让别人知道自己的看法”、“习惯把电视作为聊天的话题”、“想知道别人的看法”。对原来8种原因变量进行因素分析可产生两个公共因子，即“交流宣泄”和“交际手段”（见表6-2）。

表6-2 观众与别人谈论节目的原因的因子分析（旋转后）

	交流宣泄	交际手段	共同度
想知道别人的看法	0.83503	0.10168	0.70761
想让别人知道自己的看法	0.86396	0.12741	0.76265

表 6-3 决定观众收看某节目原因的因子分析（旋转后）

原 因	F_1 有目的的看	F_2 被动看	F_3 无目的的看	共同度
无事可做，其他台也没有更好的节目	0.00767	0.82911	0.05295	0.69029
为了等后面的节目	0.21992	0.7921	−0.0197	0.67617
当晚哪台有好节目就开在哪台	0.3582	0.45563	0.01432	0.33611
偶然碰上，觉得不错认为可以看下去	0.5185	0.31155	0.15643	0.39038
从节目名称判断，可能是好节目	0.72377	0.16234	0.06716	0.55471
听别人介绍或看报纸电视介绍，觉得是好节目	0.78967	0.02843	−0.0435	0.62627
对某类节目或某栏目、某题材有偏爱，只要有就想看	0.61666	0.10214	−0.18583	0.42524
无所谓，看什么都行	−0.02563	0.06012	0.83797	0.70647
自己做不了主，别人看什么就跟着看什么	−0.01098	−0.00661	0.83584	0.69878
累计方差贡献率	21.90%	18.50%	56.70%	

文化程度较高的观众，注重于有选择地收看；而文化程度较低的观众则倾向于无目的地收看。

从职业分类看，农民选择节目的目的性较弱。这与农民观众的文化素质普遍较低或电视节目供农民观众选择的余地较小有关。

（五）观众放弃收看某个节目的原因

观众选择收看某一个电视节目的时候，同时就意味着放弃收看另外的电视节目。本次问卷中列举了八种观众放弃收看某个节目的原因，如表 6-4 所列的八种原因可分为两类：一类是由于观众的内在原因，每个观众由于所具备的社会特征及价值观不同对电视节目的欣赏趣味不同，因而他们决定放弃收看某个电视节目的原因也就不同。比如“另一个频道的节目更有意思”、“看了一会儿觉得实在没意思”、“要去做其他事情”、“节目表现的思想观念与自己想法不符”等。另一类是由于电视台方面的原因。比如“时间太晚，要休息了”、“节奏慢，时间长”等涉及电视节目播出时间安排问题。

表 6-4　观众决定终止收看某个节目原因的因子分析（旋转后）

	F_1 主观原因	F_2 客观原因	共同度
看了一会儿觉得实在没意思	0.70505	0.11939	0.51135
另一个频道的节目更有意思	0.7565	-0.03746	0.5737
离下一个好节目开始的时间还早	0.6686	0.07511	0.45267
节目表现的思想观念与自己想法不符	0.55305	0.3279	0.41338
看不懂节目内容	0.27334	0.4951	0.31984
节奏慢、时间长	0.4118	0.50905	0.42871
时间太晚，要休息了	0.15618	0.6018	0.38656
要去做其他事情	0.0332	0.76632	0.58835
其他原因	-0.0892	0.693	0.4882
累计方差贡献率	23.30%	46.30%	

三、电视观众的心理规律

（一）观众收看电视的目的

由此可见，娱乐消遣是观众收看电视最主要的目的。与1987年调查相比，观众收看电视目的的排序没有太大变化，这说明人的目的一经确立，往往呈现出稳定的状态。当然，观众收看电视的动机和目的不是单一的，而是往往呈现多种动机、多种目的并存的状态。这些目的对观众收视行为起着强度不同的推动作用，其中有强度较强的起主导作用的（如娱乐消遣、了解国内外时事、增长见闻等），也有强度较弱的起非主导作用的（如消磨时间、寻求精神寄托和寻求刺激）。

表6-5经因素分析把原来的八个目的变量浓缩为三个公共因子，第一个是“认知需求”，第二个是“娱乐休息”，第三个是“感情宣泄”。为了满足观众收视目的上多方面的需要，各电视台在加强对象性节目的同时，也在不断推出板块式、杂志式、综合性的栏目。比如中央电视台在原有的《正大综艺》等杂志式栏目的基础上，又推出了《艺苑风景线》、《东方时空》、《环球45分钟》，这些栏目集知识性、趣味性、娱乐性、思想性为一身，在有限的时间比较充分地满足了观众在“认知需求”、“娱乐休息”和“感情宣泄”三方面的需求。

表 6-5 观众收看电视目的的因子分析（旋转后）

	认知需求	娱乐休息	感情宣泄	共同度
了解国内外时事	0.78756	0.05066	0.10395	0.63362
了解各种方针政策	0.81927	0.00955	－0.04704	0.67351
了解本行业动态	0.75281	0.08963	0.14755	0.59652
了解商业信息	0.71209	0.05268	0.15993	0.53544
学习各种知识	0.73559	0.01359	0.06209	0.54513
增长见闻	0.68365	0.24862	－0.02613	0.52988
娱乐消遣	0.09517	0.77929	－0.07896	0.62249
休息休息	0.03027	0.80138	0.13191	0.66052
消磨时间	－0.10149	0.70685	0.34675	0.63018
寻求刺激	0.04134	0.14633	0.86254	0.76708
寻求精神寄托	0.0818	0.08923	0.86976	0.77113
累计方差贡献率	30.90%	17.60%	63.30%	

进一步进行相关分析显示：

第一，观众的收视目的与其年龄有关。年龄较大的观众收看电视的目的主要有两个：一是了解时事和方针政策，二是休息和消磨时间。年轻观众的收视目的，也主要有两个：一是学习知识，增长见闻；二是为了寻求刺激和精神寄托。

第二，观众的文化程度与其收视目的有关。文化程度较高的观众见多识广，需要有更多的信息和知识来充实自己，特别注重更新扩充知识，以适应现代化建设的需要，进而形成了一种良性循环。文化程度较低的观众多从事于体力劳动，较大的劳动强度抑制了其其他方面的兴趣，他们看电视主要是为了消磨时间和休息。

第三，观众的性别与其收视目的有关。从总体上来说，男性更注重于自己在社会、事业上应起的作用、职责，因此更有从传播媒介获取信息、知识的欲望要求。女性把较多的时间、精力放在了家庭、孩子、照顾家人等方面，抑制了其本身的许多愿望和要求的实现。

第四，观众的民族属性与收视目的有关。由于特殊的社会位置，使少数民族观众对党和政府的各种方针政策（包括民族政策）更为敏感，同时也比较注意提高本民族的文化素质。

第五，从观众的职业特征分析：机关干部、科教文卫、新闻等专业人员（即知识分子阶层），他们收看电视更多是为了了解时事、方针政策，增长知识，目的性比较明确。工人除了学习各种知识的目的不明显外，其他方面同机关干部、专业人员相同。农民观众收看电视的目的倾向于消磨时间、寻求刺激和寻求精神寄托。原因大致有三方面：一是与农民观众文化程度较低，生活的环境相对封闭有关；二是不少地方收不到或收不好中央和省台节目；三是在我们的电视节目中反映农民实际生活的较少。我国的农村人口占全国总人口的 80%，农民的文化素质、精神面貌如何，影响到民族、国家的整体水平，因此需要加强农村节目。大中小学生收看电视的主要目的是学习知识、增长见闻。以上分析说明了观众收视目的的多样性和复杂性，这为电视人制作各种类型的节目提供了依据。观众收看电视的动机和目的对其收视行为有着明显的驱动力量。电视作为一种大众传媒，不仅要强调它的灌输和传授的作用，而且要研究观众收看的动机和目的，做到有的放矢，这样才能收到预期的宣传效果。

（二）观众收看电视节日的兴趣

与动机、目的一样，兴趣也会对观众的收视行为产生影响。观众能否把一个节目完整地看下去，兴趣起着关键性的作用。

1. 观众对不同题材电视节目感兴趣的程度

调查发现，观众对娱乐性节目感兴趣的比例为 67.3%；实用性节目为 51.8%；知识性节目为 44%。其他依次是：艺术欣赏性节目、竞技性节目、思考性节目和信息性节目。

2. 收看频度的强弱是衡量观众收看兴趣程度的一把尺子

本次调查列举了十二种节目类型，测试观众收看频度的情况：

观众平时收看频度最高的是五集以上的电视连续剧，表示"有时和经常看"的比例合计为 93%。这类节目往往有较强的故事情节、悬念和人情味，每天播出的长度虽然有限，但能几天、几十天，甚至连续播出数月，观众往往为剧中人物的命运和结局牵肠挂肚，再加上人与人之间对节目的交流，很容易在社会上引起轰动。

列第 2、第 3 位的是故事片类和单本剧。与电视连续剧一样，这两类节目也具有较强的故事情节，又由于节目严谨精练，用不太长的时间便能看完，因此也能引起观众的浓厚兴趣。

新闻节目是观众接触频度较高的另一种节目类型。为了增强新闻时效，增加新闻的信息量，从 1993 年 3 月 1 日起，中央电视台把一天中新闻播出的次数由原来的 3 次增加到 11 次，而且多数采用直播方式，这在很大程度上满足了广大观众对新闻节目的需要。另外，从观众座谈会、观众来信等渠道了解的情况看，观众对增加新闻播出次数固然感兴趣，但更关心的是新闻内容。

3. 观众对十二部电视连续剧的兴趣分析

为了进一步探讨观众对电视连续剧的兴趣，本次调查在问卷中列举了近年来曾经在中央电视台播放过的十二部电视连续剧，对观众的收视兴趣进行测试，结果如表 6-6 所示。

表 6-6　观众对十二部电视剧的兴趣程度（%）

	不感兴趣	不太感兴趣	一般	感兴趣	很感兴趣	平均值	名次
《渴望》	1.2	1.9	12.7	36.8	47.3	4.268	1
《篱笆·女人和狗》	1.8	4.5	17.9	36.6	39.2	4.069	3
《编辑部的故事》	5.5	8.7	28.6	31.4	25.8	3.633	10
《公关小姐》	2.9	6	29	38.1	24	3.743	8
《围城》	4.6	8.6	33.7	32	21	3.559	11
《宋庆龄和她的姐妹们》	1.7	4.7	27	39.4	27.2	3.859	7
《杨家将》	2.3	6.3	19.6	34.5	37	3.967	5
《杨乃武和小白菜》	1.5	4.6	21	35	37.8	4.027	4
《外来妹》	2.4	5.8	24.7	35.6	31.4	3.875	6
《封神榜》	1.7	3.5	15	30.4	49.4	4.223	2
《南行记》	5.3	13	39.8	25.7	15.9	3.33	12
《十六岁花季》	4.7	9	28.8	29.2	28.3	3.674	9

分析观众对十二部电视连续剧的兴趣程度发现，名列前五名的《渴望》、《封神榜》、《篱笆·女人和狗》、《杨乃武和小白菜》和《杨家将》大致可分为两类：一类是反映现实生活题材，而且都是反映普通人的生活和命运的（如《渴望》、《篱笆·女人和狗》）；另一类是反映古代传奇色彩的题材。

（三）观众对电视提供的各类信息的信任程度

电视商品信息的播出，目前有两种方式：一是通过新闻和经济专题，对此观众是满意的，认为是大部分真实或全部真实的比例较大；

二是电视广告，它的真实性观众对此评价较低，认为大部分真实和全部真实的比例较小。电视广告不同于其他品种的电视节目，电视广告是商品厂家与消费者之间的传播媒介，由于它着重向观众提供的是一种商品信息，带有明显的功利性，又直接影响消费者的切身利益，因此广告内容的真实性如何是电视广告传播中的一个核心问题。

如表 6-7 所示，与 1987 年调查比较，观众对广告的态度发生了很大的变化。认为广告“必不可少”的观众，比五年前增长了 1.5%；认为“可以有”的增长了 5.8%；而认为“最好没有”广告的观众比五年前降低了 7.4%。这说明随着我国社会主义市场经济的发展，观众对电视上的广告的态度，由不太理解、比较反感发展到逐渐理解，再加上电视广告制作水平的不断提高，观众对广告抱以越来越通融的态度。

表 6-7　电视观众对电视广告的看法

	态　度			数　量			质　量		
	1	2	3	1	2	3	1	2	3
1987 年	20	55	25	2	25	73	22	42	36
1992 年	21.5	60.8	17.6	1.9	25	72.8	19.2	59.5	21.3

注：态度：1. 必不可少，2. 可以有，3. 最好没有；数量：1. 少了，2. 合适，3. 多了；质量：1. 质量不错，2. 一般，3. 质量不高。

相关分析显示：观众收看经济类节目和电视连续剧的频度越高，其对广告质量的评价越积极。这是因为常看经济类节目的观众往往以获得商业信息为主要目的，广告作为商品信息的一个品种，自然能吸引这些观众。一部有影响的电视连续剧播出前后一般都附带好看的广告，因此常看连续剧的观众对广告质量的印象都比较好。好的电视广告，主要是看它能否发挥调剂作用。广告固然要向观众传递某种商业信息，但这种传递过程最好在观众不知不觉中完成。因为许多观众对电视广告感兴趣，主要是把它当作一种精美的艺术品来欣赏。也可使观众在收看较长的节目过程中，有喘息放松的机会。广告的商业功能正是在观众这种有意无意中得以实现，而这一切都应以真实性为前提。

（四）观众对电视种种评论的赞成程度

问卷列举了社会上对电视的十三种评论，通过五级量表测试观众的赞成程度，如表 6-8 所示。

表 6-8　观众对十三种电视评论的赞成程度

评论代码	不太赞成	不赞成	说不好	比较赞成	赞成	赞成及比较赞成	平均得分	赞成程度名次
1	1	2.4	11.6	35.6	49.4	85	4.3	2
2	5.2	13.3	21.8	36.8	22.9	59.7	3.59	7
3	1.7	6	17.1	43.4	31.8	75.2	3.98	6
4	14.7	21.7	20.6	24.8	18.2	43	3.1	9
5	25.5	38.9	14.8	14.2	6.7	20.9	2.38	13
6	15.2	25.7	17.6	26.3	15.1	41.4	3	10
7	0.7	2	6.3	38	53	91	4.41	1
8	1.3	5.5	17	39.7	36.4	76.1	4.04	5
9	19.3	33.6	24.7	14.1	8.3	22.4	2.58	11
10	0.9	2.5	9.1	42	45.6	87.6	4.29	3
11	2.7	4.8	14.9	38.7	38.9	77.6	4.06	4
12	25.9	32.5	21.5	11.9	8.2	20.1	2.44	12
13	7.5	15.1	26.9	33.1	17.4	50.5	3.38	8

注：1. 电视使不同国家、民族、地域的人们相互了解，促进了彼此之间的交流和沟通。

2. 电视助长了人们的消费心理。

3. 电视对家庭和社会有凝聚作用，使人们之间有了共同的谈论话题。

4. 电视助长了少年儿童的早恋意识。

5. 看电视占用了大量时间，影响了亲朋邻里间的正常交往。

6. 电视使儿童模仿学会了各种不良行为。

7. 电视节目可以丰富人们的业余文化生活，满足人们的精神需要。

8. 电视渗入千家万户，对人们的生活方式起着指导作用。

9. 电视形象化，使人们满足于事物的表面现象，失去了动脑筋勤思考的主动精神。

10. 电视开阔了人们的视野，并给人们提供了大量信息。

11. 电视传播迅速、逼真、生动，能及时影响社会。

12. 电视限制了儿童的想象力和创造力。

13. 电视对青少年世界观形成有主要影响。

1. 观众对十三种评论的基本态度

在这十三种评论中，调查者认定 1、3、7、8、10、11 六种为积极评论，13 为中性评论，其余为消极评论。电视观众对六种积极评论是持肯定态度的。其中，得分最高的是“电视节目可以丰富人们的业余文化生活，满足人们的精神需要”，这与1987年调查的结果是一致的。

得分第2高的是“电视使不同国家、民族、地域的人们相互了解，促进了彼此之间的交流和沟通”。中国实行改革开放，使人们认识到加强和世界各国人民交流和沟通的重要性。人们对电视在促进国内外交往，树立中国在国际上的地位和形象方面寄予厚望。

紧随其后的是“电视开阔了人们的视野，并给人们提供了大量信息”，电视被许多观众誉为“千里眼”、“顺风耳”，使人们足不出户便知天下事，这是对电视信息传递功能的肯定。

排名第4、第5位的是“电视传播迅速、逼真、生动，能及时影响社会”、“电视渗入千家万户，对人们的生活方式起着指导作用”，观众对这两种体现电视宣传教育功能的评论也给予了充分的肯定。

排名第6位的是“电视对家庭和社会有凝聚作用，使人们之间有了共同的谈论话题”。电视对家庭凝聚力的增强、国家的繁荣，无疑会起到重要的作用。电视作为目前我国最强有力的大众传播媒介，在改善人际关系、社会风气，增强家庭和社会，乃至整个中华民族的凝聚力方面，应该有更大的作为。在由计划经济向市场经济转换过程中，人们的价值观在变化，人们的心理会出现这样或那样的不平衡，电视应该发挥整合功能和导向作用。加强爱国主义、社会主义和集体主义的宣传，加强正确的理想、信念和价值观的教育，是增强社会凝聚力的手段之一。

对下列几种评论，观众认同程度虽然较低，但是应引起电视工作者注意。

“电视助长了少年儿童的早恋意识”、“电视使儿童模仿学会了各种不良行为”、“电视形象化，使人们满足于事物的表面现象，失去了动脑筋勤思考的主动精神”、“电视限制了儿童的想象力和创造力”，这四种评论都涉及电视节目对少年儿童影响的问题。排名最后一位的是“看电视占用了大量时间，影响了亲朋邻里间的正常交往”，说明观众对这种观点是持否定态度的；也就是说，大多数观众认为看电视虽然占用了大量时间，但并未影响正常的人际交往，在某种程度上还促进了正常的人际交往。

2. 通过相关分析我们了解到，由于年龄、文化程度等不同，观众对种种电视评论的态度也有所不同

第一，经济生活水平高的观众，对第5、第9项评论持否定态度；对第3项评论持肯定态度。

第二，年长观众对第4、第6、第9、第13项的态度更为积极。他们更关注电视给儿童和青少年带来的副作用，认为目前电视屏幕出现过多的三角恋爱、四角恋爱、床上镜头、暴力镜头会对青少年的身心健康造成不良影响。就年长观众看来，电视是把双刃剑，电视具有传播迅速、逼真、生动，能及时影响社会的巨大威力，对儿童、青少年的成长，对他们世界观的形成有重要影响。如果引导得好，会促进儿童、青少年的健康成长；如果引导得不好，势必对儿童、青少年的成长起消极作用。希望电视台注意研究这种双向作用，一方面应该继续给儿童、青少年提供丰富的精神食粮；另一方面，应努力抑制和抵消色情、暴力给儿童、青少年带来的消极影响。

第三，观众文化程度高的对第1、第7、第8、第9、第10、第11项评论表示赞成；而对第6、第12、第4项评论却不大赞成。

第四，不同职业的观众，对社会上有关电视评论的认识也有很大差异。机关干部和各类专业人员对第1、第10、第11项评论持赞成的程度较高；而对第9、第2、第3、第12项评论持赞成的程度较低；离退休人员对第4项评论持赞成的程度较高；工人对第1、第5、第11项评论持赞成的程度较高；农民观众对第1、第5、第10项评论持赞成的程度较低；而对第2、第3、第4、第6、第9、第12项评论持赞成的程度较高；家务人员对第5项和第9项评论持赞成的程度较高；而对第1、第10、第11项评论持赞成的程度较低。

学生对第2、第3、第4、第6、第9、第11项评论持赞成的程度较低。我们发现，学生（包括大中小学）对电视的认识与年长观众（家长）、农民观众对电视的认识存在着完全相反的态度，这在一定程度上表现了人们常常说到的“代沟”现象。

目前社会上对电视中的暴力节目有两种看法。一种看法认为这会影响人们的行为。其中受影响最大的是儿童，因为儿童的注意力比较容易被具有强烈情绪、激烈活动以及冲突的节目内容所吸引，较易学习侵犯行为。儿童观看暴力攻击节目越多，其侵犯性态度就越强。另一种观点则认为，观看暴力影片或电视节目与人们表现侵犯行为不一定就成正相关。观看暴力节目有宣泄的效果，非但不会增加侵犯的倾向，反而还会减少一些侵犯的行为表现。观看暴力内容的节目可以减弱参与暴力活动的冲动，减弱紧张情绪。从总体上说，对于观看侵犯与暴力节目和人们表现侵犯行为是否存在因果关系，学界尚无定论。本次调查的数据分析也表明了这种情况。

电视作为一种现代化传播工具，它能造福人类，成为观众的“知心朋友”。但是由于把关不严，在播出的节目中难免掺杂一些思想内容和格调不大健康的节目。对此应加强法制建设，要有长远眼光，制定出一系列相应的法规。这些法规不仅能约束中央和省级等大电视台，也能约束地市和县以下小台。

同时，相关分析还显示：（1）观众接触报纸、广播的程度越积极，其对有关电视的评论也会越积极。显示报纸、广播的媒介内容（特别是涉及有关电视事业发展的报道）可以促进观众产生并维持对电视的积极态度。观众对报纸、广播的接触不但不会影响其对电视的接触，反而会促进观众对电视媒介的接触。如何促使观众经常接触报纸和广播，是提高观众对电视功能认识的有效措施之一。（2）观众接触电视的程度与其对社会上“电视助长消费心理”这一提法的态度呈显著的正相关。也就是说，尽管这部分观众对电视中助长高消费的节目有反感但仍要去看。这反映出在由社会主义计划经济向市场经济转型过程中，人们传统的价值观念与现实社会的价值观念发生着矛盾冲突。为了引导观众树立正确的人生价值和消费观，建议电视节目加强艰苦奋斗、勤俭建国思想的宣传，不要盲目宣传高消费。

（五）观众对电视作用发挥的满意程度

为了把本次调查的结果与1987年调查的结果作纵向比较，研究者把两次调查中观众选择“比较满意”和“满意”的比例分别进行合计并排列出名次，从表6-9可以看到，观众对电视的十项作用表示“比较满意”和“满意”的比例均在六成以上。这说明从总体上说，观众对于电视应发挥的作用是满意的，电视的宣传效果是好的。

表6-9　观众对电视作用的满意程度

	1992年调查		1987年调查		比五年前增减幅度%
	比较满意和满意	名次	比较满意和满意	名次	
传达、解释党和国家的法令、法规、政策和方针	85	2	85	1	0
报道世界上发生的各种重大事件	89	1	81	2	8
宣传社会公德及优秀的民族精神	83	4	74	3	9
传播新思想、新观念、新文化、新的生活方式	79	7	68	6	11
帮助人们了解经济信息、经济政策和市场信息	81	5	61	8	20

续表

	1992年调查		1987年调查		比五年前增减幅度%
	比较满意和满意	名次	比较满意和满意	名次	
报道人们用先进的手段从事生产活动和管理	68	9	54	10	14
介绍国内外文化、体育、卫生等方面的动态和成就	79	8	65	7	14
报道人们学习各种知识	80	6	73	4	7
满足人们娱乐和消遣的要求	83	3	71	5	12
反映人民群众呼声	62	10	58	9	4

时隔五年，观众对电视发挥作用的满意程度发生了很大变化：

1. 这种变化首先表现在对十种作用的满意程度的排名次序上

观众对电视在发挥“报道世界上发生的各种重大事件”作用上的满意程度由五年前的第2位上升到首位，增长幅度为8%。主要原因是在我国改革开放事业不断深化的大背景下，电视媒介能够及时适应几年来国内外发生的各种重大变化，充分发挥电视传播迅速、逼真、生动的特长，不断深化新闻改革，在新闻报道的时效性、全面性、真实性等方面取得了长足的进步，因而得到了广大观众的肯定。

观众对电视在发挥“满足人们娱乐和消遣的要求”作用上的满意程度由五年前的第5位上升到第3位，增长幅度为12%。主要原因：一是娱乐性节目丰富多彩；二是电视连续剧等娱乐性节目的质量不断提高。

2. 这种变化还表现在观众对电视发挥作用表示满意的比例比五年前普遍有所增长

其中增长幅度最大的是“帮助人们了解经济信息、经济政策和市场信息”，增长了20%，由五年前的第8位上升到第5位，这仍然是由我国经济体制变化这个大背景所决定的。以中央台为例，五年来先后推出了《经济半小时》、《经济信息联播》等栏目，而且在新闻和专题节目中，也加大了经济建设的内容和分量，比较充分地满足了广大电视观众在渴望了解经济信息、经济政策方面的需求。

综上所述，从观众接触电视的频度，收看电视的兴趣，对电视评论的态度以及对电视发挥作用的评价等大量调查数据来看，电视节目对观众产生的影响是积极的，电视宣传的效果是好的。另外，也应看到观众的收视行为和收视心理有其固有的规律，了解和运用这些规律对于提高电视节目的质量，达到最佳电视宣传效果会产生积极影响。如何进一步研究、运用这些规律及其走向，不断提高电视节目的质量，最大限度地满足广大电视观众的需求，是电视工作者今后需要长期探索的一个问题。

第七篇

1997 年全国电视观众抽样调查分析报告

为了研究我国电视观众近五年来的发展情况，为电视宣传决策提供科学依据，中央电视台总编室组织部分省、市电视台于 1997 年进行了第三次全国电视观众抽样调查。

本次调查内容主要涉及四个层次：(1) 观众的基本情况层次，包括性别、年龄、民族、文化程度、职业、经济收入、居住地以及观众家庭状况等自然属性和社会属性的特征指标；(2) 行为反映层次，主要调查观众接触电视的一般行为习惯，包括观众接触电视的时间长度、地点及收视习惯等内容；(3) 认知层次，主要调查观众对电视节目的主观感受、认识和意见，观众对电视作用的认识，观众对各类栏目的主观定位等内容；(4) 动机层次，主要调查观众对不同电视节目的喜爱状况、观众的收视动机和收视收获等方面。

本次调查对象是从全国电视覆盖区域（1996 年我国的电视人口覆盖率为 86.2%）内 13 岁以上的电视观众中抽取的，调查范围涉及除西藏、台湾地区以外的全国省市、自治区。调查样本的抽取依托国家统计局全国城乡住户抽样调查网，采取分层多级整群抽样的方式进行。考虑到少年儿童的特点，同时还对 6～12 岁的观众进行了附带调查。调查问卷分为两种，第一种问卷供 13 岁以上样本使用，第二种问卷供 6～12 岁样本使用。本调查报告是根据 13 岁以上观众调查问卷的结果分析。调查方式为入户面访，调查员将问卷直接送到被访者手中，当场填答，当场收回。

调查的布置工作于1997年3月开始，1997年12月结束。中央电视台总编室曾多次组织有关专家和各参加台对调查问卷、调查抽样方案进行论证。并征求了有关参加台的意见。1997年4月进行了试调查。正式调查的入户面访工作自1997年6月5日至7月初实施，历时一个月。本次调查共抽取13岁以上全国样本16079人，有效问卷16066份，问卷回收有效率为99.92%。在统计全国数据时又进行了加权处理。

一、基本情况

中国是世界上人口最多的国家，也是拥有世界上数量最大的收视群体的国家。电视事业的发展，离不开经济建设的支持，电视机的普及为我国电视观众的持续增长奠定了坚实的物质基础。由于环境、闲暇时间、个人经历、节目形式与内容等因素的影响，电视观众形成了不同的收视行为和心理，这些特点对电视频道、电视节目的定位及传播效果影响极大，遵从观众收视行为和心理的规律，使电视传播与之相统一，是广大电视工作者的理想和追求。

（一）电视观众的数量

我国人口占世界人口总数的五分之一，居世界第一位。截止到1997年6月底，我国电视观众总数为10.94亿人，拥有世界上数量最大的收视群体。

如图7-1所示，1987年到1992年，我国电视观众总数增加了近2.2亿；1992年到1997年，我国的电视观众总数又增加了2.88亿。

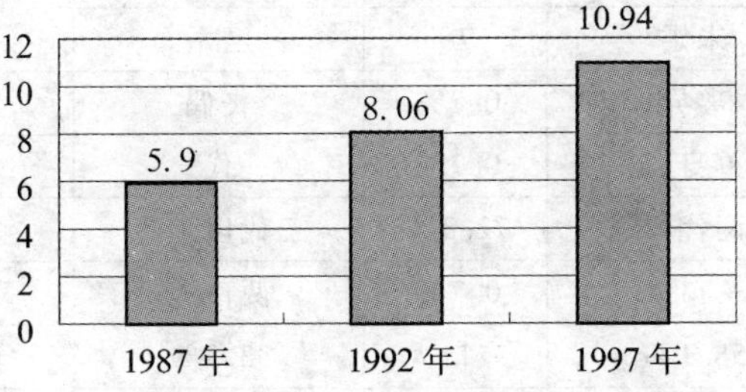

图7-1　我国电视观众数量（亿人）

由于职业、文化水平、价值观念和所处社会环境的差异，我国电视观众的结构形成了层次丰富的观众组合（如表7-1），带有相同社会特征的人们不仅喜欢收看类型相近的节目，而且对这些节目的态度也较接近。这是因为他们存在着相似的要求、兴趣、知识水平和语言素养，相似的态度和价值取向。这些同一层次或同一类别的电视观众在生活经验、情趣、爱好和习惯等方面有很多的相似点；抓住这些相似点，也就等于捕捉到了各个不同层次和类别观众群的共性；捕捉到了这些共性，就可化繁为简，把“众口难调”的难度降低至最小。

表 7-1　我国电视观众的构成

性别	男	50.3%	女	49.7%
民族	汉	94.6%	其他	5.4%
居住地	城市	24.1%	农村	75.9%
年龄	13～18 岁	8.2%	19～30 岁	25.7%
	31～40 岁	28.2%	41～50 岁	20.3%
	51～60 岁	11.2%	61～70 岁	4.9%
	71 岁以上	1.3%		
职业	工人	9.1%	商业服务业	1.9%
	科教文卫	4%	军人/警察	0.4%
	公务员	4.4%	企业管理人员	2.8%
	农民	59.9%	学生	6.4%
	个体劳动者	2.2%	离退休人员	4.4%
	待业或无业人员	1.7%	公司职员	1.3%
	其他人员	1.4%		
文化程度	不/初识字	5.8%	小学	24.1%
	初中	43%	高中/中专	19.3%
	大专	5.4%	大学本科以上	2.5%
婚姻状况	未婚	17%	已婚	80%
	离异	0.7%	丧偶	2.3%
家庭类型	单身户	0.7%	一代户	7.8%
	两代户	72.3%	三代以上户	19.1%
家庭人口	一口人	0.7%	两口人	7.8%
	58.1%	三口人	33.3%	四口人及以上
工作时间	正常上班/上学	29%	倒班制	2.5%
	时间不固定	44.9%	没工作	8.4%
	其他	15.2%		
家庭收入	250 元以下	55.9%	251～500 元	31.2%
	501～1000 元	11.3%	1001 元以上	1.6%

我国是一个发展中国家，家庭人均月收入①处于低收入和中等收入水平的占大多数。因此电视宣传的内容，要善于引导消费，避免高消费。许多观众反映我国多数电视台节目有城市化倾向，有的节目内容甚至有贵族化倾向。这应该引起电视台的注意，电视节目作为影响最大、覆盖面最广的传播媒介，所宣传的内容应考虑到国家经济发展水平和绝大多数低收入和中等收入家庭的实际情况，弘扬勤俭持家、艰苦奋斗的精神。

观众结构多层次性的特点，决定了电视节目的多层次性，针对不同的观众层次和类型产生了大量的对象性电视栏目。研究观众结构各个层次的特征及其相互之间的关联，可为电视台的栏目设置、栏目定位提供基本的依据。

（二）观众拥有电视机等家庭物品的情况

电视机的普及，为我国电视观众的持续增长奠定了坚实的物质基础。根据国家统计局调查数据显示，自从20世纪80年代以来，我国电视人口覆盖率、电视机社会拥有量提高很快，如表7-2所示。

表7-2 我国电视事业发展情况

年份	人口覆盖率（%）	电视机社会拥有量（亿台）	平均每百人拥有电视机（台）
1980	–	0.09	0.9
1981	49.5	0.16	1.6
1982	57.3	0.28	2.7
1983	59.9	0.36	3.5
1984	64.7	0.48	4.6
1985	68.4	0.70	6.6
1986	71.4	0.92	8.7
1987	73.0	1.16	10.7
1988	75.4	1.43	13.2
1989	77.9	1.66	14.7

① 1997年全国电视观众抽样调查对象家庭平均每人实际月收入分为四类：低收入（无收入～250元/人均）、中等偏下（251元～500元/人均）、中等偏上（501～1000元/人均）、较高收入（1001元以上/人均）。

续表

年份	人口覆盖率（%）	电视机社会拥有量（亿台）	平均每百人拥有电视机（台）
1990	79.4	1.85	16.2
1991	80.5	2.07	17.8
1992	81.3	2.28	19.5
1993	82.3	–	–
1994	83.3	2.75	23
1995	84.5	2.86	24
1996	86.2	3.17	26

1997年的调查数据进一步显示，我国电视机的具体分布情况是，在接受访问的16066个样本户中，共有电视机18292台，其中黑白电视机和彩色电视机各占50%，彩色电视机所占的比例比1992年提高了15.3%。黑白电视机主要集中在农村，占黑白电视机总数的91.9%，城市仅占8.1%。彩色电视机在城乡都比较普及，在有一台彩色电视机家庭中，城市居民家庭占40.7%，农村占59.3%；在有两台彩色电视机的家庭中，城市占70.7%，农村占29.3%。

与收视活动直接相关的带遥控功能的电视机、录放像机的数量与五年前相比也有不同程度的增长。而收音机、收录机、订阅的报纸数量与五年前相比有所下降，详见表7-3。

电话拥有率的多少是现代信息社会发达程度的一项指标。有关调查数据显示，在以上物品中，五年来变化最大的是电话。1992年调查结果显示，我国城乡居民家庭中，电话每百户拥有率为5.6%，而1997年电话的每百户拥有率为25.5%，比五年前增长了近三成。在有电话的家庭中，城市占65.5%，农村占34.5%。

总之，以上具有大众传媒、通信、娱乐和学习四种功能的家庭物品，在满足人们不断增长的精神文化需求方面起到了不同程度的作用。这些设备的拥有率可以间接反映出我国城乡居民家庭的生活水平和人们现代化意识的提高。它们在数量比例上的变化对收视环境产生必然的影响，进而左右着观众的收视行为和收视心理的变化。

表 7-3 我国城乡居民家庭拥有有关物品情况（%）

	1997 年	1992 年	增减幅度
黑白电视机	57.3	58.2	-0.9
彩色电视机	57.1	41.8	+15.3
带遥控的电视机	35.7	12.6	+23.1
录放像机	12.1	6.9	+5.2
收音机	43.4	45.9	-2.5
收录机	40.9	49.6	-8.7
订报纸	44.1	49.6	-5.5
订杂志	33.6	–	–
电话	25.5	5.6	+19.9

（三）观众能收看到的电视节目套数

1997 年调查结果显示，我国城乡居民家庭平均能够收看到 8 套电视节目。其中城市观众平均收看到 15 套（一些大城市观众能收看到 20 套），农村观众平均能看到 6 套。与 1992 年比较，仅能收看到一个电视频道的比例减少，而能够收看到 2～4 个频道的比例有所上升。

（四）有线电视发展迅速

观众收看电视频道数量的增多，在很大程度上得益于有线电视的发展，因为各级有线电视台除了开设自己的频道外，还担负着众多卫星频道信号落地入户的任务。截止到 1997 年 6 月底，我国已有 34.5% 的家庭加入了有线电视网。在这些家庭中，1985 年以前入网的占 0.1%，这可以视为我国有线电视发展的萌芽阶段；1986 年至 1990 年加入有线电视网的占 3.7%，这可以视为我国有线电视发展的起步阶段；1991 年至 1995 年加入有线电视网的占 62.7%，这可以视为我国有线电视发展的鼎盛时期；1996 年至 1997 年 6 月底加入有线电视网的占 33.5%，这可视为我国有线电视事业进入了一个持续发展的阶段。我国有线电视的发展前景看好，因为还有较大的开发余地。随着国内上星频道的增加，有线电视将发挥更大的的作用。

经济发展水平与有线电视的发展程度关系密切。和东部经济发达地区相比，中部和西部经济欠发达地区的有线电视事业起步虽晚，但后劲十足，中西部地区与东部地区的差距逐渐缩小。1997 年的调查将全国 30 个省（市、区）按照经济发展水平划分为三类，即：东部发达地区、中部中等地区和西部欠发达地区。调查结果显示，在1986年至1990年我国有线电视的起步阶段，东部发达地区加入有线电视网的户数占该时期入网总数的62.8%，中西部所占的比例分别为18.8%和18.4%，东部与中西部地区之间相差四十多个百分点；1991年至1995年，这种差距明显缩小，三类地区加入有线电视网的户数分别占46.3%、31.1%和22.6%；而在1996年的上半年，这种差距进一步缩小，三类地区加入有线电视网的户数分别占37.8%、27.1%和35.1%，特别是西部地区，不仅超过中部地区8个百分点，而且把与东部地区的差距缩小到不到3个百分点。在东部发达地区有线电视网发展已接近饱和的情况下，经济欠发达的中西部地区在未来的五年内将成为有线电视发展的热点地区。

城乡比较发现，1986年至1990年入网的户数中，城市占76.8%，农村占23.2%；1991年至1995年入网的户数中，城市户占68.1%，农村占31.9%；1996年以后入网的户数，城市占49.7%，农村占50.3%。城市入网的数量呈递减的趋势，农村入网的数量却呈递增趋势，广大的农村将成为有线电视发展的热点地区。

加入有线电视网之后最明显的变化是收看到的频道明显增多，观众选择的余地增加，各频道之间的竞争也就随之激烈。

（五）我国各电视频道的覆盖情况

图7-2所显示的是一些电视频道在全国总体的分流情况。从平均得分①的排序看，中央、省（市）电视台的第一套节目是观众收看最多的几个频道。

电视频道的增多，对电视台和电视观众都会带来影响。对观众来说，可选择的余地比以前大了，相对满足了各种层次、各种类型电视观众的收视需求。对电视台来说，却产生两个方面的压力：一是“求大于供”，电视观众不断增长的物质和精神文化需求对电视台的节目数量和质量不断提出新要求；二是由于频道的不断增加，势必造成观众的分流，各个电视台都面临着竞争压力。如何吸引观众，提高收视率，

① 平均得分：调查问卷中一部分题是5级量表，比如在问被访者“您平时收看各类电视节目的情况如何”时，5级量表中的1表示“基本不看”，2表示“很少看”，3表示“有时看”，4表示“经常看”，5表示“几乎必看”。计算时给每一级赋予相应的权值，得出每个变量的加权平均值（即：平均得分），平均值的大小范围在1～5之间，满分为5分。比如影视剧的平均得分为3.75，意味着影视剧接近于“经常看”的范围，选择“经常看”的观众人数最多。

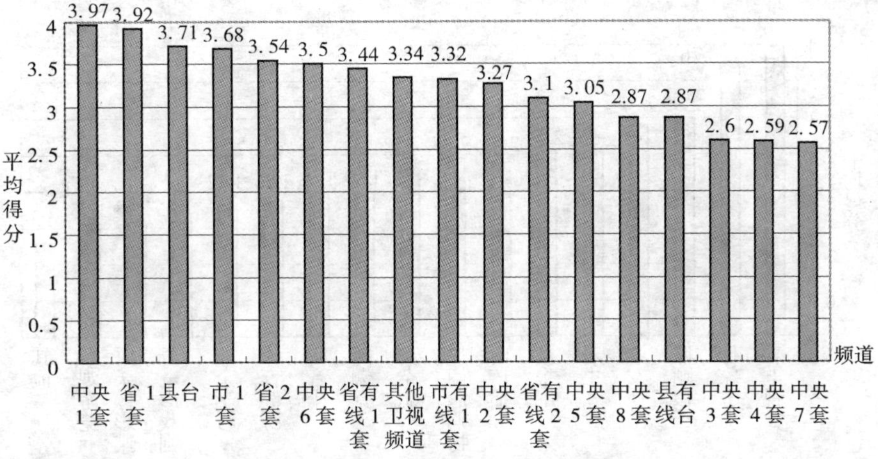

图 7-2　国内部分电视频道的收看情况

是每个电视台遇到的共同问题。中央台和地方台既有竞争又有合作，合作最成功的栏目是《新闻联播》，中央和地方两类新闻互为补充，为观众提供了比较完整的新闻信息结构。

二、观众的收视行为

电视是人们接触最为频繁的大众传媒工具，是人们获知新闻信息的主渠道。观众的收视行为研究的范围包括这样一些方面：在什么地方收看，怎样收看，收看多长时间等。观众的收视行为主要具有以下几个特点：环境对收视行为影响极大，绝大多数观众是在自己家里看电视，在选择电视节目的方式上方便、随意，大部分观众的收视时间都集中在晚上 18:30 ～ 22:00 的黄金时间内等。

（一）观众的收视频次

报纸、广播和电视作为三种主要的大众传播媒介，而电视又是人们接触最为频繁、影响力最大的大众传媒，如图 7-3 所示，在人们的闲暇时间里，花费时间最多的是看电视。

如表 7-4 所示，受众对报纸的接触率在十年间走过了一个下降而后反弹的过程，广播走过了一个在前五年保持平衡而后出现下降的过程，电视则出现高位稳走的态势。

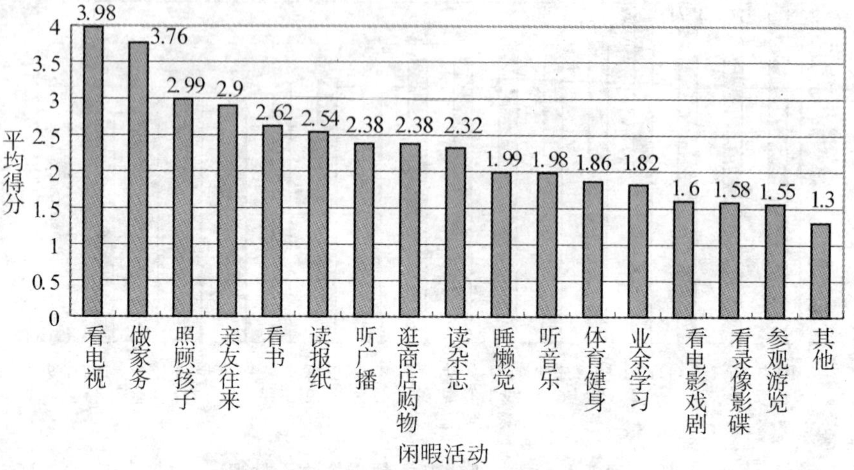

图 7-3　我国城乡居民从事闲暇活动情况

表 7-4　我国受众对三大传播媒介的接触情况比较（%）

年份	报　纸	广　播	电　视
1987	38	57	94
1992	29	57	95
1997	49	44	95

与其他三种大众传媒比较，各年龄段的受众看电视的频次没有明显的差异，且都明显高于接触其他媒介，如图 7-4 所示。另有数据表明，不同文化程度、不同职业的人看电视的频次上也无明显差别，这些事实说明，与报纸、广播相比，电视文化因其图文并茂、形象生动、传播快捷等特点，更容易为广大人民群众所接受，更容易收到雅俗共赏的传播效果。

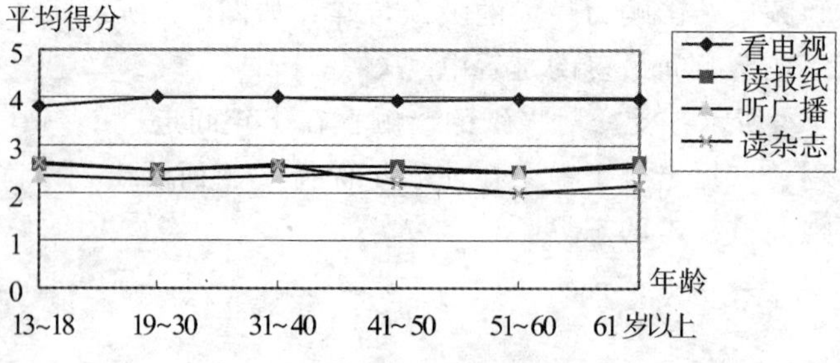

图 7-4　年龄与大众传媒

（二）收视环境

“人创造环境，同样环境也创造人。”① 观众的收视行为在很大程度上取决于收视环境。1987 年第一次全国电视观众抽样调查结果就显示，观众在家中收看电视的占多数，随着时间的推移这一比例呈逐年增长趋势。1987 年、1992 年两次全国调查的数据表明，观众在自己家中看电视的比例分别为 83.5%和 88%，到了 1997 年，这一比例达到了 96.6%，比 1987 增长了 13.1%，比 1992 年增长了 8.6%。而且无论是城市与农村、不同经济发展水平的各个地区之间等多方面比较都一再证明家庭是绝大多数观众收看电视的地点。因此我们可以确定：以家庭为主要收看环境是电视信息传播过程中一个明显特性。

城市观众在家中看电视的比例在 1987 年就达到 94%，1992 年和 1997 年分别为 96.9%和 97.9%，也就是说，从 1987 年至 1997 年的十年间的变化不很明显。相比之下，农村观众在家中看电视的比例变化很大，1987 年、1992 年和 1997 年分别为 63%、83.9%和 96.1%，1997 年比 1987 年增长了 33.1%。电视步入寻常百姓家，从一个侧面也反映出这些年来我国农村家庭物质生活水平的提高。

由于电视的介入，使家庭空间的传统意义被改变了。家庭的居住空间是有限的，但是观众通过收看电视节目所得到的却是一个广阔无限的世界。

（三）收视习惯

选择节目方便、随意是观众收视行为的一个显著特点。观众是怎样收看电视的，在收看的过程中又有哪些收视习惯呢？观众收看电视的地点主要在家中，因此就形成了一些与“家”的环境和氛围相适应的收视习惯。调查中发现，人们平时在收看电视的时候，经常有一些伴随行为，比如一边看电视，一边做功课，或者看报纸、看杂志、看书、做家务、吃饭、听广播、聊天、健身娱乐、听音乐等，这些收视伴随行为就可视为一种收视习惯。

在每一个家庭成员中，因其性别、年龄、文化程度、职业以及在家庭中各自角色的不同，他们收视习惯也不尽相同。比如观众的文化程度与聊天习惯成反比，不识字和初识字的观众中有聊天习惯的最多；女性观众看电视时最经常的习惯是做家务等。

产生这些收视习惯的原因主要是收视环境。正因为是在自己家里，

---

① 马克思、恩格斯：《德意志意识形态》，43 页，见《马克思恩格斯选集》第 1 卷，北京：人民出版社，1972。

决定了观众收视方式具有灵活、自由度大的特点。遇到自己比较喜欢的节目，注意力可以集中一点；而对于自己不太喜欢的节目，可以一边收看电视一边干其他的事情。这已经成为观众收视行为的一大特点。家庭作为收视的主要空间环境，固然存在一些干扰视听的因素，使电视传播的信息产生部分损耗，使传播效果被打上折扣。可是我们不得不承认这样一些事实：在家收看电视十分方便，不但可以随意选择自己想要看的节目，而且还不会耽误吃饭、聊天；看电视不像在电影院里看电影必须熄灯，在看电视的同时可以与浏览报纸、杂志、书籍等活动同时交叉进行，心境随意轻松。如图 7-5 所示，从观众的整体情况来看，具有"只看电视"专注收视习惯的频次仍是最高的，说明大多数观众观看电视时的注意力还是比较集中的。

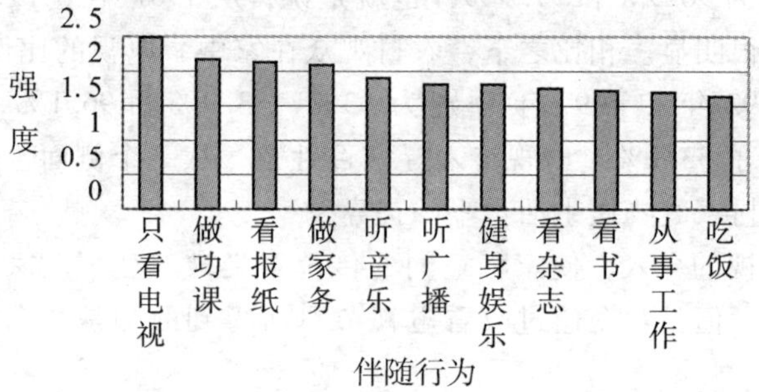

图 7-5　观众收看电视时的伴随行为

以上重点说的是观众个体的收视行为特点，如果再将观众个体放到家庭所有成员中间来考察研究就会发现，影响观众收视行为的因素除了环境因素之外，还有一个重要的因素，这就是在家庭成员中间谁是最主要的收视决定人。这是电视台和电视广告商都很关心的一个问题，他们都想通过观察和研究"决定人"的特征来掌握其收视行为的规律，了解到哪类观众、哪一层次的观众在看自己的节目，确认自己的传播对象。那么，我国城乡居民家庭中谁是主要的收视决定人呢？

调查数据显示：由"成年父母"掌握"遥控器"的比例最高(30.6%)，其次是"协商解决"(28.8%)，其他依次为："小孩子"(12.6%)、"看人数多寡而定"(8.8%)、"未婚年轻人"(7.1%)、"老年人"(5.4%)、"各看各的"(5.1%)，"互不相让，常发生争吵"的比例仅为1.6%。如果进行纵向比较，还可以发现另外一些有趣的事情，1997 年由"成年父母"、"协商解决"、"小孩子"做决定的比例居前三位；而十年前的同类型的调查中，排在前三位的是"协商解决"

(27%)、“成年人”（22%）和“小孩”（11%）。很显然，我国城乡家庭中由成年父母掌握电视节目决定权的比例上升了。继续分析发现，这些掌握收视决定权的成年父母又主要分布于两代户（占所有家庭户数的33.6%）和三代户（占所有家庭户数的25.2%）的家庭。独生子女加爸爸妈妈的三口之家成为城市家庭一种主要的类型。在这种类型的家庭中，家长对孩子，尤其是对上学孩子的管教有日趋严格的趋势。学生的功课紧张及孩子作息规律，以及有些电视节目不适宜孩子收看等原因，致使有更多的父母限制自己的孩子看电视，这已经成为一个普遍的收视现象。这就给电视工作者一种启示：在孩子们有限的可以由孩子自己支配的时间内，为孩子们提供更多更好的电视节目。

调查结果还显示，“协商解决”（28.8%）是许多家庭决定收看电视节目的另一种主要方式。家庭成员之间除了以血缘辈分为基础的长幼关系外，还包含有相互之间的情感关系，情感关系较融洽，收视态度也趋于接近或相同，从而为采用平等协商的方式选择节目奠定了基础。多数家庭习惯于优先考虑家庭多数成员共同感兴趣的节目以便形成一种亲密、宽松、随意的家庭氛围。在这类家庭中，在一起收看电视本身不是目的，而是融洽家庭关系，满足天伦之乐的一种方式，这与中国的传统家庭价值观念十分吻合。

人们现在可以随意、方便地选看电视节目，还得益于电视机遥控器的发明和使用，电视遥控器逐渐普及，为观众选择频道、选择节目提供了极大的方便。到1997年6月份，全国家庭中带遥控功能的彩色电视机已占到彩电总数的5.7%。随着我国国民经济的持续发展，人民群众的物质生活水平不断提高，有遥控器功能电视机的普及使更多家庭享受到用遥控器随意选择电视节目的乐趣。

（四）收视时间

收视时间有两层含义：一是观众在什么时间看电视；二是观众看电视花费多长时间。研究观众的收视时间对传播者、接收者和电视广告商都具有重要的意义。作为电视台来说，只有掌握了观众的收视时间规律，才能合理、科学地编排节目，安排节目时间；作为观众来说，最关心的是自己所喜欢的电视节目安排在什么时间播出；作为电视广告商来说，最关心的是哪个时段的收视率最高，自己好往里投广告。

1. 观众在什么时间看电视

经多年观察，晚间的19:00～22:00是大多数观众收看电视集中的时间，这三个小时被人们称作“黄金时段”。图7-6所显示的是1995年中央电视台第一套节目各时间段年平均收视率曲线图（每年的收视率曲线大致相同，故仅选 1995 年的情况为例)。很明显，18:30 ~22:00 为中央电视台第一套节目的黄金时间段。在这段时间看电视既不影响吃晚饭、做家务劳动，又不影响观众睡眠和第二天上班上学，是电视节目的最佳播放时间。

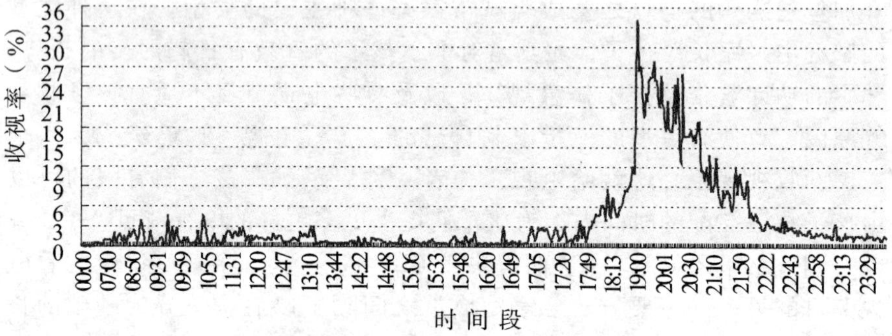

图 7-6　1995 年各时间段年平均收视情况图

那么，什么节目才有资格被安排在黄金时间呢？从观众角度看，他们这时的收视需求主要是了解新闻、看看影视剧或综艺节目，既充实自己的新闻信息库，又能得到身心的放松。因此黄金时间人们的收视动机不是单一的而是多种收视动机并存的，他们希望在这两三个小时里得到信息、知识和娱乐。所以黄金时间安排的节目不能单一，要基本满足观众求知、求乐、求信息的心理需求。除了新闻节目之外，还要安排一些情节性、娱乐性强的影视剧和综艺类节目以及科技、普法类节目。从电视台的角度来讲，有没有资格被安排在黄金时间播出，首先要看节目本身的质量如何（主要包括思想内容、表现形式、制作水平三方面）；还要根据我国观众的收视习惯和心理，看看它是否能产生广泛的社会影响，是否能收到好的社会效果。另据有关的调查数据显示，各省、市台第一套节目的黄金时段也主要分布在晚间，但基本上避开了中央电视台由《新闻联播》、《天气预报》、《焦点访谈》等栏目的播出时间，兼顾了中央台和地方台的优势。从心理学的角度看，这里涉及新闻对观众的贴近性问题。心理学家说：人们总是比较关心自己周围或与自己相关的地方和人所发生的事。观众要了解国家大事主要是从中央电视台的节目中获得，同时他也能从地方台的节目那里获得更贴近自己周围生活的当地新闻。中央和地方两类新闻互为补充，为观众提供了比较完整的新闻信息结构。

一天 24 小时中，除了黄金时间，还有大量的非黄金时间，合理地、充分地开发和利用非黄金时间，关系到电视台能否挖掘潜力，持续发展，理应引起足够的重视。这些非黄金时间安排的内容大部分是对象性节目和重播节目。对象性节目有两个特点，一个是观众群体的特定性。一般来说，这些对象性节目只适合部分观众的收视兴趣，仅为这部分特定观众服务，也就是说，这类栏目肯定要舍弃一部分观众。正是由于对象性栏目所具有的这种性质，再加上播出的时间大都在非黄金时间，因此，它无法达到高收视率，但是应该形成一定数量的固定的观众群，保持较为稳定的收视率。对象性节目还有一个特点，这就是播出时间上的规律性、连续性，这种连续性有利于在栏目和观众之间建立起一种比较经常的联系，便于观众收看和参与。总的来讲，黄金时间与非黄金时间是一个相对的概念，中间并不存在一条不可逾越的鸿沟，本来不是黄金时间，但经过努力可以创造较高的收视率。本来在黄金时间，也不能说万事大吉，高枕无忧了，一定要不断地积极进取，增强创新和竞争意识，否则极有可能被挤出已经占据的黄金时间。电视台的宣传管理部门应当建立一种优胜劣汰的竞争机制，保证黄金时间内所播出的总是那些最受观众青睐的精品栏目和精品节目。

2. 观众收看电视的时间长度

1997年全国观众抽样调查结果显示，我国电视观众的平均收视时间为每人每天131分钟（2小时零11分钟），比1992年的人均收视时间增加了13分钟。

不同层次和类型观众的收视时间是不尽相同的。

男女观众的收视时间在总体上看没有差异，人均日收视时间均为131分钟。但如果作三维交互分析，细微的差异仍然存在：同为城市观众，女性的收看时间略多于男性（城市女性观众周日收看时间为186分钟，男性观众为184分钟，女性多看了2分钟。城市女性观众平日收看时间为147分钟，男性观众为146分钟，女性多看了1分钟）。同为农村，男性观众的收看时间却略多于女性（农村男性观众周日收看时间为126分钟，女性观众为125分钟，男性多看了1分钟。农村男性观众平日收看时间为111分钟，女性观众为110分钟，男性多看了1分钟）。

城乡观众的收视时长差异明显，城市观众人均日收视时间为166分钟，农村观众为120分钟，二者相差46分钟。

不同年龄段观众中，收视时间最长的是61岁以上的老年观众（147分钟）；其次是中青年观众（41～50岁135分钟、19～30岁134分钟、51～60岁133分钟），相差的时间长度微乎其微；31～40岁129分钟；13～19岁的青少年每天收看电视的时间最短（110分钟）。

观众的文化程度和收视时间呈正比。不/初识字的观众收看电视的时间长度最短（94 分钟），小学文化程度的123 分钟，初中文化程度的130 分钟，高中/中专文化程度的 147 分钟，大专以上文化程度的 151 分钟。

少数民族观众比汉族观众看电视的时间要长。汉族人均每天收看130 分钟，而少数民族为 166 分钟，多出 36 分钟。

各类职业中，收视时间最长的是离退休人员（192 分钟）；其次是待业/无业人员（173 分钟），工人和公司职员的收视时间为 160 分钟（比农民多 40 分钟），国家机关工作人员、企业管理人员和军人/警察的收视时间比较相近（分别为 156 分钟、151 分钟和 150 分钟），商业服务业人员和个体劳动者的收视时间相同（140 分钟），科教文卫人员为 140 分钟，在校学生的收视时间最短（120 分钟）。

不同婚姻状况观众的收视时间也有所差异。离异者的收视时间最长（168 分钟），已婚者其次（133 分钟），未婚者第三（123 分钟），丧偶者收视时间最短（114 分钟）。

收视时间与观众的工作时间也存在一定关系。收视时间最长的是倒班制的观众（152 分钟），其次是正常上班或上学以及没工作者（139 分钟），工作时间不固定者收视时间最短（124 分钟）。

收视时间与地域的关系并不密切。如果以长江为界划分出我国的南方和北方两大地域，那么南方观众的收视时间（132 分钟）与北方观众的基本相当（131 分钟）。

家庭经济状况对人们的收视时间有一定影响。家庭经济状况较好的观众收视时间就长一些（处在“中等偏上”和“收入较高”状态的收视时长为 152 分钟），而“中等偏下”和“低收入”家庭状况观众的收视时间短一些（分别为 144 分钟和 119 分钟）。然而，经济状况又不是影响人们收视时间的绝对因素，有关调查数据显示，西部经济欠发达地区观众的收视时间最长（149 分钟），其次是东部发达地区（127 分钟），中部中等地区最短（125 分钟）。

周末（周六和周日）和平日（周一至周五）的收视时间分别为142 分钟和 121 分钟，二者相差 21 分钟。

加入有线电视网对收视时间有影响。加入有线网的观众日平均收看时间为 158 分钟，比全国总体平均水平（131 分钟）高出 27 分钟。

收看电视节目套数的多少与收视时间也存在一定关系。如表 7-5 所示，收看节目套数与收视时间呈正比。

表 7-5　收看节目套数与收视时长的关系（分钟）

能够收看到的节目套数	平日收视时长	周末收视时长	总体平均
1～2	116	127	122
3～8	114	130	122
9～14	129	161	145
15～20	139	173	156
21 套以上	142	177	159
总计	121	143	131

分析城乡观众收视时间差异大致可以归纳出以下几个原因：第一，与观众家庭居室环境有关。城市居民多数居住在居民楼里，邻里之间的交往较少；而广大的农村观众情况则不同，他们世世代代生活在一个村子，邻里之间可以经常串门，这在一定程度上影响了他们的收视时间。第二，与观众家庭的经济状况有关。城市居民生活水平相对农村观众来说要高，电视机的普及率也高，因此收视时间也长。第三，工作、生活节奏不同。一遇农忙季节，农村观众根本顾不上看电视（收视率能反映这一点，一到农忙季节农村的收视率就明显下降）；而城市居民一年四季的生活和工作节奏比较均衡，收视率也比较稳定。第四，电力供应问题。许多农村地区电力供应比较紧张，经常停电，即使有电视机也看不上电视节目，极易挫伤这些观众的收视积极性。

（五）影响收视行为的因素

影响观众收视行为的因素主要包括以下八个方面：

1. 观众收看某个栏目的习惯

收视习惯是指观众多年收看某个电视栏目巩固下来的行为方式，这种经过多年积累而形成的收视习惯具有极强的惯性。影响观众收视行为最主要的因素就是观众个人的收视习惯，收视习惯的养成非一日之功，收视习惯一经形成，就会产生惯性，不会轻易改变。

2. 电视节目预告

现在的电视频道很多，观众要想从中找到自己喜欢的节目，仿佛大海捞针一样，因此特别需要向导。充当这一角色的有电视台的节目预告类节目、电视报及其他报纸的预告、网络等。其中以电视本身所作的节目预告效果最佳，它比报纸等形式的节目预告更吸引人。各种收视指南类的节目，对于缩小观众的盲区，引导观众收看特定的节目起着重要的作用。目前各个电视台都很重视节目的预告宣传，而且正在积极探索由简单的预告节目到包装栏目、包装频道。这项工作今后仍有进一步加强的必要，特别是一些重大宣传，一定要未雨绸缪，舆论先行。

3. 个人的欣赏口味

个人的欣赏口味是影响观众收视行为的重要因素，每位观众都有自己偏爱的栏目，如男性的青少年观众喜好与兵器有关的军事栏目，女性爱看妇女栏目、时装栏目和烹调栏目等。当然，随意选择、择善而从的现象在各种观众群里也普遍存在，表现出收视习惯上的盲目性。这就需要节目预告、收视指南类节目，主动积极地去影响观众选择节目的意向和行为。

4. 节目内容

目前我国每人日均收视时长为131分钟，但是当遇到重大宣传活动时，就可能远远超过这个数字。比如1997年香港回归特别报道，在6月30日到7月2日这三天内全国每日人均收视时长达到了282分钟，比平时增加了一倍多。

5. 节目播出时间

如果把节目排在晚间特别是19点～22点这一时段内，或者排在假期和节日播出，就可能有较高的收视率。当然，某些节目，如《东方时空》等栏目也具有改变观众收视习惯的可能。

6. 节假日的影响

双休日的实行，是人们收视时间延长的原因之一。1995年5月1日起开始实行双休日，这无疑成为增加人们收视时间的一个不可忽视的因素。目前我国电视观众平日（周一至周五）和双休日（周六至周日）的收视时长差距明显。平日人均日收看时长为120分钟，双休日人均日收看时间为141分钟，比平日多21分钟。

节日也是收视高峰，1996年春节期间（除夕、初一、初二）日人均收视时长为220分钟，比平时人均日收视时间多出89分钟。曾有"过年三件事：一放鞭炮，二吃饺子，三看电视"的说法，大年三十晚上看中央电视台的春节联欢晚会已成为一种现代民俗。从1989年至1998年的十届春节联欢晚会的平均收视率为50.27%，比《新闻联播》（1987年至1997年）的平均收视率高出7个百分点。自从1994年春节以来，北京等地开始禁放鞭炮，电视节目在节日期间的重要性又增加了分量。

7. 其他闲暇活动的影响

人类生活分为生活必要时间、劳动必要时间和闲暇必要时间三个层次。随着我国经济的发展，广大人民群众的物质生活条件比十年前有了很大的改善，闲暇时间越来越多。本次调查的有关数据说明，看电视是我国城乡居民闲暇时间里最主要的活动。当然，闲暇时间的不断增加并非意味着收视时间的无限增多，闲暇时间的增加，只是观众收视时间增加的必要条件之一，但不是唯一的结果。当年电视出现的时候，曾经改变了人们接收信息和娱乐的传统习惯，时至今日我们同样可以预料，随着计算机等新型传媒和娱乐设备的出现和普及，同样会对人们的闲暇时间进行再分配。比如计算机互联网的相关功能对城市中许多有较高文化程度的年轻人产生极大的诱惑，这一部分观众是电视台将来需要特别“照顾”的观众群体。影响人们接触电视的另外一个因素是收视愿望与回归大自然意识之间的心理冲突。现代生活环境对人体健康的一些消极影响，使越来越多的人（特别是生活在大城市中的人）意识到回归大自然的必要，外出旅游度假的人数逐年递增，这也势必影响观众的收视时间。面对以上挑战，电视台要采取积极态度，为电视事业的持续发展制订新的战略措施。比如，面对国际互联网的挑战，电视台可采取突出特长、兼收并蓄的策略，以与互联网联姻的方式，“你中有我，我中有你”，让电视台和互联网的优势互利互补。

8. 技术设备对收视行为的影响

观众不是被动收视，有意识、有选择、有目的地收看电视已成为普遍现象。而一户多机等技术条件为观众选择频道提供了更多的方便，在一定程度上缓解了家庭成员之间为争夺频道而产生的矛盾。“一户多机”指的是一个家庭有两台以上的电视机。据本次调查的数据显示，我国家庭中，拥有两台黑白电视机的占1%，拥有两台彩色电视机的占4.7%。可以预料，随着城乡居民居住条件的改善，一户多机将成为一种发展趋势。这种趋势与电视节目向频道专业化转换是相辅相成的。未来的观众将有更大的选择余地，看电视将由以家庭集体行为为主向以个人行为为主的方向转化。

（六）观众参与电视传播活动状况

观众不满足于被动接受电视等大众传媒的信息，他们还有强烈地参与电视传播活动的欲望。观众的参与和反馈是大众传播链条中的一个重要环节。观众在参与和反馈的同时也能扩大电视节目的影响。一部有影响的电视连续剧在播出过程中，通过观众街谈巷议、人际传播，会产生轰动效应，观众介入参与是办好电视的重要条件。

1. 观众参与电视节目的形式多种多样

本次调查问卷中列举了12个参与项目，让观众进行填答，调查结果显示，参加过“由电视台组织的有奖竞猜活动”的比例最高(1.7%)，其他参与的情况是：1.1%的人“接受过电视台的采访”，1.1%的人“做过电视台的现场观众”，1%的观众“通过写信打电话等方式对电视节目提出表扬、批评和建议”，1%的观众“通过电视直销购物”。其他的活动还包括：“通过节目热线点播或参与电视节目”(0.9%)、“给电视台提供新闻线索”(0.7%)、“参加观众座谈会或联谊会”(0.5%)、“担任电视节目监视员、信息员”(0.3%)、“当电视台的特邀主持人或嘉宾”(0.1%)、“提供家庭录像”(0.1%)、其他(0.4%)。

订阅电视报刊，也是观众参与电视传播活动的一种形式。《中国电视报》订阅数逐年递增，从一个侧面反映出观众参与电视的强烈意识。许多电视台的栏目还在互联网上公布征询告示、收集新闻信息、联络热心观众，成为观众参与电视传播活动的一种新形式。

观众信箱、观众论坛等栏目，也可激励观众的参与热情。播出并回答观众的信件、电话，请观众代表上屏幕一起办节目，使节目内容形式更为灵活。各栏目举办的各种活动，如座谈、知识竞赛、征文、文艺晚会等活动，也会产生类似的效果，既扩大栏目、节目的影响，又密切了同观众的联系。①

电视的现场直播更能体现出电视对观众的贴近性、观众对电视的参与性。电视的现场直播，可使观众产生临近感、参与感，调动和激发观众的情感，产生共鸣。

2. 谈论电视成为当前的一种社会时尚

人们一般在什么情况下跟别人谈论电视节目呢？本次调查问卷列举了14项可能会引起观众谈论电视节目的原因，让被访者填答。调查数据表明，电视节目中的许多细节都可能成为人们谈论的诱因，哪怕是节目主持人或嘉宾的发型、服装和饰物也会成为观众的话题。调查结果显示，人们谈论电视最主要的诱因是“电视台披露了社会上的某个热点焦点问题”(60.94%)，其他诱因依次为：46.76%的人是因为“某个影视剧情节曲折，扣人心弦”，45.11%的人是因为

① 朱羽君、王纪言、钟大年主编：《中国应用电视学》，60页，北京：北京师范大学出版社，1993。

“某个节目在社会上引起了轰动效应”，29.44%的人是因为“某个节目有深刻的思想内涵，打动人心”，21.85%的是因为“对某个节目的主题歌或插曲感兴趣”，16.57%的人是因为“对某个明星喜欢或反感”等。不少人以对电视了解得多为荣，谈论电视已经成为一种社会时尚。

交互分析显示，男性观众更因为“电视台披露了社会上的某个热点焦点问题”（54.5%）、“某个节目在社会上产生了轰动效应”（54%）而收看电视节目，女性观众在以上两项的比例分别为45.5%和46%。而女性观众则更容易因为对主持人或嘉宾的发型、服饰、饰物的兴趣（75.3%），对明星的好恶（55.1%），对节目主题歌或插曲感兴趣（53.7%），喜欢主持人或嘉宾的风格（52.1%）等原因收看电视；而男性观众在以上四项上选择的比例分别为24.7%，44.9%，46.3%和47.9%。

以上引起人们谈论电视的某些诱因有时还会发生交互作用，比如影视剧中主人公坎坷的命运、跌宕曲折的故事情节往往会成为牵动人心的关键；同时，电视剧中精彩的画面、台词，深邃的思想内涵以及摄人心魄的主题歌和插曲也能引发观众相互交流的欲望。

从另外一个角度看，观众谈论电视节目也是其收视行为的一种延伸。交谈是人们相互沟通的主要方式，自从出现了电视，人们日常生活中的话题又多了一个。在电视机日益普及的今天，电视更成为人们日常交谈的话题，谈论电视有助于人们对电视节目的进一步理解，扩人电视的传播效果。

3. 观众参与电视节目，是社会民主化进步的一种标志

观众参与电视传播活动，实质上是人际交流活动的扩展，但是又不同于一般意义上的人际交流。一般意义上的人际交流，范围较窄，主要局限于亲朋好友、同学、同事。而通过参与电视传播而产生的人际交流，往往能够打破原有人际交往的圈子，使人们所阐发的意见、思想更深刻，影响的范围更广，难怪有学者断言：电视是所有大众传媒中最便于实现人际交流的媒介。

从加强交流沟通、促进全社会协调发展的角度来看，电视中对话、访谈类节目以及纪实性节目中大量展现的人际交流的活动，对于促进“上情下达、下情上达、左右沟通、相互理解”具有明显的效果。

观众直接或间接地参与电视节目，能够收到增强凝聚力、疏导舆论等一系列社会效果，是社会民主化的一种进步。党和政府通过观众反馈上来的信息，可以更好地修订方针和政策，更好地开展工作。如

和电视事业的发展，观众的收视动机发生了明显变化（如表 7-6 所示）：

1. 了解世界、获取信息已成为观众收看电视的首要动机

在 1992 年的全国电视观众抽样调查中，“娱乐消遣”是观众收看电视的首要动机。而时隔五年，电视在观众心目中的定位发生了明显的变化。“了解国内外时事”已超过“娱乐消遣”、“增长见闻”而成为观众收看电视的首要动机。“了解党和国家的各种方针政策”也由 1992 年的第 4 位跃升为观众收看电视第 2 位重要的动机。更为有意义的是，在本次调查中，所列的 11 项收视动机中，排名前 6 位的大部分是与获取信息、了解世界相关联的收视动机。可以说，就总体而言，观众的收视行为主要以信息为指向，具有较强自主性、导向性的活动。

“了解国内外时事”是各类观众一致的首要动机。进一步分析各类观众收视动机的特点发现，“了解国内外时事”在不同年龄、不同性别、不同文化、不同职业、不同地区以及城乡观众中均占有重要地位，新闻节目已成为全民一致的收视热点。增强新闻报道的可视性，改进新闻报道，应是各级电视台强化自身竞争优势的有效手段。

当然，不同类型观众对新闻的关注依然存在明显的差异。以“了解国内外时事”为例，调查进一步分析了不同观众在新闻上的不同取向。可以看到：成人观众的收视动机强于年轻观众；东西部地区观众的收视动机强于中部地区的观众；男性观众的收视动机略强于女性观众；城市观众的收视动机略强于农村观众；文化层次较高的观众收视动机强于文化层次较低的观众；商业服务人员、学生的收视动机在各类职业观众中相对较低；经济状况较好的观众收视动机强于低收入观众。

观众的收视动机在五年之间之所以发生如此大的变化，主要有两方面原因：一方面与大环境的变化密切相关，当“信息爆炸”从一个抽象的概念，变为一种具体的、身边的社会现实时；当社会从计划经济向市场经济转型，信息在人们的工作生活中发挥着日益重要的作用时；当信息转化为一个庞大的市场，一个庞大的产业，创造出微软、英特尔等商业奇迹时，人们对信息的渴求与依赖也就越来越明显。另一方面，与我国各级电视台的自身定位与努力密不可分。自 1993 年起，中央电视台强化了新闻节目的地位，中央电视台 1 套节目被定位为以新闻为主的精品频道，整点新闻滚动播出次数由原来的 11 次增加到 13 次，且均实现了现场直播。新闻的时效性、信息量及新闻报道的深度均有了明显的改善与加强。各地方台在这方面也付出了很大努力，进行了大胆的尝试，在时事新闻不占优势的情况下，各地方台在黄金时段强化了各自的地方新闻节目，并且加大了在体育新闻和体育赛事直播方面的投入。这些均是促成观众收视动机发生明显变化的最直接动因。电视新闻地位的强化、电视新闻制作技术及新闻内容的提高，以及电视新闻图文并茂的优势，使电视成为最受观众青睐的新闻媒体。

2. 娱乐消遣依旧是观众收看电视的重要目的

尽管娱乐消遣不再是观众收看电视的首要动机，但依旧是影响观众收看行为的重要因素。也就是说，除了了解世界、获取信息的功能外，电视的消遣娱乐功能依旧是观众极为看重的。这一点在特定观众群体中表现尤其突出。

分析不同类型观众在该项收视动机上的选择取向，可以看到：年轻观众娱乐消遣的收视动机强于成年观众；华南地区的观众娱乐消遣的收视动机强于其他地区的观众；女性观众娱乐消遣的收视动机强于男性观众；农村观众的娱乐消遣收视动机强于城市观众；文化程度较低的观众的娱乐消遣收视动机强于文化程度较高的观众；收入较低的观众娱乐消遣的收视动机强于收入较高的观众；相对而言，工人、商业服务业人员、农民、个体劳动者、待业无业人员、公司职员也均较看重电视的娱乐消遣功能。

3. 学习各种知识是青少年观众收看电视的重要目的

我们看到，在 13 ～ 18 岁年龄段收视动机排序中，“学习各种知识”的动机得分仅次于“了解国内外时事”，位居第二。而与其他年龄段观众相比较，青少年在“学习各种知识”上的动机得分明显高于其他年龄段观众。这说明，当越来越多的青少年成为伴随电视成长的一代时，电视在青少年的生活中也相比以往占据着更为重要的地位，电视已成为青少年获取信息、掌握知识的很重要的渠道。这给电视工作者提出了更高的要求，如何在电视屏幕上为青少年提供更多更好的精品节目，营造健康成长的良好环境，为青少年观众提供更好的寓教于乐的第二课堂，是所有电视工作者必须面对的课题。

4. 了解商品信息依然未能成为观众收看电视的主要动机

从 1992 年到 1997 年，我国在迈向市场经济的道路上又前进了一大步，尽管中央电视台以及各地方台加大了各类经济和商品服务类栏目的力度，但我们看到，与 1992 年的全国调查结果一样，“了解商品信息”在各项收视动机的排序中依然居于较后的名次。究其原因，可能和以下几个方面存在一定关系：首先，商品观念与经商意识依然是特定区域特定群体的热门话题，尚未成为全民的共同意识，大多数人尚未以此作为收视的主要动机。其次，广告也是一个不容忽视的因素，当众多广告商把浓重的商业目的寄托于观众身上的时候，很多观众却把收看电视广告倾向于非商业性的目的，如何将电视广告的可视性与商业目的更加有机地结合起来是进一步提高电视商品信息传播效果的措施之一。

进一步分析不同群体“了解商品信息”的动机差异发现，部分群体的这种收视动机还是较强的。比如，年轻观众的收视动机强于老年观众，华南地区观众的收视动机强于其他地区的观众，经济发达地区的观众的收视动机强于经济不发达地区的观众，女性观众的收视动机强于男性观众，城市观众的收视动机强于农村观众；观众“了解商品信息”的收视动机随其文化层次及收入的增高而增强。

（二）观众的收视兴趣

兴趣是人对特定事物和活动的心理倾向。人对有兴趣的事物总是心驰神往，优先给予注意。在收视过程中，人们的收视兴趣具有非常重要的作用，它决定着人们对特定节目的选择情况和收看某节目的持续性状况。本次调查考察了观众对不同节目类型的收视频度及观众对影视节目的偏好的主观评定情况。

1. 节目类型和观众的收视兴趣

在调查中列出了常见的20类节目，请观众对其收看频度予以判断，最后计算出各类节目收看频度的算数平均值，如表7-7所示。

表7-7　观众对不同类型节目收视频度一览表

节目类型	1997年收视频度	1997年排序	1992年收视频度	1992年排序
影视类	3.75	1	3.67	1
新闻节目类	3.65	2	3.56	2
综合文艺类	3.27	3	3.49	3
新闻评论类	3.10	4	–	–
法制节目类	2.89	5	–	–
专题节目类	2.69	6	2.85	5
体育节目类	2.64	7	3.20	4
戏曲节目类	2.58	8	2.78	6
知识竞赛类	2.54	9	–	–

续表

节目类型	1997年收视频度	1997年排序	1992年收视频度	1992年排序
军事节目类	2.54	10	–	–
农村和农业节目类	2.52	11	–	–
科技节目类	2.47	12	–	–
经济节目类	2.42	13	2.58	7
妇女节目类	2.36	14	–	–
环境保护节目类	2.35	15	–	–
广告节目类	2.25	16	–	–
少儿节目类	2.22	17	–	–
动画片类	2.19	18	2.53	8
老年人节目类	2.18	19	–	–
教育讲座类	1.99	20	2.07	9

（1）不同类型观众对各类节目的收视兴趣存在差异

就可比项目而言，本次调查结果与1992年的基本一致。影视剧、新闻节目类、综合文艺类节目是观众收看较多的节目类型，而其他专项类节目收看频度则相对较少。这一方面是由于观众对各类节目收视兴趣不同；另一方面则与各类节目的播放频度有关，在电视台播放节目总量中占有较大比重的节目（如：综艺节目、新闻、影视类节目）观众的收视频度也就较高，反之则较少。因此各类节目收视频度的排序并不能绝对反映观众对各类节目的兴趣程度。但是通过比较不同类型观众对各类节目的收视情况，却能发现不同类型观众对各类节目的兴趣差异。

①影视类节目

对影视剧节目，各类观众收视频度都非常高。这与观众对影视类节目所抱的较强的收视动机成正相关。相比较而言，在各类观众中，19～30岁的青年观众收视兴趣相对要高一些；女性收看兴趣高于男性；农村观众收看兴趣高于城市观众；中低文化程度观众兴趣高于高文化层次观众；而就作息规律来比较，工作时间不固定的观众的收视兴趣相对要更浓一些。

②综合文艺类节目

对综合文艺类节目的收视兴趣基本随年龄的增长而降低，年轻观众收视兴趣浓于成年观众。女性观众的收视兴趣高于男性观众；城市观众收视兴趣高于农村观众；文化程度较高的观众收视兴趣高于文化程度较低的观众；收入较多的观众收视兴趣高于低收入观众；而就作息规律而言，正常上班和没工作的观众收视兴趣相对要高。

③新闻及新闻评论类节目

不同类型观众在这两类节目上的收视规律基本一致：对新闻及新闻评论类节目的兴趣基本随年龄的增长而增长；男性观众的收视兴趣高于女性观众；城市观众的收视兴趣高于农村观众；收入较高的观众收视情况好于收入较低的观众；并且随文化程度的增高，观众的收视兴趣也渐渐浓厚。而就作息规律而言，工作时间正常或有规律的观众收视兴趣高于时间不固定的观众。

④经济类节目

成人观众对经济类节目的收视兴趣高于青少年观众；男性观众收视兴趣高于女性观众；城市观众的收视兴趣高于农村观众；收入较高的观众的收视兴趣高于收入较低的观众；而随文化程度的提高，观众的收视兴趣也渐渐浓厚。另外，工作时间规律与否也是影响观众收视的因素，正常上班的观众对经济节目的收视频度相对要高。

⑤体育类节目

对体育节目的收视兴趣基本随年龄的增长而递减，青年观众的收视兴趣较浓。男性观众的收视兴趣高于女性观众；城市观众收视兴趣高于农村观众；经济状况较好的观众收视兴趣高于经济状况较差的观众；随文化程度的增高，观众对体育节目的收视兴趣也渐渐浓厚。相对而言，作息时间的规律性也是影响观众收视情况的重要因素，正常上班的观众收视频度相对要高。

⑥动画片及少儿类节目

这两类节目的对象性较强，主要的兴趣观众是13～18岁的青少年观众，因而在本次调查中，总体观众对它们的收视排序相对靠后。而在这些对象观众中，女性观众的收视频度（2.92）明显高于男性观众（2.60）；城市观众的收视频度（2.81）高于农村观众（2.75）。

综上所述，我们看到不同观众对各类节目的收视兴趣存在明显的差异。性别、年龄、文化程度、经济状况及观众的城乡分布和工作学习时间的规律程度等因素都会影响观众对各类节目的选择收看。因而在各类节目的编播制作过程中，尤其在栏目的先期策划和定位中，加强对象观众的特性分析研究将会有助于节目赢得更多的较为稳定的观众。

(2) 观众对不同类型节目的收视频度与观众对特定电视频道的收视情况存在一定的相关

不同观众对不同类型节目的收视频度存在一定的差异，那么这种差异和观众收看特定频道的状况存在怎样的关系呢？观众对各类节目的收视频度与收看中央及地方电视台的大部分频道的状况都存在一定程度的相关，只是相关程度存在一定程度的差异。如表7-8所示：除农村和农业节目以外，大部分节目的收看频度都与观众对中央台特定频道的收看状况存在明显的关联。这在一定程度上说明，中央电视台的各个频道已基本形成了自身的特色，为观众所接受，并对观众的收视行为产生了影响。

表7-8 部分节目与其最高相关频道相关对应表

节目类型	相关最高频道	相关系数①
影视类	中央6套	0.256
新闻节目类	中央1套	0.388
综合文艺类	中央8套	0.207
新闻评论类	中央1套	0.362
专题节目类	中央1套	0.281
体育节目类	中央5套	0.538
戏曲节目类	中央3套	0.190
军事节目类	中央7套	0.257
农村和农业节目类	县电视台	0.277
经济节目类	中央2套	0.299
少儿节目类	中央7套	0.222
动画片类	中央7套	0.138

2. 观众对影视节目的偏好分析

(1) 国产电视剧

随着电视事业的发展，我国国产电视剧的数量和质量都有了明显

① 相关系数表示两个变量之间关联程度，在0～1之间，越接近1，说明两个变量之间的关系越密切。

的提高。本次调查列出了近年来播出过的26部反映较强烈的电视剧(包括连续剧和单本剧)，请观众根据他们对各剧的喜欢程度进行5级评定。

①观众对近年来播出的26部电视剧基本持肯定态度

由表7-9看到，在26部电视剧中，观众总的是持肯定态度的，对各部电视剧观众的喜爱度评分均在中性评分“3”分以上。其中受观众喜爱的前5部电视剧是:《宰相刘罗锅》、《包青天》、《“9.18”大案纪实》、《英雄无悔》、《苍天在上》；而观众喜爱程度相对靠后的5部电视剧为:《海马歌舞厅》、《雪震》、《太阳小队》、《花帜》、《蓝色旅途》。

表7-9 观众对近年来播出的电视剧的喜爱程度一览表

影视剧名称	喜爱程度	排 序
《三国演义》	3.75	7
《武则天》	3.72	8
《英雄无悔》	3.94	4
《苍天在上》	3.80	5
《咱爸咱妈》	3.60	11
《西部警察》	3.60	11
《宰相刘罗锅》	4.25	1
《我爱我家》	3.40	18
《北京人在纽约》	3.54	14
《年轮》	3.57	13
《趟过男人河的女人》	3.51	15
《孽债》	3.62	10
《孔繁森》	3.78	6
《遵义会议》	3.69	9
《包青天》	4.06	2
《蓝色旅途》	3.26	22
《凤凰琴》	3.33	20
《“9.18”大案纪实》	3.99	3
《花帜》	3.16	23

续表

影视剧名称	喜爱程度	排 序
《海马歌舞厅》	3.01	26
《雪震》	3.08	25
《过把瘾》	3.47	17
《家有仙妻》	3.37	19
《太阳小队》	3.09	24
《燃烧的烛光》	3.28	21
《少年特工》	3.50	16

古典题材的电视连续剧有《宰相刘罗锅》、《包青天》、《武则天》、《三国演义》等，尽管数量不多，但由于选题都是各种人们熟悉的历史题材，又经过电视这一现代传播工具的演绎发挥，受到各种观众的喜爱是可以理解的。

在本次调查中观众对电视短剧的反应较为平淡，原因有三：第一和题材的对象性、收视面较窄有关，如《太阳小队》、《少年特工》均是青少年题材的片子；第二，和观众的收视习惯有关：在黄金时段的电视剧档，观众似已适应大部头连续剧的撞击，愿意随情节在一段时间里编织自己的牵挂，在黄金时间播出的这些电视短剧，尽管艺术水平不低，但由于时间短，对观众的影响力相对要弱一些；第三，本次调查是事后回忆评价，观众主要根据各剧内容情节在其脑海中沉淀下来的印象来判定，短剧相对较弱的影响力便进一步体现了出来。

②不同类型电视剧的观众结构存在差异

进一步分析不同观众对不同电视剧的喜爱程度所存在的差异，可以发现以下特点：对于《宰相刘罗锅》观众的喜爱程度不仅是最高的，而且由于该剧适合于各种类型观众的口味，不同观众对其喜爱程度差异也不大。对于纪实性电视连续剧《“9.18”大案纪实》，城市观众较农村观众更为喜欢；男性较女性更为喜欢；成年观众较少年观众更为喜欢；并且观众对该剧的喜爱程度随观众文化程度的提高而上升。对于根据古典四大名著之一拍摄的电视连续剧《三国演义》不同观众的喜爱程度也存在差异：城市观众喜爱程度高于农村观众；男性观众高于女性观众；并且观众对该剧的喜爱随其年龄及文化程度的增长而提高。对于现代题材的电视连续剧的代表《英雄无悔》，不同观众的喜爱程度也存在差异，但差异并不像上述两类那么明显：城市观众高于农村观众；有文化观众高于不识字或初识字观众；但在性别和年龄维度上，观众的喜爱程度差异不明显。而对于较具代表性的电视短剧《凤凰琴》观众的喜爱程度也存在明显差异：青少年观众、女性观众、城市观众、文化程度较高的观众对该剧更为喜爱。

（2）国外影视剧

本次调查中列出了近年来播出的12部国外影视剧，让观众评定对各节目的喜爱程度，结果如表7-10所示。

表7-10　观众对近年来播出的国外影视剧喜爱程度一览表

节目名称	观众喜爱程度	排　序
《战争与和平》	3.44	1
《雾都孤儿》	3.32	2
《绝唱》	3.25	3
《安娜·卡列尼娜》	3.23	4
《谍中谍》	3.22	5
《母子情深》	3.20	6
《豪门恩怨》	3.19	7
《坎坷》	3.16	8
《静静的顿河》	3.16	8
《遗产奇案》	3.14	10
《遭遇落基山》	2.97	11
《最长的一日》	2.83	12

观众对近年来引进的外国影视剧基本持积极态度。除对《遭遇落基山》和《最长的一日》观众的态度偏于消极以外，对其他国外影视节目观众的态度基本上是积极的。

观众对外国影视剧的喜爱程度在总体上要低于对国内电视剧的喜爱程度，这说明与观众工作生活以及文化环境密切相关的影视题材对观众具有更强的吸引力。

但是外国的名著名片对观众的影响力依然较大，在观众喜爱的外国影视排名中，国外名著名片的排名基本居于前列。

不同类型观众对不同题材的外国影视片收视喜好存在差异：城市观众、文化层次较高的观众、经济收入较高的观众相对更为喜爱国外影视节目；年长的观众相对较为喜欢名著名片，而青年观众相对较为喜欢现代题材的节目；男性观众相对更为喜欢战争、历史类国外影视节目，而女性观众相对较为喜欢生活类题材的国外影视节目。

综上所述，既要看到观众收视偏好、兴趣上的共同性，也要看到不同观众对各类节目的收视兴趣存在明显的差异。性别、年龄、文化程度、经济状况及观众的城乡分布和工作学习时间的规律程度等因素都会影响观众对各类节目的选择收看。因此在各类节目的编播制作过程中，尤其在栏目的先期策划和定位中，加强对对象观众特性的分析研究将会有助于节目赢得较多的较为稳定的观众。

（三）观众对电视功能、作用的评价及态度

电视具有独特魅力，影响着社会舆论的导向，左右着人们的思想、行为、态度。因此对于电视工作者来说，分析研究观众对电视功能、作用的评价和态度，有利于冷静、正确地认识电视媒介的长处和短处，发扬长处，克服短处。那么在中国电视观众的心目中电视究竟占有多大的分量？评价如何？可从 1987 年、1992 年和 1997 年三次全国电视观众抽样调查中的分析比较中寻找答案。这些调查曾经分别就社会上流行的一些对电视的看法、电视所发挥的作用、电视广告等几个方面的问题测试观众的态度。

1. 观众对电视的基本评价

将社会上各种对电视的看法归纳如下：

表 7-11 观众对电视的看法

内容	1997 年调查		1992 年调查	
	平均分	排名	平均分	排名
电视丰富了人们的业余文化生活，满足人民的精神需要	4.058	1	4.41	1
电视节目中的不良情节容易让儿童模仿学坏	4.034	2	3.00	10
电视开阔了人们的眼界，使人们足不出户便知天下事	4.023	3	4.29	3
电视使不同国家、民族、地域的人们相互了解，促进了彼此之间的沟通和协作	4.005	4	4.30	2
儿童和青少年看电视过多影响视力和睡眠	3.945	5		
电视传播迅速、逼真、生动，对观众吸引力强	3.926	6	4.06	4

续表

内容	1997年调查		1992年调查	
	平均分	排名	平均分	排名
看电视使大家有了较多的话题，增进了人与人之间的相互了解，对家庭和社会有凝聚作用	3.899	7	3.98	6
电视在“两个文明”建设中的作用越来越大	3.874	8	–	
电视节目寓教于乐，是对青少年进行思想、品德和情感教育的好途径	3.807	9	–	
电视频道增多，有利于形成电视市场的竞争机制，有利于多出精品	3.718	10	–	
电视的普及改变了人民的生活习惯	3.604	11	–	
频道过多，使观众无所适从	3.034	12	–	
长期看电视，不利于观众养成动脑筋、勤思考的主动精神	3.021	13	2.58	11
看电视占去了大量时间，影响了亲朋邻里间的正常交往	2.684	14	2.38	13

(1) 电视观众对电视总的评价趋势是积极的，电视面临着一个较好的社会舆论环境

1997年的调查结果显示，在9项积极评价中①，有3项的平均得分在4分以上，它们是：“电视丰富了人们的业余文化生活，满足人们的精神需要”(4.058分)、“电视开阔观众的眼界，使人们足不出户便知天下事”(4.023分)、“电视使不同国家、民族、地域的人们相互了解，促进了彼此之间的沟通和协作”(4.005分)。其他6项积极评价的态度得分依次为“电视传播迅速、逼真、生动，对观众吸引力强”(3.926分)、“看电视使大家有了较多的话题，增进了人与人之间的相

① 调查列举了在社会流行的对电视的14种说法（其中积极评价9项。消极评价5项），又设计了5级量表（1=很不赞成，2=不赞成，3=说不好，4=赞成，5=很赞成，满分为5分）测试被访者的赞成程度。

互了解，对家庭和社会有凝聚作用”（3.899分）、“电视在‘两个文明’建设中的作用越来越大”（3.874分）、“电视节目寓教于乐，是对青少年进行思想、品德和情感教育的好途径”（3.807分）、“电视频道增多，有利于形成电视市场的竞争机制，有利于多出精品”（3.718分）、“电视的普及改变了人们的生活习惯”（3.604分），观众都给予较高的评价。即使积极评价中的最后一项的态度得分也偏向于“赞成”，这说明我国的电视观众对电视总的评价趋势是积极的，电视面临着一个较好的社会舆论环境。

1997年的调查结果显示，排在第1位的是“电视丰富了人们的业余文化生活，满足人民的精神需要”，和1992年的一致。但“电视开阔了人们的眼界，使人们足不出户便知天下事”排在了“电视使不同国家、民族、地域的人们相互了解，促进了彼此之间的沟通和协作”的前面，这与1992年的调查结果不同。这得归功于近几年来，栏目和频道的丰富，特别是中央台加大了新闻的报道量，增加了深度报道和现场同步报道，使人们足不出户就可领略天下事。

（2）电视文化影响人们生活方式和思维方式的变化

近十年来，随着电视对社会生活影响的不断扩大，电视文化对人们生活方式和思维方式的变化产生着一定的影响。在调查中，对“电视的普及普遍改变了人们的生活习惯”的赞成度已达63.73%，而不赞成度仅为10%。中青年观众对这种意见的赞成程度较老龄和低龄观众高；城市观众的赞成度较农村观众高；收入水平越高越赞成，生活在低收入家庭的观众赞成度最低（55.8%）。

（3）很多观众已经意识到电视可能给人们带来的负作用，尤其担忧电视可能给儿童和青少年成长带来若干不利影响

电视除了积极和正面的影响之外，也给社会带来了一定程度的负面影响。比如“电视节目中的不良情节容易让儿童模仿学坏”、“儿童和青少年看电视过多影响视力和睡眠（身心健康）”、“长期看电视，不利于观众养成动脑筋、勤思考的主动精神”、“看电视占去了大量时间，影响了亲朋邻里间的正常交往”等。其中观众反应最为强烈的是有关儿童和青少年的两个问题（有1项的态度得分超过了4分，另一项也接近4分）。这说明很多观众已经意识到电视可能给人们带来的负作用，尤其是担忧电视可能给儿童和青少年带来的若干不利影响。在这次调查中特别明显的是人们对“电视节目中的不良情节容易让儿童模仿学坏”这一看法的态度变化，在1992年的调查中，赞成这一观点的观众比例仅排名第10位，而1997年却跃居第2位。这不能不引起全

社会，特别是电视工作者的高度重视。冷静审视我国电视屏幕，脱、露的镜头以及两性之间过分亲热的镜头的确不少，在中国这个以传统文化思想处于支配地位的国度里，众多家长对由此对下一代可能产生的副作用有所担忧是完全可以理解的。调查结果显示，年龄越大，越赞成这种意见。除此之外，许多人还担心儿童和青少年过多看电视会对他们的身心健康产生的不良影响。这种担心也不是没有道理的。现在的儿童和青少年对电视的依赖越来越大，而这个年龄段正是一个人的身体生长发育的关键阶段，心理上自控力又比较弱，因此很容易由于看电视的时间过长而影响睡眠和视力，因此在1997年的调查中，有82.06%的被访者对“儿童和青少年看电视过多影响视力和睡眠”这一观点持赞成态度。电视作为目前影响力最大的一种大众传播媒介，认真研究并尽量避免或减少它所带来的不良作用，这是电视工作者已经面临而且不得不思考的一个问题。

当然，电视对儿童和青少年带来的积极影响也是很明显的，比如有73.46%的被访者对“电视节目寓教于乐，是对青少年进行思想、品德和情感教育的好途径”持赞成态度，而且是文化程度越高赞成度越高。电视传播对观众心理既有短期影响，又有长远影响。短期的影响效果，是指节目播出后引起的立竿见影的效果。所谓长远的影响效果，指电视节目日久天长对观众的社会道德观念、价值观、思想行为所产生的影响。因此，电视台既要抓电视节目的短期轰动效应和眼前的经济利益；同时也要进行辩证的冷思考，重视电视节目的社会效益，尤其应考虑到电视节目对儿童和青少年长期影响。

对电视带来的某些负面影响，人们的认识是不尽相同的。比如一种意见认为，电视能引起观众心理上的被动倾向，一些观众看电视，沉醉于欣赏节目，毫不费力地享受节目的内容，从而降低他们的推理能力，容易养成人云亦云、毫无选择的被动习惯。另一种观点则认为，电视有刺激观众的能力，使其发奋自强的作用。

研究还发现部分观众在电视认知上的不协调性。如有的观众不赞成多看电视，认为“儿童和青少年看电视过多影响视力和睡眠”，但是相关分析显示，持以上态度的观众自己看电视的时间并没有因此而减少，由此证明一部分观众在收视态度和收视行为上的矛盾，是认知不协调性的表现，从而造成动机、认知、态度与收视行为的矛盾冲突。

2. 观众对电视作用发挥程度的评价

表 7-12 观众对电视发挥作用的满意程度（比较满意和满意%）

	1997 年		1992 年		1987 年	
	满意度	名次	满意度	名次	满意度	名次
及时报道世界上发生的各种重大事件	89	1	89	1	81	2
发布党和国家的法令、法规、政策和方针	87	2	85	2	85	1
倡导社会公德，弘扬民族精神	83	3	83	4	74	3
满足人们娱乐消遣的需要	80	4	83	3	71	5
帮助人们了解经济政策和经济信息	79	5	81	5	61	8
给人以精神、艺术上的享受	78	6	–	–	–	–
传授和普及科学文化知识	76	7	80	6	73	4
介绍国内外优秀文化、体育、卫生等方面的动态和成就	73	8	79	8	65	7
反映人民群众的呼声	68	9	62	10	58	9
指导人们用先进的手段从事生产活动和管理	64	10	68	9	54	10
提供生活服务、引导消费	61	11	–	–	–	–
舆论监督的作用	60	12	–	–	–	–

电视的作用是多方面的，观众对其满意度也是有所区别的。

（1）观众对电视发挥的各项作用持满意态度

调查结果显示，观众对所列举 12 项内容的态度都倾向于“满意”的态度。其中评价最高的是“及时报道世界上发生的各种重大事件”

(4.09 分①)，这是对我国的电视新闻近些年来锐意改革，提高新闻时效性所取得的成绩给予了充分肯定。其他项目的平均得分依次是："发布党和国家的法令、法规、政策和方针"（4.04 分）；"倡导社会公德，弘扬民族精神"（3.97 分）；"给人以精神、艺术上的享受"、"帮助人们了解经济政策和经济信息"、"满足人们娱乐消遣的需要"（以上 3 项均为 3.87 分）；"介绍国内外优秀文化、体育、卫生等方面的动态和成就"、"传授和普及科学文化知识"（以上两项均为 3.80 分）；"指导人们用先进的手段从事生产活动和管理"、"反映人民群众的呼声"（以上两项均为 3.67 分）；"提供生活服务，引导消费"（3.56 分）；"舆论监督作用"（3.51 分）。

（2）电视在重大信息的传播上独领风骚

与 1992 年调查结果比较，观众对电视及时报道世界上发生的各种重大事件，发布党和国家的法令、法规、政策和方针的评价是最高的，和 5 年前一样排在第 1、第 2 位。其他的一些作用和 1992 年调查的情况也基本一致。

（3）电视节目应更贴近百姓生活，反映人民群众的呼声

研究发现，在"反映人民群众的呼声"上电视排在第 9 位，不满意的人占 13%，观众的满意度比 5 年前有所提高。电视台在这方面做出了有目共睹的努力，以《焦点访谈》为代表的一些访谈评论性节目在各电视台的出现，使社会上存在的一些热点问题（如社会治安、农民负担、社会再就业、反腐败、行业不正之风等）在电视屏幕上得到反映，很好地起到了舆论监督和导向作用。使电视与观众的联系更加密切。电视不仅仅是上令下达和宣传，而且能反映老百姓的所思、所想、所感，反映老百姓所面临的困难和问题。从观众的来信和来电中，电视台可以感受到他们对新闻媒体的依赖和信任，但数据也说明电视台在这方面还可以发挥更大的作用，还值得进一步的努力。

3. 观众对目前国内电视广告的评价和态度

我国电视台的节目经费主要依靠广告，广告是我国各级电视台的经济支柱，广告存在的必要性应该是毫无疑问的。但是好像它生来与观众就是一对冤家，如果向人们征询他们对电视台有什么意见，十有八九会说对电视广告有意见。

① 1997 年全国电视观众抽样调查问卷还列举了电视的 12 项功能，又设计了 5 级量表（1 = 很不满意，2 = 不满意，3 = 说不好，4 = 满意，5 = 很满意，满分为 5 分）测试被访者的满意程度。

表 7-13 观众对电视广告的态度

排序	内　容	平均分	赞成度（%）
1	目前电视广告的数量太多	4.070	84.52
2	现在化妆品广告太多了	4.009	81.50
3	广告对儿童的诱导作用不容忽视	3.953	79.75
4	电视公益广告有利于提高公民的社会公德意识	3.937	78.43
5	广告播出的长度和频率应适度	3.930	80.56
6	在节目中间插播广告损害节目的完整性	3.912	78.17
7	有的电视广告用语不规范，容易产生误导	3.799	72.85
8	名人做广告容易引起误导，影响人们对商品可靠性的准确判断	3.752	67.53
9	名人做广告影响名人形象	3.492	53.59
10	收看好的电视广告是一种艺术享受	3.437	56.19
11	近年来电视广告越做越好看	3.307	50.01
12	电视广告引导了人们的合理消费	3.167	39.27

那么目前观众对电视广告的意见集中在哪些方面呢？解答了这一问题，就能对症下药，采取有效措施缓解或者消除观众对电视广告的抵触情绪。

(1) 数量太多是观众对电视广告的总体印象

1997 年全国观众抽样调查结果显示，“目前电视广告的数量太多”、“现在化妆品广告太多了”是观众反映最为强烈的。根据 1987 年到 1997 年的 3 次调查结果的分析比较来看（见表 7-14），认为广告数量多了的观众 10 年来没有减少。与 1992 年的调查相比，1997 年的调查中认为广告数量多了的观众进一步增加了。

表 7-14 观众对电视广告数量的评价（%）

年份	数量少了	合适	数量多了
1987	2	25	73
1992	1.9	25	72.8
1997	7.71	7.77	84.52

从欣赏心理看，观众看电视主要是为了看节目，收看广告只是一种不得已的被动接受。近年来，随着频道的增加，播出量的增大，电视广告也相应地增加。广告已成为电视台赖以生存的主要经济来源，只要电视台播出节目，就要播出广告，这是观众不得不面对的现实。在调查中，认为广告数量少了的观众，1997 年较 1992 年有所增加，看来观众还是能接受这一现实的，虽然也是一种无奈。

（2）广告用语不规范将起到不好的示范作用

广告的用语对观众，特别是对于处于成长阶段的儿童来说有着语言示范作用。对“有的电视广告用语不规范，容易产生误导”观点表示赞许的比例到达 72.85%，“广告用语不规范”是近年来观众反映比较多的一个问题，文化程度越高，态度越强烈。广告对儿童的影响一直受到大家的重视，在 1997 年的调查中，有 79.75%的被访者对“广告对儿童的诱导作用不容忽视”这一观点表示赞同，在所列的 12 项选择中排在第 3 位。广告是儿童比较爱看的节目，其鲜艳、动感的画面，再配以优美的音乐和朗朗上口的广告用词，很能吸引小朋友的视线。正因为此，社会各界，尤其是家长们担心：电视广告中一些露骨的画面、不健康、不规范的用语会对下一代起不好的诱导作用。

（3）观众希望看到好的电视广告

好的广告起着一种视觉调节作用，观赏制作精良的广告确实是一种很好的艺术享受。本次调查中，有 1/3 的被访者对这种观点持赞成态度，小学文化以上人的赞成度超过了 50%。十年来，电视广告质量不断提高有目共睹。如表 7-15 所示，在 1997 年的调查中，有 50%的被访者认为“近年来电视广告越做越好看”，比五年前提高了近三分之一。当然我国的电视广告制作的水平和先进国家相比还有一定差距，还需要继续努力。

表 7-15　观众对电视广告质量的评价（%）

年　份	不好看（质量不好）	一般（说不好）	好看（质量不错）
1987	36	42	22
1992	21.3	59.5	19.2
1997	21.8	28.2	50

（4）电视广告可以发挥积极的社会作用

广告对观众的影响既有消极的一面，也有积极的作用，观众对电视公益广告持较高的赞许态度便是一例。近年来，电视公益广告不断发展和成熟，以生动、形象的画面来进行公共卫生、环保、尊老爱幼等社会公德、家庭美德方面的宣传和教育，取得了良好的社会效果。据报道，有关教师节和保护森林的两个公益广告1997年在亚太地区获了奖。我国是一个人口众多、幅员辽阔的国家，教育和文明程度差别很大，随着电视机的普及，受众面的不断扩大，电视公益广告在提高全民素质和精神文明中的作用肯定会越来越明显。当然，人们对公益广告的看法有所差异，调查发现，西部地区的观众对公益广告的赞成度要高于中部和东部地区，赞成度达83.8%。

（5）利用电视广告，积极引导消费

电视广告的目的是宣传产品，引导观众的消费，但现在观众最不满意的也是这一项，如表7-13所示，人们对“电视广告引导了人们的合理消费”这一观点的评价最低（赞成度为39.27%）。之所以产生这种结果，很大程度上与我国传统的经营销售观念有关。许多的消费者对“王婆卖瓜，自卖自夸”式的广告宣传将信将疑；还有的观众因为有过上当受骗的经历，而对电视广告产生厌恶情绪。客观地讲，由于我国仍处在社会主义市场经济的发育期，广告规范化管理还有待提高，个别广告确实存在着夸大其词的现象，虚假广告也时有发生，因而造成观众的不相信感。有的电视广告用名人做宣传，利用名人效应扩大影响，广告的名人效应确实不可低估。观众由对名人的喜爱而导致对产品的喜爱，爱屋及乌，拉近观众和产品之间的距离，乃是古今中外兜揽生意的惯用手段，但用名人做广告也不是一试就灵。据1997年调查显示，有67.53%的被访者对“名人做广告容易引起误导，影响人们对商品可靠性的准确判断”的观点表示赞成，从一个侧面攻破了“名人万能”的神话。虽然名人的知名度大，但如果不问产品质量，听任摆布，不符实际地宣传，既不能让观众相信产品，也会损害名人自身的形象。观众对“名人做广告影响名人形象”这一观点的赞成度超过了50%，但不同的年龄段反应差异较大，在调查中，61岁以上的人对这一观点表示赞同的比例最大（60%），而13～18岁观众的赞成度仅为41%。

总之，我国的电视台正在摸索一条符合社会主义市场经济规律的营运方式，如何把电视广告的宣传和广大电视观众的意愿结合起来，恰如其分地将广告的本质属性——商品属性，自然地融入人们日常生活之中，是摆在我国各级电视台面前的一个共同性的问题，应认真加以对待。

第八篇

2002年全国电视观众抽样调查分析报告

为了保证调查结果的客观、公正和准确，此次调查是中央电视台总编室委托中国科学院系统研究所、国家统计局农村调查总队、央视市场研究股份有限公司等机构共同完成的，具体组织实施分为四个部分：入户访问、问卷审核等项工作委托国家统计局农村调查总队承担；试调查、问卷整理、数据录入等项工作委托央视市场研究股份有限公司承担；调查的抽样设计以及结果数据的加权工作委托中国科学院系统研究所的冯士雍研究员负责；调查的总体设计方案、调查问卷的设计、调查问卷15%的电话复核、调查数据的统计分析等工作由中央电视台总编室观众联系处承担。为了保证调查工作的质量，中央电视台总编室先后召开过四次专家讨论会和论证会，对调查问卷内容、抽样设计方案进行反复推敲和论证。整个调查活动从筹备到公布调查结果历时一年。

本次调查问卷分为13岁以上（包括13岁）观众问卷和4～12岁观众问卷两个部分。13岁以上问卷的内容主要包括五个部分：（1）电视接收情况；（2）观众对电视的态度；（3）观众对电视台的态度和评价；（4）观众的作息规律和收视习惯；（5）被访问对象的背景资料。共有46道题。

本次调查的范围是全国31个省、自治区、直辖市（港澳台地区除外）中所有电视信号覆盖区域内，城乡家庭户中13岁以上（包括13岁）的可视居民（电视信号覆盖区域内，有收视条件的居民）以及4～12岁的儿童。包括有户籍的正式住户，也包括所有临时的或其他类型的住户，只要已在本居（村）委会内居住满6个月或预计居住6个月以上，都包括在内，但是不包括住在军营内的现役军人、集体户以及无固定住所的人口。

本次调查采用PPS抽样方法，把全国所有的区、县作为第一级抽样单位，并且确定了所在区县居委会、村委会的样本数量以及每个居（村）委会分配的具体样本数量。在95%置信度下，对比例型的目标量设计的绝对误差不超过1.28%。共抽中全国31个省、自治区、直辖市（港、澳、台除外）的11950个成人样本，实际回收有效问卷11760份，有效率为98.41%。儿童样本按照配额分配给各省，总样本量为2042人，其中有效问卷为2004份。调查员入户访谈的时间是2002年8月15日至9月15日。

根据电视信号覆盖率、实际有效样本量、城乡等因素，又对调查数据进行了加权处理。本次调查的统计分析，采用社会科学统计软件包（SPSS）。

表8-1 我国电视观众（13岁以上）的构成

性别	男	52.2%	女	47.8%
民族	汉	90.8%	其他	9.2%
城乡	城镇	39%	农村	61%
年龄	13～18岁	10.2%	19～30岁	17.1%
	31～40岁	27.6%	41～50岁	20.9%
	51～60岁	13.5%	61～70岁	7.9%
	71岁以上	2.8%		
文化程度	本科以上	1.9%	大专	5.3%
	中专、技校、职高	5.1%	高中	15.5%
	初中	43.3%	小学	21.8%
	不识字或初识字	7.1%		
职业	工人/服务人员	6.7%	管理人员/职员	5.1%
	公务员	2.8%	教师、医生等专业技术人员	3.0%
	学生	8.9%	军人/警察/武警	0.3%
	个体劳动者	6.2%	私营企业主	0.9%
	家庭主妇	3.9%	下岗/失业人员	2.6%
	离退休人员	6.5%	农民	52.5%
	其他	0.6%		

收入	城镇人均月收入（元）	829.2	城镇户均月收入（元）	1745
	农村人均年收入（元）	3741.2	农村户均年收入（元）	9339.9
婚姻状况	未婚	16.8%	已婚	80.2%
	其他	3%		
家庭类型	单身户	1.2%	一代户	11.6%
	两代户	62.4%	三代及三代以上户	24.7%
	其他	0.1%		
住房情况	一居室/一间房	5.4%	二居室/二间房	22.3%
	三居室/三间房	28.8%	四居室/四间房屋及以上	43.5%
房屋类型	平房	28.9%	楼房	40.7%
	自家独立的小院	29.5%	高档住宅别墅	0.2%
	其他	0.7%		

本次调查结果显示，本次调查样本的基本构成与我国自然人口构成（以第五次全国人口普查结果①为准）基本相仿，差异不大。

一、我国电视观众的基本状况

（一）观众数量

截止到2002年9月，我国4岁以上电视观众的总数为11.15亿人，占4岁以上全国人口的93.9%。

如图8-1所示，全国电视观众数量（4岁以上）比五年前增长了0.21亿人，增长幅度为1.9%（1997年较1992年的观众数量增长幅度为36%）。

（二）电视机数量

调查结果显示，我国城乡居民家庭中目前拥有的电视机总数为4.48亿台，其中彩色电视机3.43亿台，黑白电视机1.05亿台，带遥控器的电视机为2.62亿台。

---

① “五普”调查得出的人口构成的主要指标为：男性占总人口的51.63%，女性占总人口的48.37%；汉族占总人口的91.59%，少数民族占总人口的8.41%；城镇人口占总人口的36.09%，乡村人口占总人口的63.91%。

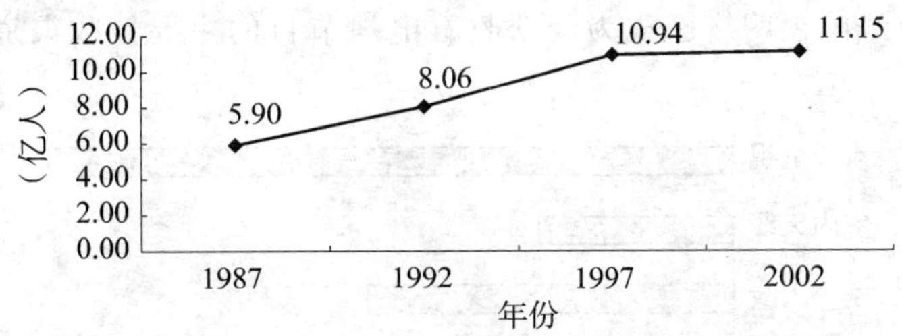

图 8-1　我国电视观众数量历年变化情况

全国电视观众平均每百户拥有黑白电视机 30 台，彩色电视机 97 台；城镇观众平均每百户拥有黑白电视机 12 台，彩色电视机 120 台；农村观众平均每百户拥有黑白电视机 41 台，彩色电视机 82 台。

如图 8-2 所示，彩色电视机的家庭拥有率比五年前增长了将近四成（39.3%）；带遥控器的电视机家庭拥有率也增长了将近四成（38%）；而黑白电视机的家庭拥有率则明显下降（比 1997 年下降了 37.7%）。

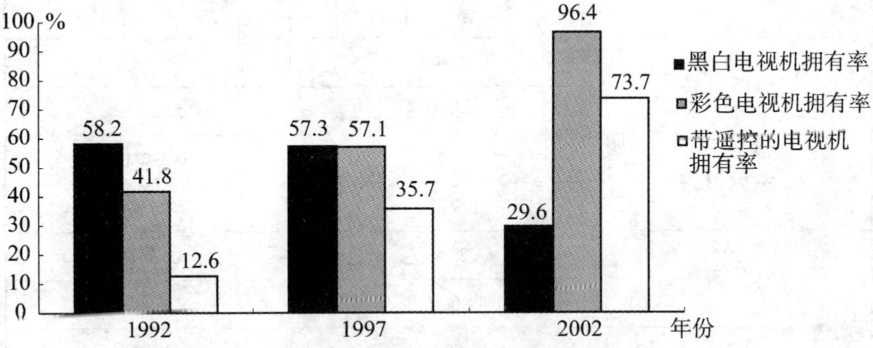

图 8-2　我国城乡居民家庭电视机拥有率历年变化

从图 8-2 我们可以看到：1992 年我国城乡居民家庭中黑白电视机的拥有率最高；1997 年我国城乡居民家庭中黑白电视机和彩色电视机的拥有率基本持平；而到了 2002 年，黑白电视机的拥有率已经大大降低，而彩色电视机的拥有率已接近户均一台。所有这些变化充分说明了我国城乡居民收看电视节目的物质条件已经有了明显的改善。

二、电视接收情况

（一）电视接收方式

调查数据显示，有 57.7%的观众是通过有线电视网络收看电视节目的。而在 1997 年调查时，这一比例为 34.5%，五年增长 23.2 个百分点。有线电视网络已成为观众收看电视节目的主要接收渠道（如图8-3所示）。

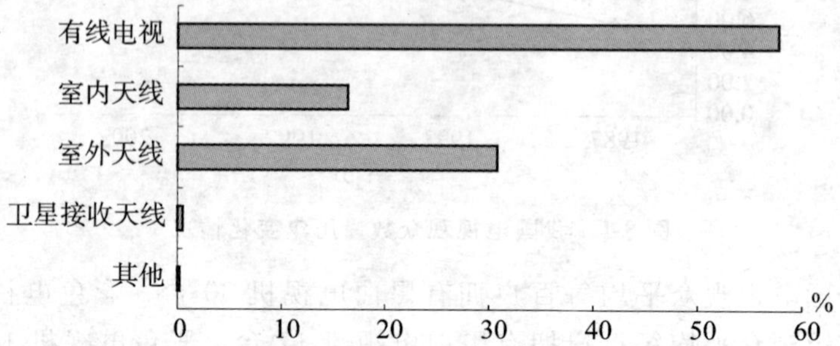

图 8-3 我国电视观众的接收方式

如表8-2所示，在采用有线电视方式收看电视的5.5亿观众中，城镇观众比农村观众多12.2%，城镇观众有线电视的普及率明显高于农村。

表 8-2 城乡观众在接收方式上的差异

	农 村	城 镇
有线电视	2.4 亿	3.1 亿
	43.9%	56.1%
室内天线	1.2 亿	0.36 亿
	77%	23%
室外天线	2.5 亿	0.4 亿
	86.2%	13.8%
其他方式	0.0168 亿	0.0051 亿
	76.7%	23.3%

（二）电视信号入户率

与五年前相比，中央电视台1套至8套的电视信号入户率均有不同程度的提高，增长幅度较大的是CCTV-3、CCTV-5、CCTV-6、CCTV-7、CCTV-8。1998年以后陆续开办的CCTV-9至CCTV-12电视信号入户率呈现良好发展势头。（参见图8-4）

与城镇比较，农村的电视信号入户率普遍偏低。相对而言，农村居民CCTV-1的电视信号入户率与城镇最为接近，差异不大。差距较大的表现在CCTV-3至CCTV-9和CCTV-11八个频道上。

如图 8-5 所示，西部省份①与沿海省份②比较，体现出三个特点：一是 CCTV－1 至 CCTV－9 以及 CCTV－11 的电视信号入户率，沿海省份要高于西部省份；二是 CCTV－10 在西部省份的电视信号入户率与沿海省份持平；三是 CCTV－12（西部频道）在西部省份的入户率明显要高于沿海省份。

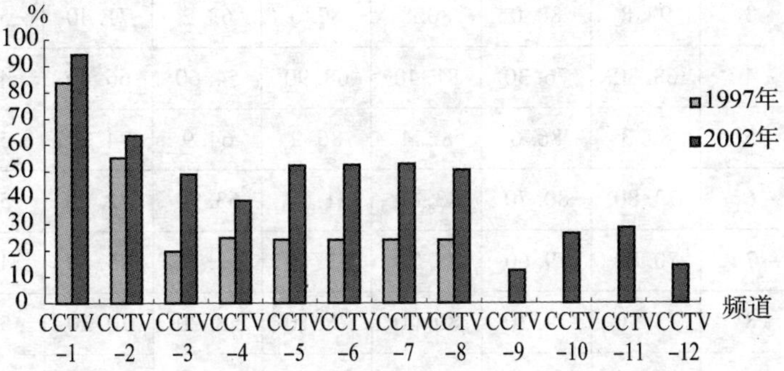

图 8-4　中央电视台各频道电视信号入户率

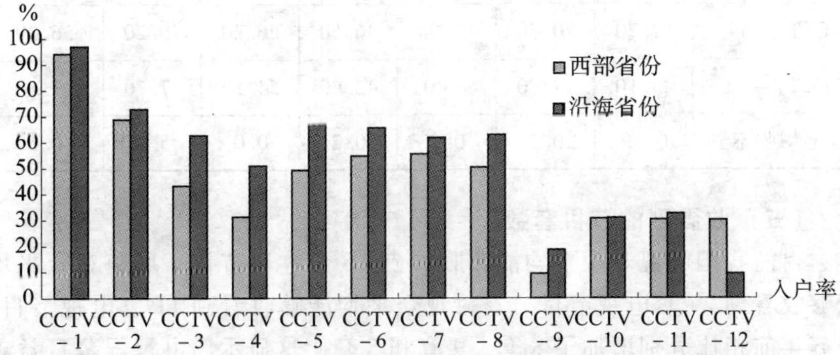

图 8-5　中央台各频道在西部省份与沿海省份入户率比较

如表 8-3 所示，CCTV－1 在北京等七城市的电视信号入户率均在 95％以上。

---

① 西部省份包括：内蒙古自治区、广西壮族自治区、重庆市、四川省、贵州省、云南省、西藏自治区、陕西省、甘肃省、青海省、宁夏回族自治区、新疆维吾尔自治区。

② 沿海省份包括：辽宁省、天津市、山东省、江苏省、上海市、浙江省、福建省、广东省。

表 8-3 中央台各频道各大城市电视信号入户率比较（%）

	北京	天津	上海	广州	成都	长沙	西安
CCTV－1	99.4	99.7	98.7	97.5	99.3	95.0	98.7
CCTV－2	94.4	94.3	82.4	82.1	58.3	88.2	58.4
CCTV－3	92.8	88.0	80.8	82.0	63.2	71.40	51.80
CCTV－4	68.30	76.30	81.40	68.90	54.60	66.40	42.40
CCTV－5	89.3	86.6	82.4	86.9	64.9	74.70	52.80
CCTV－6	73.80	80.70	83.40	81.10	63.90	72.80	50.70
CCTV－7	70.80	79.60	75.70	57.20	52.10	75.80	47.30
CCTV－8	73.30	79.30	80.00	78.70	58.20	70.30	50.70
CCTV－9	57.30	0.0	67.60	47.60	26.80	34.10	33.60
CCTV－10	64.60	67.60	72.40	47.80	52.60	62.60	35.10
CCTV－11	62.70	70.00	72.00	36.60	56.20	79.20	36.20
CCTV－12	44.10	17.70	1.40	42.60	54.10	17.70	37.60
以上均收不到	0.00	0.3	0.0	0.2	0.0	5.0	0.6

（三）收看到的节目套数

目前我国电视观众平均能够收看到 16 套电视节目，城镇观众平均能够收看到 24 套电视节目，农村观众平均能够收看到 11 套电视节目，与五年前相比分别增加了 8 套、9 套和 5 套。这显示出电视屏幕日益丰富多彩，电视观众选择收看的余地不断增加。近年来，电视事业发展迅猛，除了中央电视台拥有 12 套电视节目外，各省（自治区、直辖市）都有一个频道上星（省级上星频道电视信号入户率情况参见图 8-6），益智竞猜类、娱乐类等节目形态更加丰富，观众对节目有更多的选择余地。再加上有线网络和电视机的普及，尤其是带遥控器的电视机的大量增加（2002 年调查了解到 73.7%的家庭拥有带遥控器的电视机，较五年前翻了一番），遥控器掌握在观众的手中，观众可以随时转换频道和节目，观众对电视节目有了更多的选择权，可以说，我们迎来了一个“观众选择的时代”。

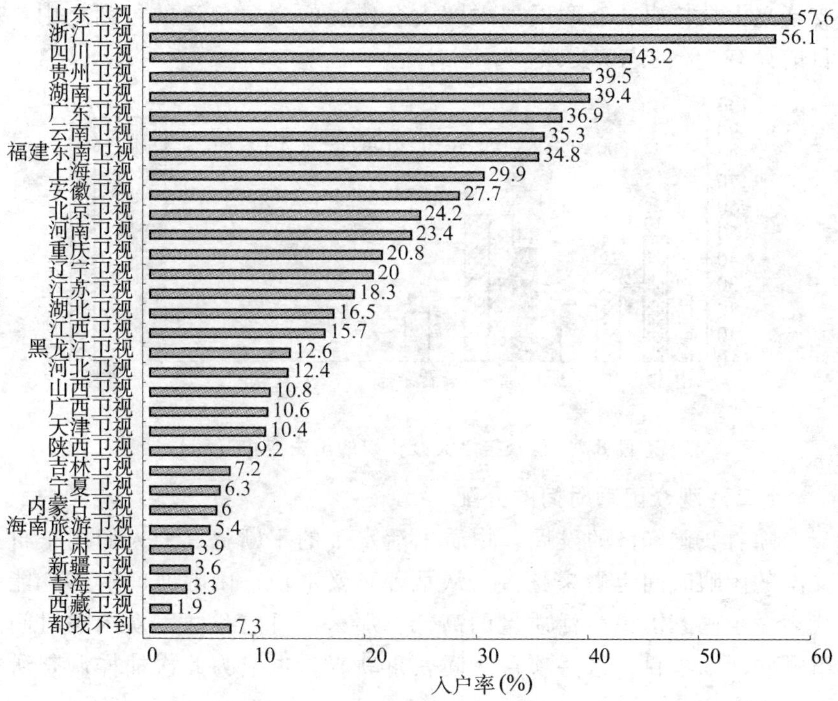

图 8-6 各省级卫视频道电视信号入户率

三、观众的收视行为

（一）电视在五大传播媒介中的位置

调查数据显示，95.8%的电视观众表示“经常”和“几乎每天”看电视，这一情况在前三次全国电视观众抽样调查中已被反复证明，显示出电视媒体在人们心目中的特殊位置，这一部分观众被称作“忠实型观众”。观众表示“经常”和“几乎每天”接触其他传媒的情况依次为：报纸（28.1%）、杂志（18.7%）、广播（13%）、互联网（2.8%）。

如图 8-7 所显示 1987 年至 2002 年的十五年间各大传播媒介吸引力变化的情况，反映出受众对于不同传媒的忠实程度。忠实电视观众的比例最高，十五年来一直保持在 94%以上的水平上，2002 年又比五年前提高了一个百分点；报纸忠实读者的比例在五年前达到了最高值，2002 年比五年前降低了两成，但在排序中却名列第 2；广播忠实听众的比例在十五年前以及十年前均排在第 2 位，但是在五年前开始呈现出下降趋势，到了 2002 年，已下降到 13%；作为近年来涌现出来的一支新兴大众传媒，互联网加入到大众传媒的竞争角逐的行列之中，但目前只有3%的忠实受众。

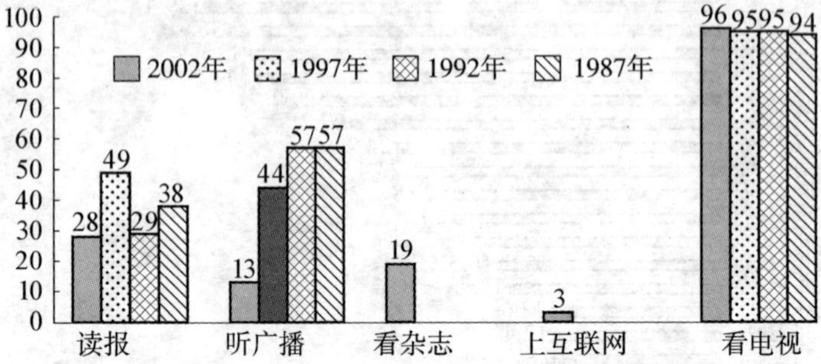

图8-7　观众接触大众传媒的历史变化（%）

（二）观众闲暇时间的分配

随着我国经济的发展，物质生活水平的不断提高，人们用来自由支配的闲暇时间也越来越多。从某种意义上说，闲暇时间的多少能够代表一个国家国民生活质量的高低。那么，目前我国民众闲暇时间从事哪些活动项目，这些项目之间孰重孰轻，也成为此次抽样调查所关注的内容之一。

从表8-4中，我们可以看到，2002年和1997年的两次全国调查中，"看电视"是观众闲暇时间里最常从事的活动项目，其他依次是"做家务"、"串门聊天"、"照顾孩子"、"看书"、"阅读报纸/杂志"、"逛街/购物"等。

表8-4　观众闲暇时间的活动安排

闲暇活动项目	2002年排序	1997年排序
看电视	1	1
做家务	2	2
串门聊天	3	4
照顾孩子	4	3
看书	5	5
阅读报纸/杂志	6	6
逛街/购物	7	8
打牌/下棋等	8	–

续表

闲暇活动项目	2002 年排序	1997 年排序
体育锻炼	9	12
饲养宠物，养花种草	10	–
欣赏音乐制品	11	11
听广播	12	7
看电影或看戏	13	14
外出旅游	14	16
练习音乐/书法/绘画/摄影等	15	13
其他	16	17
参观展览/博物馆等	17	16
参加舞会，去歌厅唱歌	18	–
上互联网	19	–

注："外出旅游"和"参观展览/博物馆"等排名并列，无第 15 名。

五年间，电视观众闲暇时间分配格局没有发生太大的变化，看电视仍然是人们日常闲暇时间中最主要的活动内容。

（三）收视时间

表 8-5　我国电视观众日均收视时间的历年变化

年份	周一到周五	周六、周日	一周平均
1992	–	–	118
1997	121	142	131
2002	164	198	174

目前我国电视观众每日收看电视的时间为 174 分钟，观众在周末的收视时间比平日多出 34 分钟。与五年前相比，我国电视观众每日平均收视时间增加了 43 分钟；与十年前相比，增加了 56 分钟。观众收视时间的增加受哪些因素的影响呢？

1．双休日制度的实行对收视时间的影响

根据国家劳动和社会保障部的有关资料记载，自 1995 年 5 月 1 日起，我国开始实行双休日制度，每周工作时间为 40 小时（在此之前，曾经试行过一段时间的轮休制，一周工作时间为 44 小时）。在一周之

内，观众可以自由支配的时间增加了一天，这样，水涨船高，观众收看电视的时间自然也会有所增加。

2．“五一”、“十一”长假制度的实行，对观众收视时间的增加产生积极影响

“五一”、“十一”的长假，观众的闲暇时间明显增加，收看电视的时间也相应得到了增加。日常收视率数据分析的结果也证实了这一判断。

除此之外，观众的收视时间长短还与以下两类因素有关：第一类因素涉及观众的性别、年龄、文化程度、职业、收入、居住条件等自然客观属性；第二类因素涉及收视心理、态度、评价、兴趣、目的等主观属性。观众的收视时间属于闲暇时间中的一部分，对于两者之间的内在关联，今后将进行进一步分析。

（四）观众的作息时间及规律

观众的作息时间及规律与电视节目编排之间有着密不可分的关系。只有了解和掌握了这层关系，才能促使电视台从依靠感觉来支配节目编排的时代跨越到依靠理性来支配节目编排的时代。

1．观众在工作日的作息时间

观众平时作息时间呈现出下面的规律：观众平日起床时间在早晨6:15左右最为集中，上班时间在早晨7:45左右最为集中，下班后到家时间在傍晚18:15左右最为集中，睡觉时间在晚上22:00至22:15最为集中。

进一步分析显示：在早晨起床时间峰值（6:15）与上班时间峰值（7:45）之间时间跨度为80分钟，从理论上讲，这80分钟应作为电视台重点开发的时段。观众的这种早间作息规律也证明了几年来中央电视台对早间时段开发决策的合理性和必要性。同样道理，在观众晚上到家时间峰值与就寝时间峰值之间也存在一段可供开发的时间，跨度长达四个小时。从理论上讲，这四个小时应当是电视台晚间重点开发的时段，而且实践证明，这是一天当中收视率最高、广告价值含金量最高的时段，一般被业内人士称之为“晚间黄金时间”。

如何进一步对这四个小时的时间进行合理配置，以便达到最佳的收视效果，是目前中央电视台面临的一个紧迫问题。2002年中央电视台总编室有关处室开展的“中央一套晚上黄金时间节目编排”的研究课题探索的正是这一问题。另外，这四个小时之外的时段，尽管收视潜力有限，但是也需要研究应对措施，这对于不断扩大央视节目的影响力，营造全天候电视节目服务的氛围，具有积极意义。

2．观众在平时与周末作息时间对比分析

先看看观众在早间的作息规律，观众周末与平日的作息时间二者存在一定的差异。平日观众起床最为集中的时间是在早晨6:15，比例高达45%，而周末在这段时间起床的观众比例仅为35%，减少了10%。

再看看观众在晚间的作息规律。前面已经提到，观众平日就寝最为集中的时间是22:15，比例为41%；而到了周末，在同一时间就寝的观众比例下降到了36%。观众在周末就寝最为集中的时间在22:45，比平日推迟了半个小时，这就意味着观众在周末的夜晚收看电视的时间要比平日长出半个小时。因此在周末的22:15～22:45安排一些观众喜闻乐见的节目，其收视率肯定要比平日高一些。调查数据还显示，周末在零点以后入睡的观众比例要比平日多一倍，这提示周末午夜稍晚时段也存在一批潜在的观众。

（五）影响观众收视行为的因素分析

在日常收视率分析中，我们经常用到观众“流入”、“流出”两个概念。所谓“流入”，就是指观众选择了某个频道，并在一定时间内锁定了某个节目；所谓“流出”，就是指观众由于某种原因转换了频道，继而选择了其他的频道或节目。本次调查，仍然设计了类似的问题。下面来看调查的结果。

1．哪些因素会促使观众选择某个节目

表8-6　影响观众收视选择的若干因素

原　　因	百分比(%)	结果排序	问卷序号
喜欢某个电视节目，到时间就会去收看	74.5	1	2
习惯收看某个频道，经常看这个频道中的节目	70	2	1
随便搜索，发现好的就看	64	3	3
家里其他人的喜好	42.9	4	6
电视上的节目预告	35.2	5	4
朋友同事的推荐	19.5	6	7
其他媒体上的节目预告或评论	9.9	7	5
其他	0.5	8	8

影响观众对电视节目的选择因素排序如表8-6，有将近3/4的电视观众选择节目的原因是“喜欢某个电视节目，到时间就会去收看”，显

示出电视节目的固定播出对于吸引观众的注意力的重要作用；当然，电视节目本身的质量也很重要，节目要想吸引观众的注意力，首先要让观众喜欢才行。

调查结果还显示，有70%的观众表示，他们选择收看某个电视频道和节目是因为他们“习惯收看某个频道，经常看这个频道中的节目”。这种情况反映出树立频道和栏目品牌效应的重要性。可以这样说，某个频道或者栏目一旦达到了让观众喜欢能够定时收看，并且形成了习惯这样一种境界，那么就能反映出这个频道或者栏目的品牌已经被树立起来了。

随着电视频道数量的增多和带遥控器功能的电视机数量的增加，使观众选择的余地大大提高，64%的电视观众养成了“随便搜索，发现好的就看”的收视习惯。

除此之外，家人集体意识的影响、节目预告等因素也是左右观众选择收视的重要因素。

2. 观众在什么情况下转换频道

我国城乡居民家庭中拥有带遥控器的电视机为2.62亿台，与五年前相比增长了38%，这就意味着观众手中有了遥控器，转换频道变得更容易了，选择电视节目时有了更多的自主权。观众为了搜寻到一个自己喜欢的电视节目，会不断地转换频道，在进行比较之后才确定收视。观众的注意力被某个频道和节目吸引，同时也就意味着其他频道和节目观众的流失。那么，究竟哪些因素会导致观众的中途流失（即在收看电视节目过程中突然放弃收看而转向别的频道或者干脆关掉电视机）？观众在什么情况下转换频道呢？

根据表8-7所反映的情况，笔者认为要达到把电视观众的注意力吸引到自己的频道和节目上来并将这种注意力尽量延长的目的，需要解决三个问题：

表8-7　观众中途放弃收看某个电视节目的主要原因

因　素	百分比（%）	结果排序	问卷序号
节目中插播的广告太多	83.7	1	2
节目播出时间和我的时间安排冲突	67.2	2	1
电视信号不好，看不清	60.6	3	7
节目内容没有意思	50.5	4	3

续表

因　素	百分比（%）	结果排序	问卷序号
遇上不太雅观的镜头，一家老少感到尴尬，不得不换频道	25.8	5	9
节目缺乏艺术性	15.8	6	4
播出的节目场面或情节过分紧张、刺激，精神上难以承受	9.5	7	8
对播音员或主持人不太喜欢	8.5	8	5
对节目的嘉宾不太喜欢	6.2	9	6
其他	0.7	10	10

第一，加强对节目中插播广告的规范化管理，使广告数量得到有效控制，并使广告质量不断得到提高。第二，尊重观众作息时间和作息规律，以此来编排节目，尽量避免节目播出表与观众作息规律之间的冲突。第三，继续加大“村村通”等措施，进一步扩大农村和边远地区电视信号的覆盖率，解决“电视信号不好，看不清”的问题。解决了以上三方面的问题，留住观众就会变为可能。

在此基础上，电视台还应进一步加强电视节目的思想性、艺术性和感染力，进一步加强对主持人、播音员的管理，提高他们的素质，加强对嘉宾的优选等，这样，观众就不会轻易地转换频道、转移视线、转移注意力，收视率就不会轻易地流失。

四、观众的收视心理

（一）观众的收视目的

由表8-8可见，“娱乐消遣”、“了解党和国家的各项方针政策”、“了解国内国际时事政治”、“增长见识”成为观众的主要收视目的。这与前三次全国电视观众抽样调查的结果基本相同。这说明，观众的收视目的有相当的稳定性。

表8-8　观众的收视目的

收视目的	百分比（%）	结果排序	问卷序号
娱乐消遣	75.4	1	8
了解党和国家的各项方针政策	72.4	2	1

续表

收视目的	百分比（%）	结果排序	问卷序号
了解国内时事、政治	57.6	3	2
了解国际时事、政治	57.6	4	3
增长见识	53.3	5	7
学习各种知识技能	34.4	6	6
没有特定目标，打发时间而已	24.6	7	9
了解商品信息	21.7	8	5
追求精神、艺术和情感上的享受	15.4	9	11
了解行业动态	13.4	10	4
消除孤独、寻求精神寄托、排解压力	8.3	11	10
其他	0.1	12	12

（二）观众的收视意向

前面曾对“观众中途放弃收视某个节目的原因”做过分析，其中一个主要原因就是“节目播出时间和我的时间安排冲突”。那么，观众根据自己的作息时间及规律，究竟想看到的是哪些电视节目呢？

1. 观众对各类电视节目的接触情况

此次调查采用5级量表，测试观众收看各类电视节目的接触程度。5＝必看，4＝经常看，3＝有时看，2＝很少看，1＝基本不看。平均值是观众对某类节目接触程度的集中指标，公式为［（5×必看的人数）＋（4×经常看的人数）＋（3×有时看的人数）＋（2×很少看的人数）＋（1×基本不看的人数）］／总样本数＝平均值。平均值越接近5，说明观众对此类节目的接触频率越高，而接触率的高低能够反映出观众对此类节目的兴趣高低、忠实度高低，能够使我们宏观把握各类节目在观众心目中所占的分量，便于对电视节目数量和比例进行总体规划，并作为节目时间编排的权重。表8-9是根据观众对各类节目接触频率的高低而排列的，观众收看较多的十种电视节目类型是：天气预报、国内新闻、电视剧、国际新闻、电影、大型直播类节目、综合文艺类节目、新闻评论类节目、法制类节目、歌舞音乐类节目。不论对中央电视台的节目还是对全国电视节目总体，这种排序都是一致的。

表 8-9　观众对各类节目接触程度排序

节目类型	接触程度	结果排序	问卷序号
天气预报	4.19	1	29
国内新闻	3.93	2	1
电视剧	3.89	3	10
国际新闻	3.64	4	2
电影	3.26	5	9
大型直播类节目	3.18	6	5
综合文艺类节目	3.16	7	6
新闻评论类节目	3.03	8	3
法制类节目	2.88	9	14
歌舞、音乐类节目	2.74	10	7
体育节目	2.6	11	22
动物、自然类节目	2.58	12	25
谈话类节目	2.53	13	4
农村、农业节目	2.47	14	20
戏曲、曲艺类节目	2.46	15	8
益智竞猜类节目	2.33	16	11
科技类节目	2.28	17	13
生活服务类节目	2.26	18	23
军事类节目	2.24	19	15
经济类节目	2.11	20	12
环境保护类节目	2.1	21	26
教育、教学类节目	2.09	22	21
公益广告	2.05	23	31
人物传记片	2.03	24	27
妇女类节目	1.96	25	16
老年人节目	1.94	26	17
少儿节目	1.94	27	18
商业广告	1.93	28	30
动画片	1.89	29	19
探险类节目	1.84	30	24
旅游节目	1.82	31	28
导视和形象宣传片	1.76	32	32
电视购物	1.54	33	33

这些观众接触率较高的节目类型，理所当然应该成为电视台重点开发、经营的目标和方向，不论是频道、栏目的设置，还是节目的选题和制作，都应该把握这个总目标和大方向；同时，这些观众喜闻乐见的节目类型也应当成为广告商和企业重点投放广告的地方。

当然，其余22类节目尽管名次靠后，但是它们的特长也不可忽视。前面已经谈到，电视观众的层次是丰富的，需求是多样化的，如果说前十类节目更适合大多数观众的欣赏口味的话，那么其余的节目类型更适合特定观众的需求。萝卜白菜各有所爱，因此对这一部分节目也应该加大扶持的力度。

2. 观众的选择意向

观众对各类节目的接触程度与观众对各类节目的收视需求和节目的播出量都有明显关联。为了了解哪些类节目是观众真正喜爱的节目，调查还让观众判断在各个时段中对各节目类别的收视选择意向，如表8-10所示。

表8-10 观众对不同类别节目的收视选择意向

排序	类别名称	各时段的观众累计选择比率（%）	排序	类别名称	各时段的观众累计选择比率（%）
1	电视剧	366	18	生活服务类节目	11.7
2	国内新闻	226.4	19	动物自然类节目	10.9
3	电影	178.3	20	科技类节目	10.8
4	国际新闻	111.6	21	少儿节目	10.7
5	天气预报	65.6	22	军事类节目	9.5
6	综合文艺类节目	58.8	23	妇女节目	9.1
7	法制类节目	35.4	24	老年人节目	7
8	戏剧、曲艺类节目	32.1	25	教育教学类节目	6.7
9	歌舞、音乐类节目	28.8	26	探险冒险类节目	4.3
10	体育节目	26.8	27	人物传记片	4.1
11	大型直播类节目	26.2	28	环境保护类节目	2.9
12	新闻评论类节目	25.7	29	旅游节目	2.5
13	农村、农业节目	20.4	30	商业广告	2.2
14	谈话类节目	18.1	31	公益广告	2.1
15	动画片	14.5	32	导视和形象宣传片	0.9
16	经济类节目	12.1	33	电视购物	0.8
17	益智竞猜类节目	11.8			

从表中可以看出在观众累计选择比率居前的节目类别中，电视剧、国内新闻、电影、国际新闻、天气预报、综合文艺、法制类节目、戏剧曲艺类节目、歌舞音乐类节目、体育节目居前十位。天气预报尽管在观众的接触程度上排名第一，有很多观众选择几乎每天都看，但由于观众收看天气预报的时间相对稳定，因此观众的累计选择比率相对要低一些。电视剧、国内新闻、电影、国际新闻的观众选择比率相对较高，这说明观众不仅对这些类别具有较强的收视意愿，而且这种意愿体现在多个时段。

而且观众的有效选择比率也主要集中在前几类节目中，它们与后面的节目类别比率相差较大，这说明这些节目类别之间，大众化程度相差较大。

3. 分时段的收视意向分析

单独分析各时段观众对各类节目的收视选择意向，我们发现，目前我国电视观众根据各自的作息规律而选择的电视节目种类相对来说还是比较集中的，不论是在工作日还是在周末排名前十位的节目类型均为：国内新闻、国际新闻、新闻评论类节目、谈话类节目、大型直播类节目、综合文艺类节目、歌舞和音乐类节目、戏剧和曲艺类节目、电影、电视剧。

表 8-11 观众在工作日不同时间的收视意向

	6:00～7:00	7:00～8:00	8:00～12:00	12:00～13:00	13:00～14:00	14:00～18:00	18:00～19:00	19:00～20:00	20:00～21:00	21:00～22:00	22:00～23:00	24:00以后
国内新闻	82.1	75	23.7	62.4	19.2	9.1	47.6	72	8.2	7.1	10.7	4.7
国际新闻	48.6	50.6	10.6	31.7	9.1	4.8	28.2	36.8	5.4	4.3	8.8	6.1
新闻评论类节目	5.3	6.5	3	5.1	6	2	3.3	4.7	3.4	2.6	1.7	6.4
谈话类节目	2	3.8	4.1	4.6	5.5	3.8	1.5	1.9	2.4	2.6	1.6	2
大型直播类节目	2.5	0.7	4.1	1.7	3.4	5	1.9	2.5	5.4	4	2.1	1.1
综合文艺类节目	2.8	3.4	10.6	5.5	9.6	13.3	5.4	3.8	11.9	9.6	5.7	2.7
歌舞、音乐类节目	3.2	3.8	4.1	4.9	4.8	8.1	4.2	2.1	4.1	4.6	4.6	2.2
戏剧、曲艺类节目	4.5	3.1	7.1	2.7	9.1	9.6	2.4	2.5	5.6	5.5	4.8	0.8
电影	4.9	5.6	36.1	11.4	27.5	34.6	10.4	9.8	37.8	38	37.7	37.8
电视剧	9.5	15	71.7	28.7	63.9	68.7	23.3	23.9	80.3	78.2	74.8	94.3

表 8-12　观众在周末不同时间的收视意向

	6:00～7:00	7:00～8:00	8:00～12:00	12:00～13:00	13:00～14:00	14:00～18:00	18:00～19:00	19:00～20:00	20:00～21:00	21:00～22:00	22:00～23:00	24:00以后
国内新闻	79.2	69.9	17.6	57.4	14.2	5.3	43.3	69.4	6.7	6.2	8.9	9.7
国际新闻	47.7	44.8	9.4	30.5	7.6	3.2	24.2	35.9	4.9	3.4	7.1	5.8
新闻评论类节目	4.6	8.6	3.5	5.2	6.6	1.6	3.3	5.1	3.2	2.0	2.1	5.8
谈话类节目	3.0	3.6	3.8	4.7	4.8	2.3	2.0	1.8	2.6	2.6	1.8	1.8
大型直播类节目	1.8	1.9	5.5	1.7	4.4	5.8	2.4	3.0	6.7	4.4	2.9	1.5
综合文艺类节目	3.9	5.5	13.6	6.3	11.9	13.3	6.7	5.7	13.6	10.7	7.6	8.3
歌舞、音乐类节目	4.1	5.4	4.7	5.6	4.9	8.0	3.7	2.6	5.3	5.4	5.1	3.0
戏曲、曲艺类节目	5.2	3.2	5.0	3.2	9.7	7.2	2.8	2.7	6.2	5.2	4.8	0.3
电影	4.5	7.4	36.1	11.4	29.8	35.9	11.4	10.1	37.3	39.1	41.0	46.4
电视剧	9.6	13.9	62.2	27.3	57.4	64.4	22.9	22.8	74.8	76.1	72.1	82.6

以新闻类节目和影视剧为例（如图 8-8 所示），观众收视意向的峰值分别出现在 19:00 和 21:15。另外，新闻节目在午间和早间还存在两个程度不同的收视高峰，影视剧从 8:30 至 15:00 之间存在一个时间跨度约为 6 个小时的收视高台。以上迹象可为新闻节目和影视剧的播出编排提供某些思路。

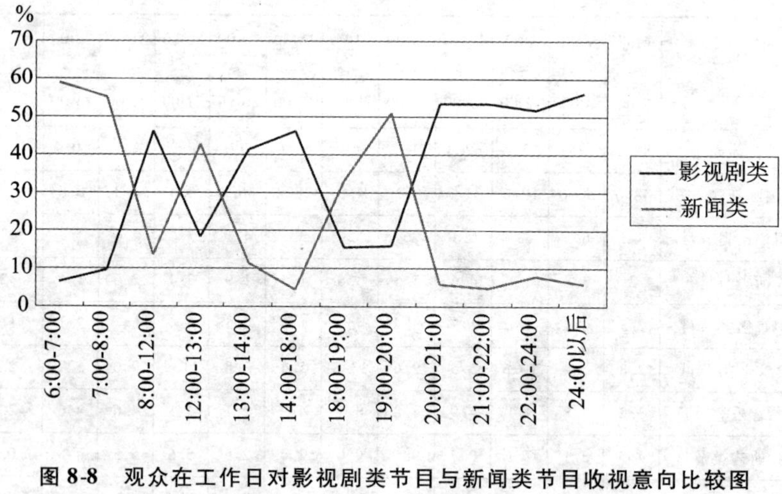

图 8-8　观众在工作日对影视剧类节目与新闻类节目收视意向比较图

（三）观众对电视的态度

1. 观众对我国电视节目总体表示满意

表示对中央电视台电视节目感到“非常满意”和“比较满意”的

观众比例为85.7%，这一数字比本次调查的电视节目的总体满意水平（73.2%）高出12.5%。

表8-13 观众对电视节目的总体满意程度

	电视节目总体满意程度	央视节目总体满意程度
非常不满意	0.1%	0.1%
不太满意	1.3%	0.7%
一般	25.5%	13.5%
比较满意	57.4%	53.4%
非常满意	15.8%	32.3%

这一表现是与国内电视在各方面所发挥的作用密不可分的。电视在“了解党和国家的各项方针政策”、“及时报道世界上发生的各种重大事件”、“满足人们娱乐消遣的需要”等方面所发挥的重要作用令观众感到满意。

表8-14 观众对电视作用的满意度

电视作用	满意指数	结果排序	问卷序号
了解党和国家的各项方针政策	3.95	1	1
及时报道世界上发生的各种重大事件	3.95	2	2
满足人们娱乐消遣的需要	3.86	3	11
传播科学文化知识、生活常识	3.85	4	10
弘扬民族文化，倡导社会公德	3.8	5	3
介绍国内外优秀文化等方面的动态和成就	3.67	6	9
发挥新闻舆论监督作用	3.67	7	4
帮助人们了解经济政策和经济信息	3.64	8	7
反映人民群众的呼声	3.6	9	5
指导人们用先进的手段从事生产和管理	3.58	10	8
提供生活服务，引导消费	3.57	11	12
培养人们的审美情趣	3.47	12	6

作为最有影响力的传播媒介，电视应当在观众的日常生活中发挥怎样的作用，观众对这些作用的满意程度如何，从表8-14中可以看到观众心目中的顺序。首先，观众感到最为满意的是电视在“了解党和

国家的各项方针政策”和“及时报道世界上发生的各种重大事件”两个方面所发挥的重要作用（这两方面代表了电视新闻的主要特质）。其次，观众对“满足人们娱乐消遣的需要”这一作用的满意度也较高。

值得注意的是，“娱乐消遣”在收视目的排序中名列首位，可是在电视作用发挥程度的评价中的位次却排在第三位。可以这么解释：观众对新闻类节目的需求基本一致，是获取信息；而在娱乐消遣方面的满足标准则千差万别，因此尽管在观众的收视目的中居于首位，但在满意度上却相对落后于新闻。

2. 观众对中央电视台的总体满意程度高于观众对国内电视节目的总体水平，观众对中央电视台的权威性、可信性、广告节目的规范性予以高度认可

相关调查数据还表明，中央电视台电视节目的权威性、可信性、节目的整体水平、广告节目的规范性等方面都得到了广大电视观众的认可。观众对中央电视台节目的权威性、可信性、娱乐性、整体节目资源的丰厚、节目的整体水平、广告节目的规范性等方面的认可程度都高于全国同行业的平均水平。

表 8-15　观众对各级电视台认可程度（%）

	权威性	可信性	娱乐性	整体水平	广告规范性
中央台	85.9	81.8	35.2	59.2	63.0
本省台	7.0	6.5	29.8	17.1	7.7
其他省台	0.4	0.5	12.5	5.9	2.4
市级台	0.7	0.5	3.9	1.5	1.2
市区县台	0.4	0.3	3.4	1.0	0.8
境外台	2.0	1.2	2.6	1.5	0.7
说不清	3.4	9.2	12.6	13.8	24.2

注：权威性：国内外发生重大事件时，观众最先看哪个台；可信性：同一事件有不同说法时，观众会更相信哪个台；娱乐性强：哪个台的节目娱乐性强，观众觉得更轻松；整体水平：哪个台节目种类丰富，整体水平高，选择面广；广告规范性：哪个台的广告播出比较规范。

3. 观众对中央台的满意程度与中央台在新闻、新闻评论、综艺、体育等节目类别上的出色表现密切相关

就目前的情况看，中央电视台在各节目类别中占据着怎样一种位置呢？调查问卷列举了从中央到地方以及境外的电视台，请观众衡量在33类节目中，哪个台办得最好。如表8-17所示，中央电视台在33类节目中均处于优势，其中具有明显优势的前十种节目类型依次是：国内新闻、国际新闻、大型直播类节目、新闻评论类节目、综合文艺类节目、动物自然类节目、天气预报、体育节目、谈话类节目和法制类节目。

当然，在具有以上绝对优势的形势下，中央电视台也不能高枕无忧，俗话说，“尺有所短，寸有所长”，中央台还要居安思危。比如从表中可以看到，地方台在电视剧等方面与中央台的距离较为接近，需要引起警觉。

分析发现，观众对电视节目的接触频率和满意度之间并不是完全正相关。对某一类节目收看的频度高，并不意味着观众的满意度也高。比如，“天气预报”在接触频率上排在首位，但是在满意度的排名中却排在第7位。再比如，观众在电视剧和电影的接触频率上分别排在第3位和第5位，而在满意度上的排序却分别为第14位和第11位。“动物、自然类节目”在接触频率上排在第12位，在满意度排名中却排在第6位，位次有很大提升。这就给电视人一个启示：制作和播出一个电视节目，不仅要抓这个节目的收视率，更重要的是要抓电视节目的质量，提高节目的满意度。

表8-16　观众的满意程度

节目种类	观众对各级电视台节目的满意度（%）							
	中央台	省/直辖市台	地方台	县（区、市）台	境外台	都很好	都不好	说不清
国内新闻	80.8	7.7	1.0	0.3	0.6	4.3	0.0	5.4
国际新闻	77.0	6.5	0.7	0.2	1.6	3.6	0.1	10.3
新闻评论类节目	62.8	9.0	1.1	0.4	1.0	3.1	0.2	22.6
谈话类节目	49.1	9.6	1.0	0.3	0.7	3.5	0.6	35.1
大型直播类节目	64.1	9.7	1.1	0.4	0.7	5.1	0.2	18.8
综合文艺类节目	54.6	17.9	1.7	0.7	0.6	6.5	0.3	17.7
歌舞、音乐类节目	43.8	15.4	2.2	1.7	0.8	6.0	0.6	29.7
戏剧、曲艺类节目	32.8	18.9	2.5	1.9	0.2	4.2	0.7	38.8
电影	47.9	15.4	3.2	3.8	1.5	8.0	0.4	19.8
电视剧	39.8	28.7	5.6	6.3	1.5	10.4	0.2	7.6

续表

节目种类	观众对各级电视台节目的满意度（%）							
	中央台	省/直辖市台	地方台	县（区、市）台	境外台	都很好	都不好	说不清
益智竞猜类节目	31.6	14.4	2.3	0.4	1.3	4.6	0.7	44.7
经济类节目	33.6	9.5	1.4	0.5	0.2	3.6	0.6	50.6
科技类节目	38.4	8.2	1.4	1.2	0.1	4.5	0.6	45.6
法制类节目	48.6	14.5	2.0	1.0	0.2	5.3	0.2	28.3
军事类节目	46.7	3.8	0.6	0.3	0.1	2.9	0.4	45.2
妇女类节目	31.3	5.8	1.1	0.3	0.1	3.5	0.6	57.3
老年人节目	32.5	5.2	0.8	0.4	0.1	3.0	0.7	57.3
少儿节目	31.4	6.8	1.6	0.5	0.5	4.9	0.6	53.8
动画片	29.3	6.6	1.9	0.7	0.7	5.6	0.6	54.6
农村、农业节目	34.9	14.7	2.3	3.6	0.1	5.1	0.5	38.8
教育、教学类节目	32.3	8.4	1.2	1.5	0.1	4.3	0.6	51.6
体育节目	50.0	7.9	0.8	0.2	0.3	4.5	0.3	36.0
生活服务类节目	32.7	10.8	2.4	0.8	0.4	5.4	0.5	46.8
探险类节目	25.5	7.1	1.2	0.3	0.7	3.1	1.1	61.0
动物、自然类节目	52.2	5.9	0.9	0.3	0.8	4.3	0.5	35.1
环境保护类节目	34.5	5.8	1.0	0.4	0.3	4.6	0.6	52.7
人物传记片	29.9	7.0	1.1	0.4	0.3	4.3	0.7	56.2
旅游节目	21.7	9.0	1.8	0.6	0.6	3.9	0.9	61.5
天气预报	50.5	18.4	5.1	5.7	0.6	10.6	0.2	8.8
商业广告	22.9	7.2	1.5	0.8	0.6	4.4	4.5	58.1
公益广告	29.9	6.3	1.1	0.6	0.5	4.8	2.3	54.5
导视和形象宣传片	20.4	5.6	1.3	1.0	0.2	3.7	1.8	66.1
电视购物	12.9	6.6	2.5	0.8	0.2	2.5	2.8	71.9

表 8-17　观众对中央电视台各种节目类型满意度

节目类型	满意度（%）	结果排序	问卷序号
国内新闻	80.8	1	1
国际新闻	77	2	2
大型直播类节目	64.1	3	5
新闻评论类节目	62.8	4	3
综合文艺类节目	54.6	5	6
动物、自然类节目	52.2	6	25
天气预报	50.5	7	29
体育节目	50	8	22
谈话类节目	49.1	9	4
法制类节目	48.6	10	14
电影	47.9	11	9
军事类节目	46.7	12	15
歌舞、音乐类节目	43.8	13	7
电视剧	39.8	14	10
科技类节目	38.4	15	13
农村、农业节目	34.9	16	20
环境保护类节目	34.5	17	26
经济类节目	33.6	18	12
戏剧、曲艺类节目	32.8	19	8
生活服务类节目	32.7	20	23
老年人节目	32.5	21	17
教育、教学类节目	32.3	22	21
益智竞猜类节目	31.6	23	11
少儿节目	31.4	24	18
妇女类节目	31.3	25	16
人物传记片	29.9	26	27
公益广告	29.9	27	31
动画片	29.3	28	19
探险类节目	25.5	29	24
商业广告	22.9	30	30
旅游节目	21.7	31	28
导视和形象宣传片	20.4	32	32
电视购物	12.9	33	33

（四）观众对电视节目的评价

1. 观众对电视新闻类节目的看法

观众对我国电视新闻报道和新闻评论节目在“新闻节目的播出量”、“新闻节目的信息量”、“对新闻事件的报道深度”、“对各种社会丑恶现象的批评、监督力度”、“对老百姓身边事的报道力度”等方面予以肯定。同时认为电视新闻类节目应进一步增强“对老百姓身边事的报道力度”，增强“对各种社会丑恶现象的批评、监督力度”。

表 8-18 电视观众对电视新闻报道和新闻评论节目的看法（%）

	应该增加/增强/提高	现在比较合适	应该减少/减弱/降低
对党和国家政策的报道数量	40.6	58.2	1.3
对国际上发生的重大事件的报道数量	39.5	59.1	1.4
对新闻事件的报道深度	55.1	44.0	0.9
对各种社会丑恶现象的批评、监督力度	73.1	25.7	1.2
新闻报道的时效性	34.5	64.7	0.8
新闻节目的播出量	20.1	76.6	3.3
新闻节目的信息量	25.5	70.8	3.7
播音员、主持人的业务水平	45.4	54.4	0.2
对老百姓身边事的报道力度	77.3	22.3	0.4

2. 观众对影视剧类节目的看法

当面对“您认为我国影视剧类节目中存在哪些问题”这个问题时，观众反映最为敏感的是：“剧中插播广告过多”、“优秀精品影视剧数量少”、“好看的电视连续剧一天播一集不过瘾”、“农村题材电视剧偏少”，见表 8-19。

聚类分析的研究结果进一步显示，目前我国影视剧类节目存在的问题主要可以归纳为两大类：影视剧的主题、选材等涉及艺术创作方面的问题，影视剧播出编排方面的问题。如果进一步展开，第一类的问题中包括：“缺乏感染力”、“单本剧太少，连续剧过多且长”、“血腥、暴力镜头过多”、“同类型题材作品‘撞车’、‘扎堆儿’现象严重”、“少儿不宜的镜头时有出现”、“历史题材的偏多”、“反映当代生活的偏少”、“剧情简单、雷同，缺乏深度”和“农村题材电视剧偏少”。第二类的问题中包括：“剧中插播广告过多”、“好看的电视连续剧一天播一集不过瘾”、“优秀精品影视剧数量少”（参见表 8-19）。

表 8-19 目前我国影视剧存在的主要问题

存在问题	%	结果排序	问卷序号
剧中插播广告过多	70.8	1	8
优秀精品影视剧数量少	58.4	2	1
好看的电视连续剧一天播一集不过瘾	58.2	3	9
农村题材电视剧偏少	54	4	2
反映当代生活的偏少	33.1	5	4
剧情简单、雷同，缺乏深度	32.1	6	5
少儿不宜的镜头时有出现	25.8	7	11
历史题材的偏多	24.2	8	3
同类型题材作品“撞车”、“扎堆儿”现象严重	22.1	9	7
单本剧太少，连续剧过多且长	16.2	10	10
血腥、暴力镜头过多	15.4	11	12
缺乏感染力	12.5	12	6
现在就很好，没必要改进	3.8	13	14
不看此类节目	1	14	15
其他问题	0.5	15	13

3. 观众对我国综艺娱乐类节目的看法

调查显示，观众认为目前我国电视综艺类节目存在的主要问题中，赞成“曲艺、杂技、相声、小品等观众喜闻乐见的节目偏少”这一观点的为71.0%；赞成“游戏、竞猜、有奖收视节目太少”这一观点为43.7%；赞成“部分娱乐类节目有庸俗化倾向，要提高文化品位”这一观点的为40.6%。其他方面的问题依次是“节目形式互相抄袭，雷同”(38.0%)、“高水平的音乐会、演唱会太少”(28.0%)、“过分追求豪华形式”(18.4%)。

五、观众关注的其他问题

(一) 观众眼中的“付费电视”

广告，是目前我国各个电视台主要的创收渠道，大量的节目制作费用主要靠广告创收来支撑，对于我国各级电视台来说，这是一种普遍现象。一些电视台现在正在酝酿或者尝试借鉴国外电视台的办法，除了广告收入以外，开办付费频道和付费电视，开辟另外的创收渠道，以便向节目制作及电视事业的发展注入更多的资金。借鉴国外同行的做法和经验，建立一定数量和规模的付费频道和节目的呼声渐高。为了解普通观众对这一问题的态度和倾向，为有关机构提供决策参考，此次调查问卷中也设计了相应的内容。

1. 多数观众对“点播、互动式的电视节目”持肯定和赞许态度

当问及“如果有付费频道，您觉得哪些类型的电视节目可以收费”的问题时，有 58.9% 的观众选择了“点播、互动式的电视节目”，53.5%的观众选择的是“引进的影视精品”，39.5%的观众选择的是“大型体育比赛直播”（参见表8-20）。

表 8-20 观众愿意支付一定收视费用的节目类型

可以收费的节目类型	接受度（%）	结果排序	问卷序号
点播、互动式的电视节目	58.9	1	5
引进的影视精品	53.5	2	1
大型体育比赛直播	39.5	3	3
电视教育类节目	28.3	4	2
证券信息类节目	22.4	5	4
其他	8.5	6	6

2. 多数观众对待付费电视这一问题上存在矛盾心理：既想看到好节目，又怕增加收视费用

尽管多数观众对“点播、互动式电视节目”这种付费电视形式表现出赞许的态度，不过要想真正推广仍有相当的难度。首先，观众对于付费电视这一新型电视传播和经营方式相关的背景知识还缺乏足够的了解。比如，当问及“有线电视的观众仅支付有线电视费，不包括电视节目制作费，节目制作费是从电视台广告收入中支取的。这个情况您以前是否知道”这一问题时，表示对此情况“不知道”的比例竟高达72.9%，表示“知道”的仅占27.1%。其次，观众对实行付费电视的心理准备明显不足。当问到“假如某些频道只播节目不播广告，但收看这个频道的节目需要付费，你的选择是什么”的时候，多数观众的第一反应是宁可看有广告的节目，也不愿意付费看电视。调查显示，有75.2%的观众赞成“播广告，观众不付费”的看法；7.5%的观众赞成“不播广告，观众付费”的看法；另有

16.7%的观众表示“说不清”。这说明多数观众由于担心增加收视费用，因此对付费电视这种电视传播和经营的新方式持谨慎态度，他们宁愿保留现有的收看模式。最后，一旦推出付费频道，在收费价格上，观众的心理承受能力较低。如图 8-9 所示，多数观众倾向于 20 元以下的收费标准，而这个价格正好与目前各地有线电视的月均收视费相当。

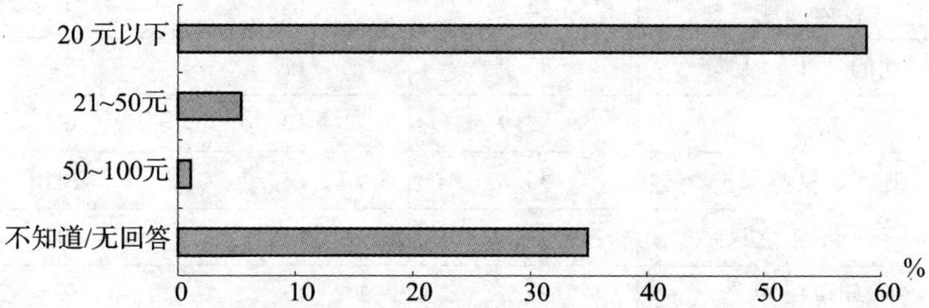

图 8-9　观众能够接受的收费程度

建议有关机构在推广“机顶盒”、开展“点播、互动式的电视节目”等新业务之前，对开展这些新业务的必要性以及能给观众带来的好处等方面加大宣传力度，提高观众对相关知识和信息的知晓程度；同时，在制定相关的收费价格时，应适当考虑一般电视观众家庭的经济承受能力，积极稳妥地推广这项新业务。

（二）我国电视观众目前最为关注的十大社会焦点

此次调查同时也了解了广大电视观众目前最为关注的社会焦点，以此作为电视宣传的参考。

当前，电视观众较为关注的十个社会焦点依次是：社会治安、教育、假冒伪劣、反腐倡廉、食品安全、医疗改革、“三农”问题、物价、2008 年奥运会、台湾问题。

表 8-21　观众目前最关心的社会焦点

选项	比例（%）	结果排序	问卷序号
社会治安	72.3	1	15
教育	55.7	2	3
假冒伪劣	52.2	3	17
反腐倡廉	47.8	4	16
食品安全	44.5	5	19
医疗改革	44.2	6	2

续表

选项	比例（%）	结果排序	问卷序号
“三农”问题	42.8	7	21
物价	39.3	8	7
2008 年奥运会	37.6	9	22
台湾问题	34.2	10	20
党的“十六大”	33.9	11	5
养老	33.9	12	6
消费者权益保护	33.8	13	10
行业不正之风	28.3	14	18
环境保护	27.7	15	9
国家经济形势	27.1	16	11
我国加入 WTO	26.5	17	23
收入差距	26.2	18	8
住房	23	19	1
公共交通	19.6	20	4
就业（再就业）形式	18.3	21	13
劳动人事制度改革	13.4	22	12
股市	3.5	23	14
其他	0.4	24	24

总之，此次调查客观真实地反映了我国电视观众目前的收视状况、特点及规律，研究者还将对这些调查数据进行深入细致的分析研究，为中央电视台的宣传决策提供更多的科学依据。

2007 年全国电视观众抽样调查分析报告

“2007 年全国电视观众抽样调查”是中央电视台委托国家统计局在全国进行的第五次全国电视观众抽样调查。为了保证调查结果的客观、公正和准确，本次调查的抽样设计以及结果数据的加权由中国科学院系统研究所冯士雍研究员承担，并经过了由中国传媒大学、国家统计局、中国人民大学、国家广电总局计财司、央视索福瑞媒介研究有限公司等单位的专家所组成的论证组的论证。试调查、入户访问、问卷审核等项工作由国家统计局承担。调查的总体设计方案、调查问卷是在广泛征求业内人士及社会专家意见的基础上反复推敲而成。调查员入户访问的时间是 2007 年 5 月 16 日至 6 月 25 日。调查问卷按照 10% 的比例进行了电话复核。调查数据的统计分析由中央电视台总编室观众联系处具体负责。整个调查历时一年。

本次调查的问卷分为 13 岁以上（包括 13 岁）观众问卷和 4 ~ 12 岁观众两套问卷。13 岁以上问卷的内容主要包括四个部分：（1）电视接收设备和媒体接触情况；（2）观众对电视的态度和看法；（3）观众的收视选择和行为习惯；（4）被访问对象的背景资料。与上次调查的问卷相比，此次调查的问卷既保留了观众规模、电视接收方式、观众收视习惯、收视需求等方面的内容，又增添了新媒体的发展等具有时代特征的内容。

抽样范围：本次调查覆盖全国 31 个省、自治区、直辖市（港澳台地区除外）中所有电视信号覆盖区域内，城乡家庭户中13岁以上（包括13岁）的居民以及4～12岁的儿童。既包括有户籍的正式住户，也包括所有临时的或其他的住户，只要已在本居（村）委会内居住满6个月或预计居住6个月以上，都包括在内。本次调查不包括住在军营内的现役军人、集体居住户及无固定住所的人口。

抽样方法：本次调查采用PPS抽样方法，将全国所有的区、县作为第一级抽样单位，并且确定了所在区县居（村）委会的样本数量以及每个居（村）委会分配的具体样本数量。在95%置信度下，设计抽样的绝对误差限为1.28%。共抽中全国31个省、自治区、直辖市（港、澳、台除外）的11940个13岁以上样本，实际回收有效问卷11822份，有效率为99.01%。儿童样本按照配额分配给各省，样本量为2005个，问卷有效回收率为100%。表9-1是本次调查的具体样本点分布示意表。共调查样本区县128个。

表9-1　我国电视观众（13岁以上）的构成（%）

性别	男	51.10	女	48.90
民族	汉	92.78	少数民族	7.22
城乡	城镇	57.65	农村	42.35
年龄	13～18岁	4.40	19～25岁	5.35
	26～45岁	44.43	46～60岁	31.13
	61岁以上	14.69		
文化程度	本科以上	5.44	大专	10.38
	中专、技校、职高	7.84	高中	19.02
	初中	38.50	小学	15.18
	不识字或初识字	3.63		
职业	离退休人员	14.12	教师、医生等专业技术人员	4.39
	下岗/失业人员	4.82	公务员	3.05
	家庭主妇	4.27	管理人员/职员	8.87
	个体劳动者	6.49	工人/服务人员	9.75
	军人/警察/武警	0.23	进城务工人员	2.07
	学生	4.45	农民	36.04
	其他	1.47		

加权运算方法：根据电视信号覆盖率、实际有效样本量、城乡等因素，又对调查数据进行加权处理。本次调查的统计分析，采用社会科学统计软件包（SPSS）运算。

一、我国电视观众的基本状况

（一）观众规模为 12.05 亿人，比五年前增加 9000 万人

2007 年我国 4 岁以上观众总数为 12.05 亿，相对 2002 年的 11.15 亿增加了 9000 万，相对于二十年前增加了 1 倍多。电视观众总数占 4 岁以上总人口的 99.02%。其中 13 岁以上观众为 10.37 亿；4～12 岁观众为 1.68 亿。

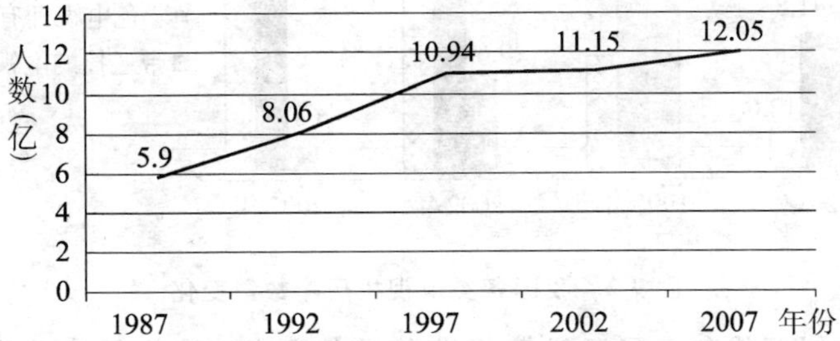

图 9-1　1987 年以来我国观众总数变化情况（亿人）

在全国电视观众中，农村观众比率占 55.31%，城镇观众比率占 44.69%。电视观众在城市人口中所占比例为 99.29%；电视观众在农村人口中所占比例为 98.74%。

在性别维度上，男性电视观众多于女性电视观众，男性观众占 53.91%，女性观众占 46.09%。

在所有电视观众中，成年观众占 81.9%，18 岁以下青少年观众占 18.1%。其中 4～12 岁的观众占 13.93%，13～18 岁观众占 4.17%；19～25 岁观众占 4.38%；26～45 岁观众占 40.08%；46～60 岁观众占 26.86%；61 岁以上观众占 10.58%。

我国电视观众的文化层次以初中文化以下学历观众为主，这部分观众占观众总数的 69.06%；高中与中专水平的观众合计占 20.49%；大专以上的观众合计占 10.46%。

（二）五年来我国城乡居民的收视条件得到显著改善

1. 99.89%的家庭拥有电视机，电视机在居民家庭中基本普及

我国电视观众收看电视的条件五年来得到极大改善，99.89%的观众家庭拥有电视机，其中 70.03%的观众家庭拥有 1 台电视机，

25.41%家庭拥有2台电视机。

在拥有电视机的观众家庭中，拥有彩色电视机的家庭比率为97.35%，相对五年前增加了0.95个百分点；拥有黑白电视机的家庭比率为7.2%。与五年前相比，我国电视观众家庭拥有彩色电视机的比率保持相对稳定，拥有黑白电视机的比率明显减少，相对五年前下降了22.4个百分点。带遥控器的电视机比率明显增加，目前94.4%的家庭拥有带遥控器的电视机，相对五年前增加20.7个百分点。

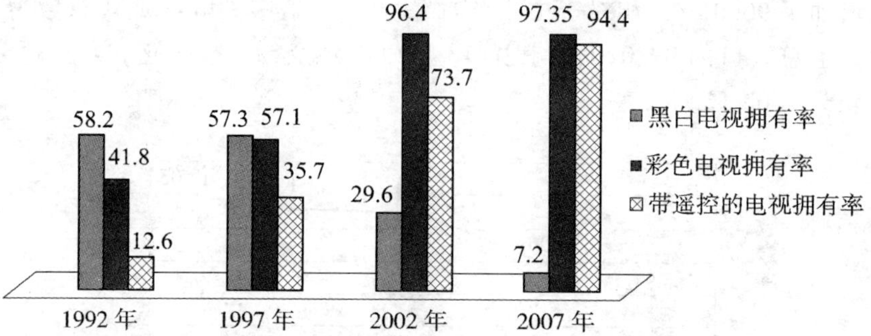

图9-2 我国各类电视机历年数量变化

2. 有线网络和卫星天线接收进入更多家庭，电视用户收视条件明显改善

近五年来，电视接收方式发生了较大变化。基于微波传送的室内外天线接收方式趋于减少，有线接收和卫星天线接收方式明显增加。其中基于室内外天线接收的家庭比率为21.58%，相对五年前减少了9.22个百分点；有线接收比率增加了8.69个百分点；卫星天线接收比率增加了8.91个百分点；机顶盒用户从无到有，7.31%的家庭通过机顶盒接收电视信号，其中数字机顶盒用户为4.96%。

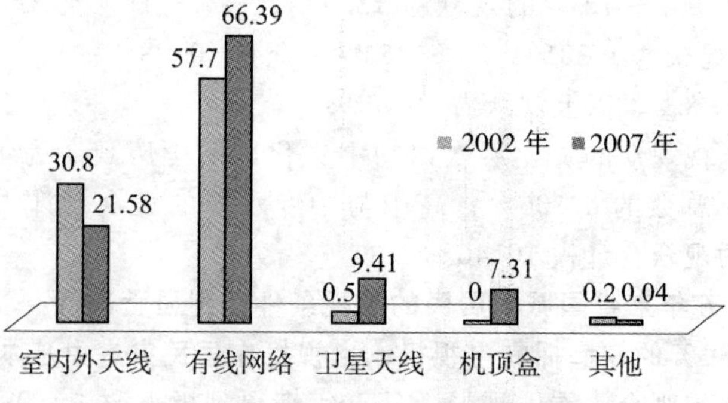

图9-3 电视接收方式五年间的变化

近五年来，随着我国经济发展和广播电视“村村通”工程的实施，农村观众的收视方式得到了极大改善。有线电视比例，尤其是卫星接收方式比例在农村大幅提高。目前农村家庭通过有线网收看电视的比例已达到47.12%，相对五年前提高了5.6个百分点；通过卫星接收天线收看电视的观众比例在农村已经达到了15.58%，相对五年前提高了14.79个百分点。

表9-2　电视接收方式的城乡比较

接收方式	农　村（%）		城　市（%）	
	2002年	2007年	2002年	2007年
有线电视	41.52	47.12	82.93	84.57
室内外天线	43.48	37.37	10.90	6.68
卫星接收天线	0.79	15.58	0.05	3.58
机顶盒	–	2.39	–	11.96
其他	0.33	0.00	0.22	0.08

收视条件的明显改善，保证了观众的有效收视。调查结果显示：由于接收条件的大大改善，电视节目的信号质量明显提高。电视信号不好对观众的收视干扰相对五年前明显降低。调查显示，在电视观众中途终止收看电视节目的原因中，“电视信号不好，看不清”这一条原因在五年前排在第3位（60.65%），而此次却排在第5位（34.79%），降低了25.86个百分点。

正是由于电视用户收视条件的改善，观众户均收看频道数量和中央台各频道在全国的入户比率，五年来得到了大幅提高。

3. 观众户均收看的频道数量为32.4个，比五年前增加一倍

2007年观众户均能收看到的频道数量为32.4个，相对2002年增加1倍，相对1997年增加3倍。

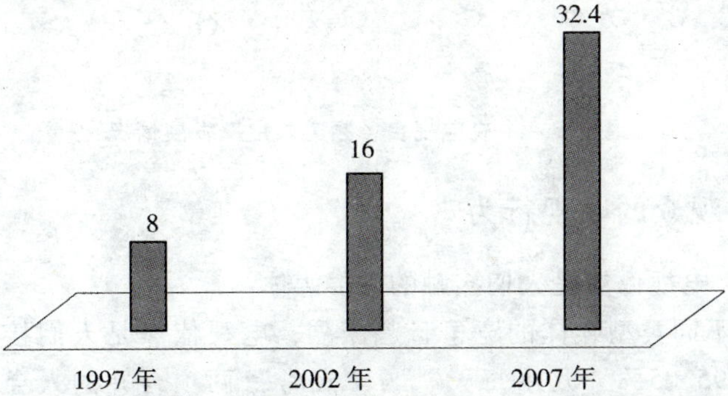

图9-4　我国电视频道总数的历史变化

其中每一个电视家庭收看中央台的频道数量接近10个。收看省级卫视的频道数量接近13个。

表9-3 观众家庭户均收看各类频道数量

	户均收看频道数量（个）
中央台数量	9.82
省级卫视频道数量	12.71
省级地面频道数量	4.06
地市县级频道数量	3.96
境外卫星频道数量	0.77
教育频道数量	0.92
数字付费频道数量	0.16

与五年前相比，中央台各频道的入户率均有明显提升，如图9-5所示。除CCTV－9、CCTV－西法（2007年10月1日起，该频道被分为CCTV－西班牙语和CCTV－法语）、CCTV－音乐等频道外，中央台其他频道的入户率均达到或接近60%。

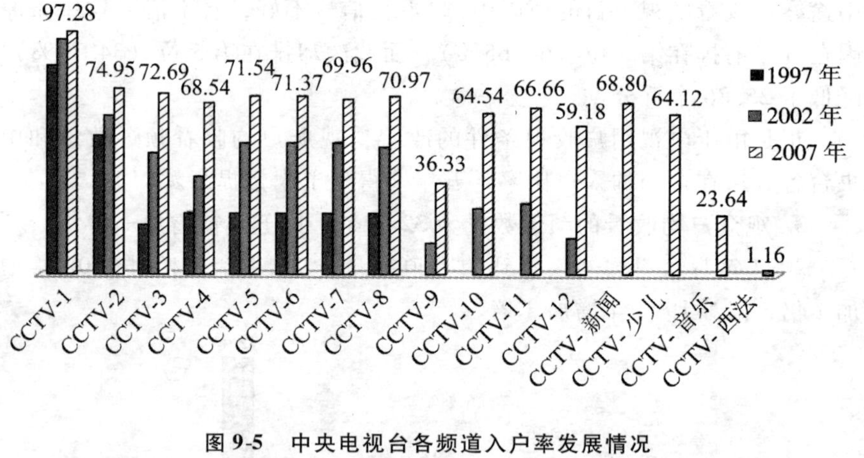

图9-5 中央电视台各频道入户率发展情况

二、观众的收视行为

（一）电视依然是人们接触的主要媒体

尽管不同类型媒体的竞争日趋激烈，电视依然是人们接触的主要媒体，有95.05%“几乎每天”与“经常”两项合并的人会经常或几乎每天都收看电视。

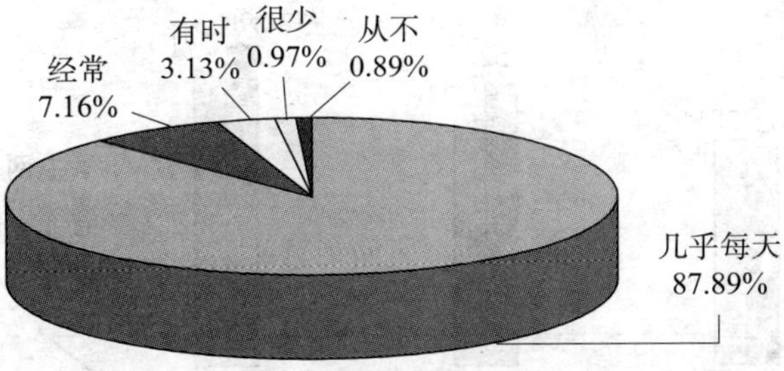

图 9-6 2007 年我国观众对电视的收视状况

人们经常接触的媒体依次是：电视（95.05%）、报纸（31.17%）、书籍（20.41%）、杂志（16.44%）、广播（13.64%）、网络（12.26%）。

相对五年前，经常上网的比率明显增加，经常听广播、读报的比率略有增加，经常收看电视的比率相对稳定，经常看杂志的比率有所减少。在上网的观众中，平均每天在家上网时间超过 2 小时的观众比率为 38.97%。

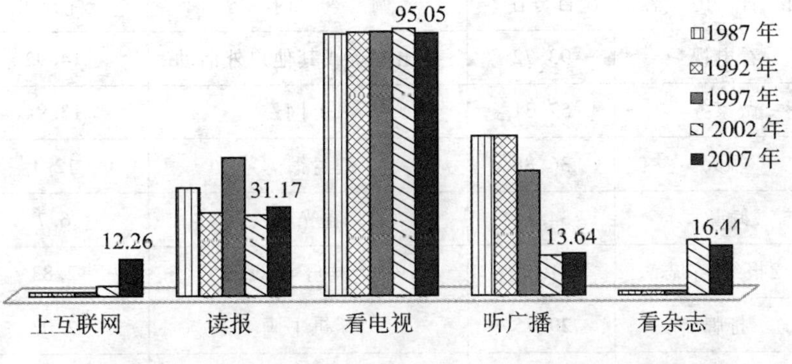

图 9-7 观众接触各类大众传媒的历史数据对比情况

调查数据还显示：虽然上网观众的收视时间在平时略少于非上网的观众，但是在周末和长假却明显多于非上网观众的收视时间。上网时间的多少对其收看电视没有太大的影响，如图 9-8 所示。

（二）93.72%的观众认为看电视是闲暇时最主要的生活内容，这一比例比五年前增加了 2.64%

调查数据还显示：在闲暇时间里，上网、看书、做家务、健身锻炼的比率相对五年前也有明显变化。其中：13.94%的人表示在闲暇时间“上网”，与五年前（3.09%）相比，增长了 10.85 个百分点。19.49%的人表示在闲暇时间“读书”，与五年前（26.62%）相比，减

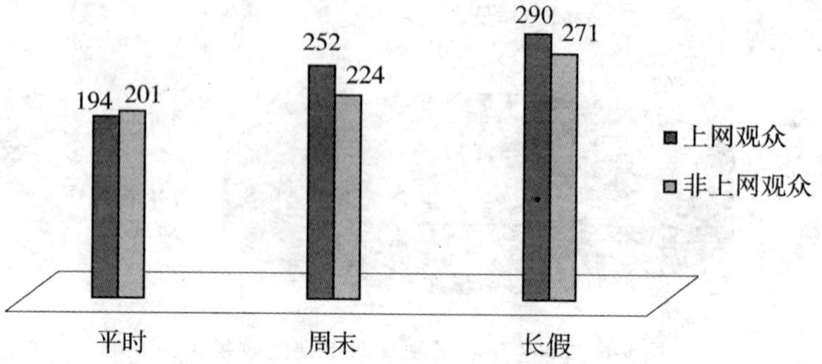

图 9-8 上网观众与非上网观众收视时间对比（分钟）

少了 7.13 个百分点。57.31%的人表示在闲暇时间“做家务”，比五年前（62.64%）减少了 5.33 个百分点。12.10%的人表示“健身锻炼”，比五年前（15.77%）减少了 3.67 个百分点。（注：此题为多选题，各选项比率之和大于 100%。）

表 9-4 观众在闲暇时间里主要从事的活动项目

调查内容	百分比	调查内容	百分比
看电视	93.72	外出游玩或其他户外活动	14.92
做家务	57.31	上网	13.94
聊天	36.88	健身锻炼	12.1
睡觉	34.11	看光盘	6.7
读报纸/杂志	31.21	玩电子游戏	2.83
打牌	29.75	琴棋书画	2.03
读书	19.49	去电影院	0.8
亲友聚会	19.23	其他	0.1
逛街购物	14.98		

（三）在周末和平时，观众日收视时间都在 3 小时以上，增长明显

受收视条件等多方面因素影响，观众收看电视的时间相对五年前进一步增加。在周末和平时，观众的收视时间都在 3 小时以上，在平时观众人均日收看时间相对五年前增加了 36 分钟，在周末增加了 31 分钟。

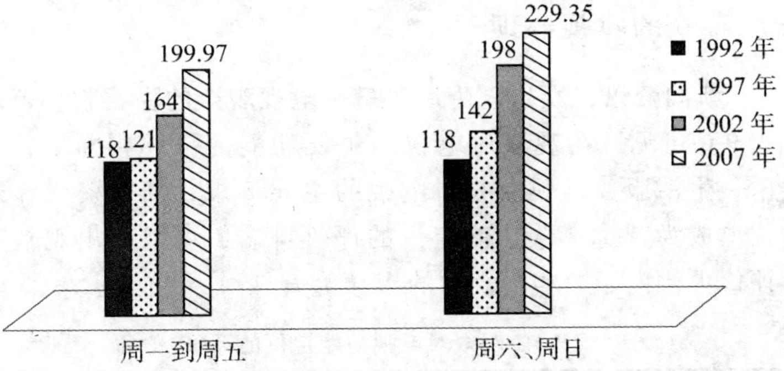

图 9-9　观众收视时间的历史变化（分钟）

（四）由于观众家庭收视条件的改变，使观众收视的自由度明显增加，相对于十年前，观众对电视节目的自主选择余地更大

本次在问卷中设置了这样一道题："在家里看哪个节目由谁决定？"调查结果显示：与1997年调查相比，变化最大的是"各看各的"，比十年前增长了7.46%。观众家庭收视条件的改变，使得观众收视的自由度增加，扩大了对电视节目的自主选择余地。

当然，最主要的决定方式还是以"成年父母"占多数，不过比十年前降低了0.28个百分点；另外，"协商解决"，也比十年前降低了2.1个百分点，总的格局没有发生太大的改变。

表 9-5　在家里看哪个节目由谁决定（%）

决定方式	2007 年	1997 年	差值
各看各的（有两台以上电视机）	12.56	5.1	7.46
老年人	8.45	5.4	3.05
互不相让	1.37	1.6	−0.23
成年父母	30.22	30.5	−0.28
小孩子	11.7	12.6	−0.92
协商解决	26.7	28.8	−2.1
未婚年轻人	4.34	7.2	−2.86
看人数多寡而定	4.43	8.8	−4.37

三、观众的收视心理

（一）新闻资讯、娱乐、生活服务是电视观众的主要收视诉求

从表9-6可见，在观众对电视的主要功能的描述判断中，新闻资讯、娱乐、生活服务是观众收看电视的主要诉求，新闻资讯在观众的收视定位上成为首选。从功能定位的评价排名，可以看出观众对电视功能的评价更倾向于对实际生活的指导价值。

表9-6　观众对电视功能定位的评价

类　别	观众对电视主要功能的平均认可度（总分为3分）
新闻资讯	1.97
娱乐	1.85
生活服务	0.88
教育	0.64
舆论监督	0.35
社会公益	0.27

但有趣的是，观众对电视的功能定位与其实际收视选择倾向存在一定的差异。在调查中，观众对全天各时段希望收看的节目类别进行了判断，结果发现，在观众全天的节目选择中，电视剧、新闻、电影是选择比率相对较高的三种节目类型。电视剧相对选择比率明显高于新闻类节目，如表9-7所示。

表9-7　观众对各类别节目的相对选择比率（%）

节　目　类　别	相对收视选择比率
电视剧	24.93
新闻资讯	17.48
电影	12.69
生活服务	6.26
大众文艺	5.91
深度报道	4.94
体育赛事	4.82
晚会	4.65

续表

节　目　类　别	相对收视选择比率
科教	4.07
文化	2.43
少儿青年老年妇女等对象类节目	2.36
经典艺术	2.26
财经	1.6
主题大赛	1.51
信息推介	1.43
游戏竞猜	1.36
动画片	1.31

这一差异与电视功能体现的时段长度密切相关。在一天中，观众对电视剧的强需求时段明显多于新闻，对新闻的强需求时段主要体现在早间、午间和傍晚，而对电视剧等娱乐类节目的强需求时段几乎涵盖全天多数时段，这使得一天累计下来，观众对娱乐类节目的选择比率会比新闻类节目明显偏高。但是，在需求强度上，早间时段观众对新闻的需求强度是各类别中最高的，这一强度差异体现在功能定位上，使得新闻的功能定位占据首位。

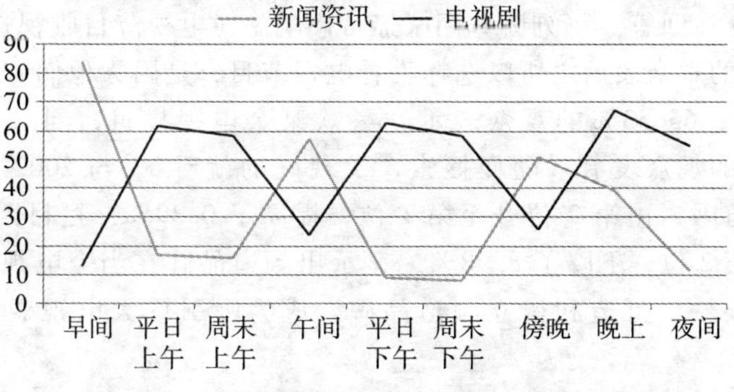

图 9-10　在不同时段观众对新闻资讯和电视剧的收视选择对比（%）

（二）观众对近年来我国电视事业的发展多持积极态度

88.41%的观众对“所有电视节目的总体满意度”持有较为肯定的态度，相对 2002 年（73.15%）增加了 15.26 个百分点。93.73%的观众对“中央电视台电视节目的总体满意度”持较为肯定的态度，相对

2002 年（85.71%）增加了 8.02 个百分点。观众对所有电视节目的肯定态度与对中央电视台节目持肯定态度的情况显著相关。

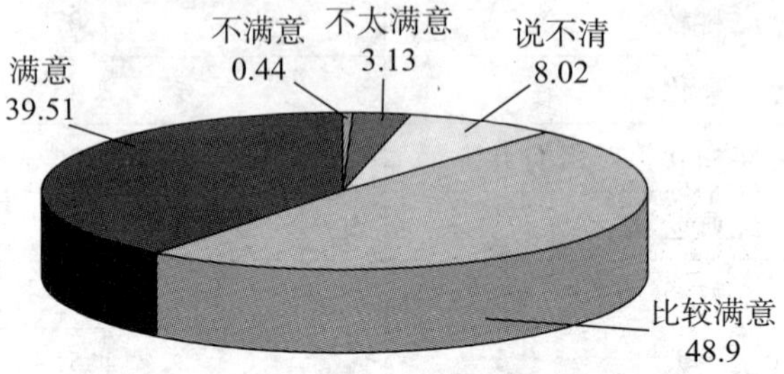

9-11　观众对我国电视节目整体满意度状况（%）

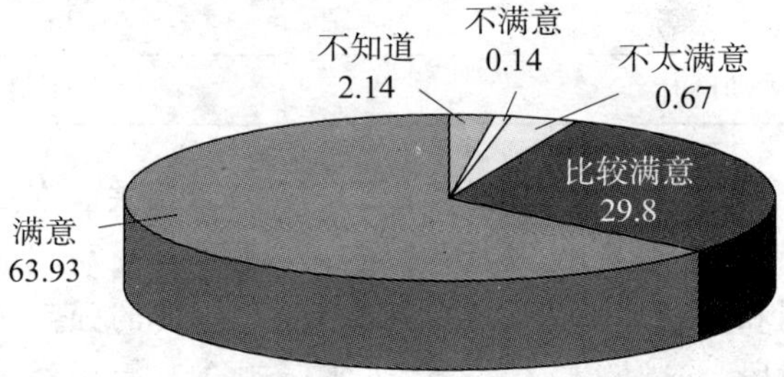

图 9-12　观众对中央电视台节目满意度状况（%）

（三）频道在观众中形成整体印象，品牌频道成为观众收视的首要选择

观众在回答"下列哪些因素经常影响您对电视节目收视选择"时，70.42%的观众表示之所以选择收看电视节目，是因为他们"习惯看某个频道"；65.53%的观众表示"喜欢某个电视栏目，到时候就看"；48.29%的观众表示"随便搜索，发现好的就看"。与 2002 年调查相比，频道因素由第 2 位升至第 1 位，提高了 0.39%；栏目因素由第 1 位降至第 2 位，下降了 8.98%。显示出频道品牌在当今电视市场竞争中的重要性。打造和树立频道品牌，成为吸引广大电视观众的首要因素。

表 9-8　影响观众收视选择的主要因素

影响因素	百分比
习惯看某个频道	70.42
喜欢某个电视栏目，到时候就看	65.53
随便搜索，发现好的就看	48.29

续表

影响因素	百分比
看到电视节目预告	26.72
喜欢主持人或嘉宾	16.45
亲戚朋友推荐	15.97
报纸、互联网等电视节目预告	4.35
数字电视上的收视指南	2.4
其他	0.01

另外，当观众回答“在使用遥控器时，您通常采取哪种方式”这一问题时，59.49%的观众表示将“直接选择自己喜爱的频道代码”。超过一半的观众记住了自己喜爱的频道代码，这一比率相对于“顺序浏览”的观众比率（45.51%）高出近20个百分点。从而印证了频道因素对观众选择的主要影响。

调查数据还显示：观众对各类频道的接触程度存在较大差异。中央电视台的频道拥有较高的忠实观众比率，其中经常收看CCTV-1的观众比率达到81.46%，远高于全国其他频道。

表9-9 观众经常收看的频道（组）列表

频道（组）	经常收看的前十类频道的观众比率（%）
CCTV-1	81.46
省级卫视组	72.63
地市级频道组	60.14
省级地面频道组	52.39
CCTV-8	44.31
CCTV-3	42.29
CCTV-新闻	41.66
CCTV-6	40.37
CCTV-2	32.11
CCTV-12	32.04

（四）中央电视台在“权威性”、“可信性”、“娱乐性”、“整体水平认可度”和“广告规范性”等评价维度上均有上佳表现

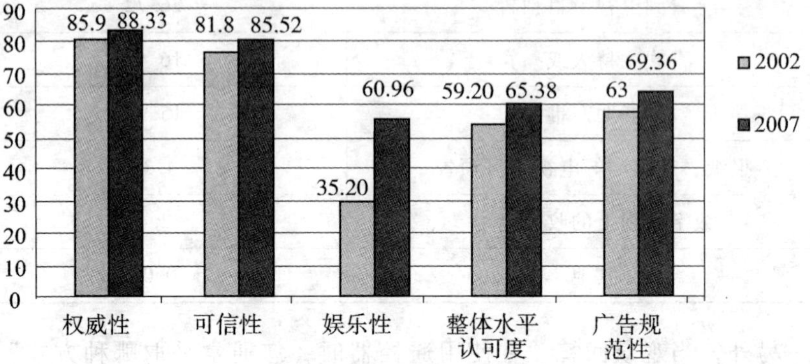

图 9-13　观众对中央电视台主要品牌维度的评价变化比较（%）

调查结果显示，中央电视台较高的忠实观众比率与较高的品牌价值相关联，在以上五个评价纬度上分别比五年前增长了 2.43、3.72、25.76、6.18、6.36 个百分点。其中，在“娱乐性”上变化最大。

（五）观众最喜爱的国产电视剧是历史剧、战争军事题材剧和农村生活剧

历史剧、战争军事题材剧和农村生活剧排在观众喜爱的国产电视剧的前三位。少儿剧、戏曲剧和青春偶像剧被观众选中的比率较低。（注：此题为多选题，各选项比例之和大于 100%）

表 9-10　观众最喜爱的国产电视剧类型（%）

电视剧类型	百分比
历史剧（如《汉武大帝》、《雍正王朝》等）	45.64
战争、军事题材剧（如《八路军》、《亮剑》、《台儿庄》、《DA 师》等）	44.37
农村生活剧（如《刘老根》、《别拿豆包不当干粮》、《民工》等）	42.36
武侠剧（如《霍元甲》、《笑傲江湖》、《天龙八部》、《七剑下天山》等）	35.4
戏说、秘史剧（如《铁齿铜牙纪晓岚》、《太祖秘史》等）	33.61
涉案剧（如《大宋提刑官》、《梅花档案》、《重案六组》等）	31.61
革命历史剧（如《南昌起义》、《长征》等）	31.58

续表

电视剧类型	百分比
年代剧（如《大宅门》、《乔家大院》等）	28.04
情感剧（如《渴望》、《香樟树》、《情深深雨濛濛》等）	24.95
神话剧（如《济公》、《宝莲灯》等）	22.15
文学名著改编剧（如《红楼梦》、《钢铁是怎样炼成的》、《京华烟云》等）	20.23
都市生活剧（如《贫嘴张大民的幸福生活》、《家有九凤》等）	18.95
情景喜剧（如《我爱我家》、《候车室的故事》等）	15.08
传奇剧（如《荆轲传奇》、《杨乃武与小白菜》、《狄仁杰断案》等）	12.86
青春、偶像剧（如《十六岁花季》、《小留学生》、《粉红女郎》、《男才女貌》等）	9.65
戏曲剧（如《赛金花》等）	7.26
少儿剧（如《同学你好》、《少年先锋》等）	4.06
都不感兴趣	0.87
说不清	0.61
其他	0.38

（六）在观众最喜爱的电视栏目中，中央电视台的栏目名列前茅

调查结果显示：被观众提及的栏目有1000多个，涉及全国120多个频道，其中排列在前20名的栏目中，中央电视台有18个，地方电视台有2个。

表9-11　全国观众最喜爱的电视栏目（%）

频　道	节目名称	喜爱百分比	排　序
CCTV－1	新闻联播	32.26	1
CCTV－1	焦点访谈	15.71	2
CCTV－3	同一首歌	12.65	3
CCTV－1	今日说法	11.52	4
CCTV－1	天气预报	8.94	5
CCTV－3	星光大道	6.9	6

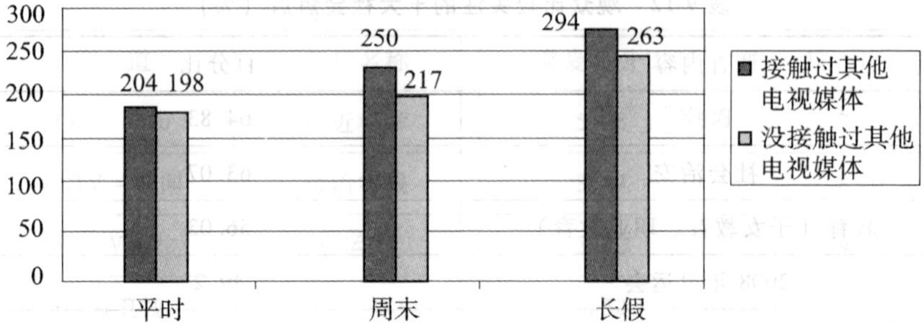

图 9-14　是否接触过其他新电视媒体对观众收视投入的影响对比（分钟）

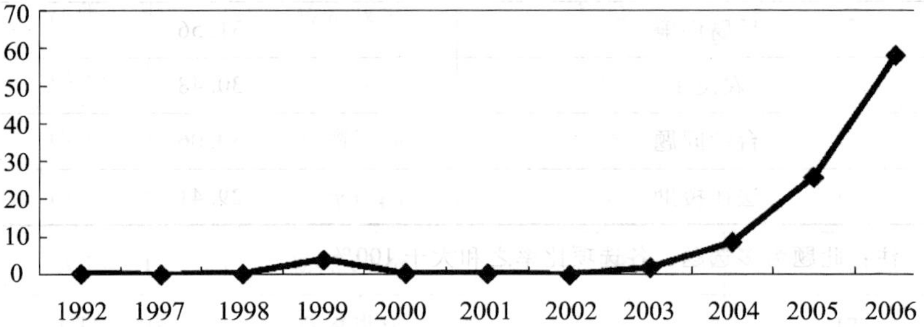

图 9-15　拥有机顶盒家庭比率的年度变化比较

调查数据显示：在已安装机顶盒的家庭中，66.58%用于收看原模拟频道的节目，56.87%能够提供生活信息，39.68%能够提供电子政务，35.25%能够接收数字广播服务，34.55%能够收看到国内其他付费频道的节目，30.76%家庭开通了视频点播服务。这表明，电视机顶盒开通的服务项目日趋丰富，电视机逐渐成为观众获取更多信息的"综合平台"。

表 9-13　观众家中电视机已经开通使用的服务项目

服务项目	百分比
原模拟频道的节目	66.58
生活信息（天气预报、求医问药等）	56.87
电子政务（政策信息发布等）	39.68
数字广播	35.25
国内付费频道	34.55
视频点播	30.76
电子节目指南（EPG）	29.52

续表

服务项目	百分比
电视游戏、博彩等娱乐服务	16.49
电视购物	10.14
境外频道	7.23
其他	4.91
互联网接入、电子邮件	1.09
电视节目下载服务	0.68
电视银行（交水电费、查询账户等）	0.2

调查数据进一步显示：观众对电视所提供的新服务项目充满期待。有72.82%的观众希望能够按照自己预先的选择播出节目；有67.95%的观众希望节目画面和音质比现在更完美。这表明，多数观众对节目的点播服务及高清节目感兴趣。还有45.46%观众希望能够收看到比现在更多的频道；有26.64%观众希望电视机兼有打电话、上网等综合功能；有11.66%的观众希望通过移动媒体随时随地点播和收看电视节目；有10%的观众希望能够通过手机等移动媒体，随时随地收看电视节目。只有6.79%的观众表示“现在就挺好了，对新服务没有特别需求”和3.16%的观众表示“对以上服务都不感兴趣”。（注：此题为多选题，各选项比例之和大于100%。）

总之，通过以上公布的调查数据可以了解到，随着我国国民经济高速健康发展，五年来我国电视业不论是硬件还是软件都有了很大的发展和改善，电视观众的规模进一步壮大，电视观众的收视行为和收视需求出现了新动向。所有这些调查成果，既可以作为行业内部决策的重要依据，又可以作为政府相关部门未来发展规划的重要参考。

附录

2007 年全国电视观众抽样调查问卷

问卷编号□□□□□□□□□

2007年全国电视观众抽样调查问卷（13岁以上观众）

被访者住址：______区（县）__________街道（乡）__________居（村）委会

如果被调查地是县镇或农村，访问员请填写当地特征

1. 县城　　2. 镇　　3. 农村

访问日期：______月______日　　访问员编号：______

被访者姓名：______　　访问开始时间：______时______分

联系电话：______　　访问结束时间：______时______分

详细住址：__________________　　访问长度：______（分钟）

邮政编码：________________

电子邮件：________________

访问员声明：我确信我对上述地址并具有上述姓名被访者进行了调查，在调查中我按照规定及调查程序向被调查者如实询问了所有相关问题并如实记录了相应的所有答案。

访问员签名：

一审员姓名：______　　审核日期：______月______日

二审员姓名：______　　审核日期：______月______日

复核员姓名：______　　复核日期：____月____日

复核方式：1. 电话　　2. 再面访

录入员姓名：__________

录入员姓名：__________

入户抽样表

访问员提问：请问您家里 13 周岁以上，住在这所房子，一起吃饭、一起看电视、每周至少在家住 5 天（本市住校生平均每周在家住 1 天以上即可），经济上没有分家的家庭成员人口有________人。

抽样方法：根据问卷编号旁的字母代码（该代码会事先标在问卷编码旁边），事先圈定二维随机表第一行 A～L 中的对应字母（如问卷编号旁的字母为“H”，则圈定二维随机表中第一行的字母“H”）。然后将户中所有符合年龄的成员按先男后女，同性别中按年龄从大到小的顺序进行填写。所圈定的字母所在的列与表中符合条件的最后一位家庭成员所在行交叉处的数字，就是被选中的被访者的代码，请在“序号”一列中对应者的代码上划“○”。

确定户内调查对象的二维随机表

13 岁以上常住家庭成员（先男后女，年龄从大到小排列）

序号	姓名	性别	年龄	A	B	C	D	E	F	G	H	I	J	K	L
1				1	1	1	1	1	1	1	1	1	1	1	1
2				2	1	2	1	1	2	2	1	1	2	1	2
3				3	2	1	1	3	2	2	1	3	1	2	3
4				4	1	3	2	2	3	1	4	3	2	4	1
5				5	4	1	2	3	4	1	2	3	5	4	2
6				6	3	1	5	2	4	3	5	1	4	6	2
7				7	1	4	3	6	2	5	2	5	7	4	3
8				8	4	5	7	1	2	6	3	7	5	3	1
9				9	5	1	4	3	8	2	7	6	5	2	8
10				10	3	5	9	4	1	7	2	8	6	9	4
11				11	6	1	5	10	4	9	8	3	2	7	6
12				12	7	2	9	4	11	6	1	8	3	10	5

访问员请读出下面的文字：谢谢您接受我们的调查。这些问题都不难回答，答案也没有对、不对的说法，您只要告诉我实际的情况和想法就可以了。

一、电视接收设备和媒体接触情况

A1. 请说说您家中正在使用的电视机情况：

黑白电视机________台

彩色电视机（显像管）________台

平板电视机（液晶、等离子）________台

您家中日常使用的电视机是否带遥控器：　1. 带　2. 不带

A2. 请说说您家拥有下列物品的情况：（可多选）

DVD或VCD或录像机 …………………………………… 1

连接电视的游戏机 …………………………………… 2

收音机 …………………………………… 3

订阅了报纸 …………………………………… 4

订阅了杂志 …………………………………… 5

电脑 …………………………………… 6

宽带连接 …………………………………… 7

其他（请注明：________________）…………………… 8

A3. 您平时读报、听广播、看杂志、看书、上网和看电视情况：（请逐行回答，每行限选一项）

编号	项　目	几乎每天	经常（每周不少于三天）	有时（每周不少于一天）	很少（每月不少于一天）	从不
1	读报	5	4	3	2	1
2	听广播	5	4	3	2	1
3	看杂志	5	4	3	2	1
4	看书	5	4	3	2	1
5	上网	5	4	3	2	1
6	看电视	5	4	3	2	1

A3 中回答“从不”看电视者，终止调查。

A4．您通常能够比较专注收看电视的时段是：（按 24 小时进制）

周一到周五　1．____至____　2．____至____　3．____至____

周六、周日　1．____至____　2．____至____　3．____至____

A5．您通常在哪个时段做事情时会开着电视？（例如做家务等，按 24 小时进制）

周一到周五　1．____至____　2．____至____　3．____至____

周六、周日　1．____至____　2．____至____　3．____至____

A6．请您估计一下，您在以下时期平均每天大概花多少时间看电视？

周一到周五__________（分钟）

周六、周日__________（分钟）

长假（五一、十一、春节）__________（分钟）

A7．请您估计一下，您现在看电视的时间与前几年相比：（单选）

1．增加了　2．差不多　3．减少了

选择 1、2 者，跳答 A9。

A8．您感觉看电视时间减少了，主要是什么原因？（可多选）

工作忙 ………………………………………………… 1

喜欢收看的节目少了 ………………………………… 2

怕影响家人（孩子）的生活（学习） ……………… 3

上网的时间多了 ……………………………………… 4

其他休闲方式多了 …………………………………… 5

家务事多了 …………………………………………… 6

其他（请注明：__________） ……………………… 7

A9. 您家的电视机能收看到下列中央台的频道吗？您收看这些频道的情况如何？（访问员在代码上划圈）

编号	收看情况 频道名称	能够收到	几乎每天	经常（每周不少于三天）	有时（每周不少于一天）	很少（每月不少于一天）	从不
1	CCTV－1（综合频道）	1	5	4	3	2	1
2	CCTV－2（经济频道）	2	5	4	3	2	1
3	CCTV－3（综艺频道）	3	5	4	3	2	1
4	CCTV－4（中文国际频道）	4	5	4	3	2	1
5	CCTV－5（体育频道）	5	5	4	3	2	1
6	CCTV－6（电影频道）	6	5	4	3	2	1
7	CCTV－7（少儿军事农业频道）	7	5	4	3	2	1
8	CCTV－8（电视剧频道）	8	5	4	3	2	1
9	CCTV－9（英语国际频道）	9	5	4	3	2	1
10	CCTV－10（科教频道）	10	5	4	3	2	1
11	CCTV－11（戏曲频道）	11	5	4	3	2	1
12	CCTV－12（社会与法频道）	12	5	4	3	2	1
13	CCTV－新闻	13	5	4	3	2	1
14	CCTV－少儿	14	5	4	3	2	1
15	CCTV－音乐	15	5	4	3	2	1
16	CCTV－西班牙语、法语	16	5	4	3	2	1

A10. 在下列各类频道中，您各能看到多少个频道？收看的情况如何？（访问员先填写第一列的数字，再在代码上划圈）

编号	收看情况 频道名称	能够看到的频道数量	几乎每天	经常（每周不少于三天）	有时（每周不少于一天）	很少（每月不少于一天）	从不
1	省级卫视频道		5	4	3	2	1
2	省级地面频道		5	4	3	2	1
3	地市、县级频道		5	4	3	2	1
4	境外卫星频道		5	4	3	2	1
5	教育频道		5	4	3	2	1
6	数字付费频道		5	4	3	2	1

A11. 下列评价，对哪类媒介比较吻合？（每行限选 3 项）

编号	项 目	报纸	广播	杂志	图书	互联网	电视
1	新闻报道及时	1	2	3	4	5	6
2	内容丰富	1	2	3	4	5	6
3	内容真实	1	2	3	4	5	6
4	内容有深度	1	2	3	4	5	6
5	互动性强	1	2	3	4	5	6
6	用起来方便	1	2	3	4	5	6
7	娱乐性强	1	2	3	4	5	6
8	形式新颖多样	1	2	3	4	5	6

A3 回答“从不”上网者，跳答 A14。

A12. 请估计一下，您平均每天在家上网的时间有________分钟。

A13．您在家上网主要是：（可多选）

浏览新闻 …………………………………………………… 1
收发邮件 …………………………………………………… 2
欣赏音乐、电影和电视剧 ………………………………… 3
玩网络游戏 ………………………………………………… 4
看网络电视 ………………………………………………… 5
网络聊天 …………………………………………………… 6
写博客 ……………………………………………………… 7
搜索资料 …………………………………………………… 8
网络交易 …………………………………………………… 9
其他（请注明：________） ……………………………… 10

A14．您家的电视机采用下列哪种方式接收电视节目？（可多选）

有线网络 …………………………………………………… 1
室内外天线 ………………………………………………… 2
卫星天线 …………………………………………………… 3
机顶盒 ……………………………………………………… 4
如果没有机顶盒，跳答 A18
其他（请注明：________） ……………………………… 5

A15．请问您家的机顶盒是哪年安装的？________年

A16．请问您家里的电视目前已经开通使用的服务项目包括哪些？（可多选）

信息服务	电子政务（政策信息发布等）	1	节目内容	原模拟频道的节目	8
	生活信息（天气预报、求医问药等）	2		国内付费频道	9
增值服务	电视节目下载服务	3		境外频道	10
	电视游戏、博彩等娱乐服务	4		数字广播	11
	互联网接入、电子邮件	5		电子节目指南（EPG）	12
	电视购物	6		视频点播	13
	电视银行（交水电费、查询账户等）	7	其他（请注明：________）		14

A17. 请问目前您家收看电视节目需要缴纳哪些费用?(可多选)

基本收视费	1
境外频道的收视费	2
其他付费频道的收视费	3
点播费	4
增值服务收费	5
信息服务费	6
其他(请注明:________)	7

A18. 如果新的电视技术使下列服务成为现实,您对哪种电视服务感兴趣?(限选3项)

能够按照您的预先选择播出您喜欢的节目 ………………… 1
播出的节目画面比现在清晰很多,且音质更完美 ………… 2
能够让您收看电视节目,还能打电话、上网等 …………… 3
能够让您收看到比现在数量多好几倍的电视频道 ………… 4
能够让您通过手机等移动媒体,随时随地收看电视节目 … 5
能够让您通过手机等移动媒体,随时随地点播您想看的电视节目 ……………………………………………………………… 6
现在就挺好的,对新服务没有特别需求 ………………… 7
对以上服务都不感兴趣 ………………………………… 8

A19. 除了在家里,您过去三个月内还通过哪些途径看过电视节目?(可多选)

移动电视 …………………………………………………… 1
电脑 ………………………………………………………… 2
手机 ………………………………………………………… 3
MP4 ………………………………………………………… 4
楼宇、商场、候机楼、火车站等公共场合 ……………… 5
没接触过 …………………………………………………… 6
其他(请注明:________) ………………………………… 7

二、对电视的态度和看法

B1. 对您来说,电视最主要的三项功能是什么?(请将选项的编码

填写在横线处）

第一：______ 第二：______ 第三：______

1. 娱乐 2. 新闻资讯 3. 生活服务

4. 教育 5. 舆论监督 6. 社会公益

B2. 请从下列方面对电视频道给予评价：（每个项目限选一个频道）

编号	项 目	请填入频道相应编号
1	您在看电视时，首选哪个频道？	
2	当国内外发生重大事件（突发事件）时，您更倾向于看哪个频道？	
3	同一个事件有不同说法时，您更相信哪个频道？	
4	哪个频道对您日常生活的帮助较多，指导性强？	
5	哪个频道播出的内容经常成为您和朋友、同事、家人谈论的话题？	
6	哪个频道经常使您看完一个节目后，对随后播出的该频道节目还感兴趣？	
7	您经常向别人推荐哪个频道的栏目？	
8	您最喜欢哪个频道的播音员、主持人？	
9	哪个频道的广告对您收看电视节目影响最小？	
10	哪个频道的节目娱乐性强，让您觉得更放松？	
11	哪个频道的节目您最满意？	

1. CCTV－1（综合频道）	2. CCTV－2（经济频道）	3. CCTV－3（综艺频道）	4. CCTV－4（中文国际频道）
5. CCTV－5（体育频道）	6. CCTV－6（电影频道）	7. CCTV－7（少儿军事农业频道）	8. CCTV－8（电视剧频道）
9. CCTV－9（英语国际频道）	10. CCTV－10（科教频道）	11. CCTV－11（戏曲频道）	12. CCTV－12（社会与法频道）
13. CCTV－新闻	14. CCTV－少儿	15. CCTV－音乐	16. CCTV－西班牙/法语

17．某个省级卫视频道	18．某个省级地面频道	19．某个地市、县级频道	20．某个境外卫星频道
21．某个数字付费频道	22．某个教育频道	23．说不好	

B3．下列是近期电视节目中的一些变化，请给予评价。（每行限选一项）

编号	项　目	好	比较好	说不好	不太好	不好
1	对国内外重大突发事件的报道更及时	5	4	3	2	1
2	重大新闻中的纪实镜头增多	5	4	3	2	1
3	对老百姓身边事的报道增多	5	4	3	2	1
4	用情景再现的手法再现真实事件	5	4	3	2	1
5	部分文艺演出形式豪华	5	4	3	2	1
6	节目形式互相模仿、相似的多了	5	4	3	2	1
7	观众拍摄的影视资料能在节目中播出	5	4	3	2	1
8	观众参与的互动节目多了	5	4	3	2	1
9	主持人说话更口语化	5	4	3	2	1

B4．您对哪类题材国产电视剧感兴趣？（限选5项）

历史正剧　（如《汉武大帝》、《雍正王朝》等）	1
戏说、秘史剧　（如《铁齿铜牙纪晓岚》、《太祖秘史》等）	2
文学名著改编剧　（如《红楼梦》、《钢铁是怎样炼成的》、《京华烟云》等）	3
武侠剧　（如《霍元甲》、《笑傲江湖》、《天龙八部》、《七剑下天山》等）	4
传奇剧　（如《荆轲传奇》、《杨乃武与小白菜》等）	5
神话剧　（如《济公》、《宝莲灯》等）	6
时代变迁剧　（如《大宅门》、《乔家大院》等）	7
革命历史剧　（如《南昌起义》、《长征等》）	8
战争、军事题材剧　（如《八路军》、《亮剑》、《台儿庄》、《DA师》等）	9
涉案剧　（如《大宋提刑官》、《梅花档案》、《重案六组》等）	10
都市生活剧　（如《贫嘴张大民的幸福生活》、《家有九凤》等）	11

农村生活剧 （如《刘老根》、《别拿豆包不当干粮》、《民工》等）	12
情感剧 （如《渴望》、《香樟树》、《婆婆》、《情深深雨濛濛》等）	13
少儿剧 （如《同学你好》、《少年先锋》等）	14
青春、偶像剧 （如《十六岁花季》、《小留学生》、《粉红女郎》、《男才女貌》等）	15
戏曲剧 （如《赛金花》等）	16
情景喜剧 （如《我爱我家》、《候车室的故事》、《炊事班的故事》、《武林外传》等）	17
其他 （请注明：________）	18
都不感兴趣	98
说不清	99

B5．您平常看体育节目吗？

看…………1　　　不看…………2 选“不看”者，跳答 B7

B6．目前电视体育比赛节目的解说，您认为应该增加或减少哪些内容？（每行限选一项）

编号	解说内容	应该增加	比较合适	应该减少
1	比赛过程	3	2	1
2	技术动作特点	3	2	1
3	比赛规则	3	2	1
4	相关背景	3	2	1
5	其他（请注明：________）	3	2	1

B7．请说出您喜欢的五个栏目名称及其频道：

1．________频道的________栏目

2．________频道的________栏目

3．________频道的________栏目

4．________频道的________栏目

5．________频道的________栏目

B8. 您对所有电视节目的总体满意程度如何？

B9. 您对中央电视台的电视节目总体满意程度如何？

	B8（所有电视节目）	B9（中央台电视节目）
满意	5	5
比较满意	4	4
说不好	3	3
不太满意	2	2
不满意	1	1
不知道	9	9

B10. 您对下列哪些内容比较关注？（可多选）

住房和房价 …… 1
医疗 …… 2
教育（子女教育、职业教育） …… 3
公共交通 …… 4
党的“十七大” …… 5
养老 …… 6
物价和税收 …… 7
收入差距 …… 8
环境和资源保护 …… 9
法律援助 …… 10
就业（再就业） …… 11
投资理财 …… 12
社会治安 …… 13
反腐倡廉 …… 14
食品、药品安全 …… 15
台湾问题 …… 16
农民工 …… 17
2008 年奥运会 …… 18
安全生产 …… 19
艾滋病 …… 20
通信资费 …… 21

其他（请注明：________）……………………………… 22

三、收视选择和行为习惯

C1. 在您家里看哪个节目主要由谁决定？（单选）

小孩子 …………………………………………………………… 1

未婚年轻人 ……………………………………………………… 2

成年父母 ………………………………………………………… 3

老年人 …………………………………………………………… 4

看人数多寡而定 ………………………………………………… 5

互不相让，常发生争吵 ………………………………………… 6

协商解决 ………………………………………………………… 7

各看各的（有两台以上电视机） ……………………………… 8

> 如果家中电视机不带遥控器，跳答 C3。

C2. 在使用遥控器换频道时，您通常采取哪种方式？（单选）

直接选择自己喜爱的频道 ……………………………………… 1

按顺序浏览，好看则看 ………………………………………… 2

C3. 看到喜欢的节目，您一般会怎样做？（可多选）

希望尽快看到节目重播 ………………………………………… 1

购买节目光盘 …………………………………………………… 2

上网查阅相关内容 ……………………………………………… 3

向他人推荐 ……………………………………………………… 4

更关注这个频道 ………………………………………………… 5

与电视台联系……………………………………………………… 6

其他（请注明：______） ……………………………………… 7

C4. 下列哪些因素经常影响您对电视节目的收视选择？（可多选）

习惯看某个频道 ………………………………………………… 1

喜欢某个电视栏目，到时候就看 ……………………………… 2

随便搜索，发现好的就看 ……………………………………… 3

看到电视节目预告 ……………………………………………… 4

数字电视上的收视指南 ………………………………………… 5

报纸、互联网等电视节目预告 ………………………………… 6

喜欢主持人或嘉宾 ……………………………………………… 7

亲戚朋友推荐 …………………………………………………… 8

神，本书的出版很可能半途夭折。感谢北京师范大学出版社的编辑。

感谢我的上司和同事，如果没有团队的合作与拼搏就没有如今的成果，特别要感谢刘志忠、徐瑞青、张传玲、王京同志，在几次全国电视观众抽样调查分析报告写作中我们之间的合作是愉快的。感谢任晓东和王超同志对《1992年全国电视观众抽样调查分析报告》资料影印及图表复原方面提供的帮助。感谢陈若愚女士，她在我职业选择和业务成长的某个阶段起过关键作用。感谢家人的支持。

以上论文和调查分析报告内容，与当初发表时基本相同，此次编辑过程中略有改动。

真诚的作者

2009年10月27日

于108工作室